군주론

LINN
인문고전
클래식

7

여우의 지혜와
사자의 힘을 갖춰라!

군주론
IL PRINCIPE

마키아벨리 지음   김성진 편역

L\NN
도서출판 린

《군주론》 전체 요약

군주론은 정치 권력을 획득·유지하는 방법의 확장된 분석이다.

여기에는 로렌조 데 메디치(Lorenzo de Medici)에 대한 개회 헌납 26장이 포함되어 있다. 헌납식은 위인들의 행위와 군주 정부의 원칙을 쉬운 언어로 논의하려는 마키아벨리의 의도를 선언한다. 그는 메디치 가문의 계몽을 위해 집필했다. 이 책의 26장은 총 4부로 나뉜다.

1~11장은 다양한 유형의 공국(군주의 작위가 공작, 후작인 나라 또는 왕보다 낮은 작위를 가진 군주가 다스리는 국가를 말함)이나 국가, 12~14장은 다양한 군대 유형과 군 지도자로서의 군주의 적절한 행동, 15~23장은 군주의 성격과 행동, 24~26장은 이탈리아의 절망적인 정치 상황을 논의한다. 마지막 장은 메디치 가문이 이탈리아를 굴욕에서 벗어나게 해줄 군주가 되어달라는 탄원이다.

공국의 종류

마키아벨리는 네 가지 유형의 공국을 열거한다.

- 통치자에 의해 계승되는 '유전 공국'

- 통치자의 기존 영토에 병합된 '혼합 공국'
- 새로운 공국은 여러 방법으로 획득할 수 있다: 자신의 힘, 다른 사람들의 힘, 범죄행위, 극단적인 잔인함이나 국민의 의지
- 카톨릭 교회에 속한 교황 국가인 '교회 공국'

공국의 종류

권력 유지를 원한다면 항상 군주는 군사 문제에 세심한 주의를 기울여야 한다. 마키아벨리는 네 가지 군대 유형을 열거한다.
- 위험하고 신뢰할 수 없는 용병이나 고용된 군인
- 다른 통치자가 빌려주는 군대인 원군도 위험하며 신뢰할 수 없다.
- 자신의 시민이나 이미 검증된 가장 바람직한 토착 군대
- 토착 군대와 용병이나 보조 부대의 조합인 혼합 군대: 원주민 군대보다 여전히 완전히 덜 바람직하다.

군주의 성격과 행동

마키아벨리는 군주에게 다음과 같은 성격과 행동을 권한다.
- 관대한 것보다 인색한 것이 낫다.

- 자비로운 것보다 잔인하게 행동하는 것이 낫다.
- 약속 준수가 자신의 이익에 반한다면 약속을 어기는 것이 낫다.
- 영주는 자신을 증오와 멸시로 만드는 것을 피해야 한다. 국민의 선의는 어떤 요새보다 나은 방어다.
- 군주는 명성을 높이기 위해 훌륭한 업적을 수행해야 한다.
- 군주는 현명한 조언자를 선택하고 아첨꾼을 피해야 한다.

이탈리아의 정치 상황

마키아벨리는 다음과 같이 간략히 설명하고 권한다.
- 이탈리아의 통치자들은 마키아벨리가 열거한 정치적, 군사적 원칙을 무시해 자신들의 국가를 잃었다.
- 행운은 인간 문제의 절반을 통제하지만 자유 의지는 나머지를 통제해 왕자가 자유롭게 행동하게 한다. 그러나 시대에 맞게 행동을 조절할 수 있는 왕자는 거의 없다.
- 마지막 장은 메디치 가문에게 마키아벨리의 원칙을 따르고 이탈리아를 외세의 지배로부터 해방시키라는 권고다.

서문으로서의 헌사

위대한 로렌조 데 메디치에게
니콜로 마키아벨리가 올리는 글

 군주의 선한 은총을 얻기 위해 애쓰는 사람들은 대부분 자신이 가장 아끼는 물건이나 그가 가장 좋아할 거라고 여기는 선물을 준비해 군주를 알현하는 것이 관례입니다. 그래서 군주들께서는 종종 말과 무기, 금으로 수놓은 예복, 보석과 같이 군주의 위엄에 어울리는 장신구를 선물로 받곤 합니다. 그래서 저도 전하를 뵈며 전하에 대한 충성심을 증명할 선물을 준비하려고 했습니다. 그러나 제가 가진 것 중에는 오랜 경험과 옛것에 대한 끊임없는 탐구로 알게 된 선현들의 업적에 관한 저의 지식보다 더 가치 있고 소중한 것이 없음을 깨달았습니다. 그래서 오래 생각한 끝에 그 같은 지식을 한 권의 소책자로 엮어 바칩니다. 물론 제 글이 전하께 바치기에는 여러모로 부족하다고 생각하지만 오랫동안 여러 시련과 위험을 겪으며 체득한 것을 단시간에 전하께서 이해하시도록 정리했으므로 이것이 제가 바칠 수 있는 최대한의 선물이라고 생각하시고 받아 주시리라 믿습니다.

저는 이 글을 쓸 때 흔히 수많은 저술가가 자신들이 다루는 주제를 기술하고 꾸미기 위해 사용하는 화려한 구절이나 수사, 인위적인 기교를 전혀 사용하지 않았습니다. 제 글을 돋보이게 하거나 의미 있게 만드는 것은 소재의 다양성과 내용의 중요성 외에는 없어야 한다는 것이 제 소망이었기 때문입니다. 낮은 신분과 비천한 지위의 사람이 감히 군주의 통치를 논하고 그 지침을 제시하는 것을 건방진 소행으로 여기지 않으시길 바랍니다. 풍경 화가가 산이나 고지대의 특징을 살피려면 골짜기와 같이 낮은 곳에 있어야 하고 평원을 살펴보기 좋은 위치를 점하기 위해 산꼭대기에 올라가기 때문입니다. 이 같은 이치로 백성의 본성을 잘 파악하려면 군주가 되어야 하고 군주의 본성을 잘 이해하려면 백성 중 한 명이 되어야 합니다. 그러니 전하께서는 제 뜻을 헤아려 이 작은 선물을 받아 주십시오. 이 책을 꼼꼼히 읽으시고 그 뜻을 깊이 성찰하신다면 전하께서 운명과 전하의 탁월한 능력으로 위대한 과업이 성취되길 바라는 제 뜨거운 열망과 소망을 아실 겁니다. 그리고 위대한 전하의 그 높은 자리에서 어쩌다 이 낮은 곳으로 눈길을 돌리시면 그곳에서 엄청나고 잔혹한 불운으로 부당한 학대를 당하는 저를 보실 겁니다(자신의 비운을 탓하는 듯하며 정치에 대한 뜻을 다시 펴보려는 느낌이 강하다).

▶로렌조 데 메디치의 목조 흉상

헌사 분석

마키아벨리는 자신의 책을 메디치에게 말하는데 로렌조의 유명한 할아버지를 언급하며 로렌조 더 매그니피선트(Lorenzo the Magnificent)로 알려졌다. 원래 마키아벨리는 위대한 로렌조의 아들 중 한 명인 줄리아노 데 메디치에게 《군주론》을 바쳤지만 줄리아노는 1516년 사망해 결과적으로 마키아벨리를 정치 공직에 다시 앉히는 데 도움이 되지 않았을 것이다. 마지막 단락에서 마키아벨리는 자신의 비참한 상황을 말한다. 강력한 후원자에 대한 헌사는 대부분의 르네상스 문학 작품에 첨부되었다. 그들은 보통 저자의 부당성을 밝히고 후원자의 위대함을 칭찬하고 마키아벨리의 헌신은 이 전통에 정면으로 맞서 있다. 그러나 그는 메디치 가문의 선한 은총으로 돌아가길 진심으로 바랐다. 마키아벨리의 쉬운 말하기 방식은 책 전체에서 볼 수 있다. 그는 자신의 모든 주제, 심지어 가장 충격적인 것조차 과학적 표본 분석처럼 시원하고 사실적인 어조로 토론한다.

◆ **소책자**: 흔히 말하는 《군주론》이라는 책의 제목은 없었고 마키아벨리가 친구에게 보낸 편지에서 '군주론'이라는 정치 서적을 집필한 데서 유래했다.

◆ **로렌조 데 메디치**: 메디치 가문의 여섯 번째 피렌체 군주로 네 번째 피렌체 군주였던 피에르 데 메디치의 아들이자 레오 10세(조반니 데 메디치)의 조카로 1492년에 태어나 1519년 젊은 나이에 죽었다. 1516년 우르비노 대공(大公) 지위에 올랐다. 그의 아들은 플로렌스 초대 대공작이었고 원래 마키아벨리는 이 책을 세 번째 피렌체 군주였던 로렌조의 아들 줄리아노 데 메디치(다섯 번째 피렌체 군주, 1513~1516년 재위)에게 바치려고 했던 것 같다.

《군주론》에 대하여

　《군주론》은 예술, 과학, 문학 분야의 격렬한 활동기인 이탈리아 르네상스가 배경이다. 풍부하고 정교하고 문화가 풍부한 이탈리아는 서구의 지적 성취의 중심지였고 유럽 전역의 학자와 예술가가 그 격렬한 분위기를 흡수하기 위해 몰려들었다. 오늘날에도 이탈리아 예술가와 사상가의 업적은 아름다움과 독창성으로 높이 평가된다. 미켈란젤로와 레오나르도 다 빈치는 마키아벨리와 동시대인이었고 유명한 대성당이 있는 피렌체는 그 자체가 르네상스 예술 도시 중 하나였다.

　또한 이 시기는 종교적 변화기였다. 교황 알렉산데르 6세의 행위로 예시된 가톨릭 교회의 쇠퇴와 부패는 가톨릭 권위에 대한 반발을 불렀다. 독일(당시 신성로마제국)에서는 개신교 종교개혁의 힘을 독일의 유명한 개혁가 마틴 루터가 모으고 있었고 정치에서도 변화가 잉태되고 있었다. 중세의 흩어진 봉건 영토는 서서히 중앙집중식 지도력 아래로 옮겨져 근대 유럽 국가의 틀이 잡혀갔다. 근대적 개념의 국가가 탄생하고 있었다. 전쟁은 통일국가를 만드는 이 투쟁에서 통치자의 가장 귀중한 수단이었다. 마키아벨리는 현대 이탈리아 정치의 많은 예를 《군주론》에서 그렸으므로 이탈리아에 대한 외세 개입 역사의 간략한 소개는 이 책을 이해하는 데 도움이 된다. 반복되는 침략과 내부로부터의 이중성에 직면한 이탈리아의 굴욕감 팽배는 많은 이탈리아 사상가들이 격렬히 분노한 원인이었다. 마키아벨리가 26장에서 이탈리아를 '야만적' 지배로부터 해방시킬 강력한 지도자를 간청하도록 이끈 것은 바로 이 같은 상황이다.

이탈리아는 피렌체, 밀라노, 베네치아, 교황령 국가(로마 포함), 나폴리 왕국 다섯 개의 주요 정치 세력으로 구성되었고 특히 이탈리아반도 남쪽 끝 나폴리 왕국의 나폴리는 프랑스, 에스파냐, 교황 등 모든 강대국이 다양한 왕조의 구실로 나폴리를 주장해 피비린내 나는 역사를 갖고 있었다. 1494년 이전은 비교적 평화롭고 번영했으며 다양한 이탈리아 강대국들은 안정적인 힘의 균형을 이루고 있었다. 마키아벨리 시대에 이 같은 혼란을 가져온 사건들은 밀라노 공작 루도비코 스포르차가 프랑스군을 이탈리아의 문을 열어 나폴리 왕국에 대한 프랑스의 주장을 지지한 대가로 프랑스 군대의 도움으로 베네치아인들의 영토 정복을 희망하면서 시작되었다. 프랑스 샤를 8세는 1494년에 침공했다. 스포르차 자신이 가입한 이탈리아 연합에 의해 1년도 채 안 되어 쫓겨났지만 이탈리아에 처음 입성했을 때 샤를 8세는 사실상 아무 저항도 받지 않았고 이는 다른 유럽 지도자들에게 명백한 사실이었다. 마키아벨리는 12장에서 샤를 8세가 분필 한 조각으로 이탈리아를 정복할 수 있었다고 언급하면서 이 점에 주목한다.

　몇 년 후 샤를 8세의 후계자 루이 12세도 이탈리아에서 세력 확장을 꾀하고 있었다. 루이 12세는 스포르차 가문 이전에 밀라노를 통치한 비스콘티 가문과의 관계를 통해 밀라노 공국 세습권을 주장했다. 이탈리아 영토에 대한 루이 12세의 관심은 강력한 보르자 가문의 야망과 일치했다. 로드리고 보르자 태생의 교황 알렉산데르 6세는 그의 아들 체사레를 이탈리아 군대로 만들고 싶었다. 그러려면 프랑스 군대의 도움이 필요했다. 한편 루이 12세는 교황만 감당할 수 있는 호의가 필요했다. 프랑스에서 공고한 입지를 다지기 위해 루이 12세는 샤를 8세의 미망인 브르타뉴의 앤과 결혼해야 했지만 현재 아내와의 결혼이 무효가 될 때까지 그렇게 할 수 없었다. 또한 그는 자신의 고문 중한 명인 조르주 담보이즈 대주교가 추기경을 만들어 결국 교황권 후보가 되길 원했다. 이 같은 호의의 대가로 루이 12세는 알렉산데르 6세와 체사레가 로마냐 지역을 정복하는 것을 도와주고 프랑스와 교황이 주장한 나폴리 왕국에 대한 저항운동에 동의했다. 루이 12세는 또한 스포르차와 밀란에 복수하길 원했던 베네치아인들의 촉구를 받았다. 루이 12세는 1499년 스포르차에서 밀라노를 침공해 점령했다. 스포르차가 이탈리아에 처음 초청한 바로 그 세력에 의해 그의 공작직을 박탈당한 것이 시적 정의라고 많은 사람이 생각했다. 그러나 나폴리에 대한 루이 12세의 장악력은 약했다. 그는 처음에 나폴리에 꼭

두각시 통치자(그의 사촌인 아라곤의 프레데릭)를 내세웠지만 나폴리 세습권을 주장한 에스파냐의 페르디난드 왕과 왕국 분할 비밀협정을 맺었다. 페르디난드는 재빨리 협정을 포기하고 나폴리에서 프랑스군을 몰아냈다. 그럼에도 프랑스는 여전히 이탈리아의 많은 부분을 통제했다. 체사레 보르자는 로마냐 지역에서 성공을 거둔 후 이탈리아에서 프랑스의 권력을 위협했을지 모르지만 아버지의 갑작스러운 죽음으로 인해 자원이나 영향력이 없었다.

알렉산데르 6세의 후계자 비오 3세가 취임 한 달도 안 되어 사망한 후 줄리아노 델라 로베레 추기경은 1503년 교황 율리우스 2세가 되었다. 율리우스는 마키아벨리의 서사에서 몇 가지 언급을 받았다. 마키아벨리가 관찰하듯 그는 알렉산데르 6세처럼 호전적이고 야심이 컸지만 항상 그의 목표는 교회의 세력 확장일 뿐 자신의 가족을 웅장하게 하는 것이 아니었다. 알렉산데르 6세와 달리 그는 돈과 자원의 훌륭한 관리자로 자신의 개인적 습관을 행사하는 것을 자제하는 재치있는 정치인이었다. 보르자의 권력 붕괴 이후 권력 공백 속에서 베네치아는 전통적으로 교황권에 속해 있던 로마냐 지역의 일부를 장악했고 영적 문제에 대한 율리우스의 권위에 도전하고 있었다. 1508년 율리우스는 베네치아인들을 그들의 자리에 되돌려놓기 위해 프랑스, 에스파냐, 신성로마제국을 포함한 캄브라이 연맹을 결성했다. 베네치아 군대는 아그나델로 전투에서 패했고(마키아벨리는 바일라라고 불렀다) 베네치아의 정복된 영토는 사라졌다. 얼마 지나지 않아 프랑스가 이탈리아를 장악하는 것을 두려워한 율리우스는 그들을 빼내는 데 몰두하기 시작했다. 이 무렵 루이 12세는 율리우스를 한 번 이상 자비롭게 대했지만 마키아벨리가 비판하는 움직임인 그의 이점을 결코 압박하지 않았다. 율리우스의 노력은 베네치아, 신성로마제국, 스위스, 영국, 에스파냐 연합군을 포함한 신성동맹의 형성으로 절정에 달했다. 라벤나 전투 참패에도 불구하고 1512년 결국 연맹은 루이 12세와 그의 군대를 몰아냈고 그를 이탈리아 권력에서 몰아냈다. 마키아벨리는 《군주론》3장에서 루이 12세의 이탈리아 정복을 박탈하는 데 전 세계의 안위가 걸렸다며 이 사실을 암시한다. 피렌체는 프랑스의 오랜 동맹국이었다. 소데리니 정부는 프랑스가 이탈리아에서 철수하는 동안에도 쓰라린 종말까지 루이 12세를 지지했고 모든 충고에 반대했다. 그들의 충성심은 교황 율리우스 2세와 그의 에스파냐 동맹국들의 자비에 그들을 남겨두었고 이것은 마키아벨리가 오랫동안 봉사해온 피렌체 공화국의 몰락으로 이어졌다.

《군주론》목차

마키아벨리가 근무했던
피렌체 공화국의 베키오 궁전

군주론
IL PRINCIPE

여우의 지혜와
사자의 힘을 갖춰라!

마키아벨리가 활동한 시기의 이탈리아와 그 주변국 지도_국가를 위해서는 어떤 수단이나 방법도 가리지 않는다는 국가지상주의적 정치사상 르네상스 시대의 외교관이자 작가인 니콜로 마키아벨리는 열강의 침략과 사분오열된 이탈리아의 정치 행태를 비판하기 위해 《군주론》을 집필했다.

01
CHAPTER

군주국의 종류와 성립 경위

《군주론》 1장 요약

국가는 공화국과 공국 두 가지 유형이 있다. 마키아벨리는 공화국을 논하지 않을 것이며 공국이 어떻게 획득되고 통치될 수 있는지만 검토할 거라고 선언한다. 공국은 상속되거나 새롭다. 새로운 공국은 통치자의 기존 영토에 합병되거나 완전히 새로운 것이다. 새로운 공국은 군주의 통치에 익숙하거나 자유로워지는 데 익숙하다. 새로운 공국은 행운이나 힘으로 획득된다.

● ●

모든 국가는 공화국이나 군주국의 성격이 있다

모든 국가와 모든 권력, 즉 인간을 지배해온 모든 국가는 공화국(共和國, 주권이 국민에게 있는 공화정치 국가)이나 군주국(君主國, 군주가 세습적으로 국가원수가 되는 국가)이다. 군주국은 세습적으로 가족이 오랫동안 확립해왔거나 신생 군주국이다. 신생 군주국은 밀라노를 통치한 프란체스코 스포르차의 완전히 새로 탄생한 군주국이거나 에스파냐 왕이 통치하는 나폴리 왕국(Kingdom of Naples)처럼 기존 세습 군주국의 군주에게 정복되어 합병된 군주국이다. 한 군주의 지배하에 들어간 피지배국들은 자기 나라를 정복한 군주국에 통합되어 통치되거나 어느 정도 자유를 누리며 별개 군주국이 되기도 한다. 타국을 정복한 군주는 타국의 무력을 이용해 전쟁하거나 자국 군대만으로 승리하기도 한다. 때에 따라 순전히 운으로 이기거나 절묘한 계책으로 이긴다.

나폴리 왕국

13~19세기 나폴리를 거점으로 이탈리아반도 남부에 존재한, 바이킹인이 세운 왕국이다. 1282년 시칠리아인에게 저항해 옛 시칠리아 왕국의 시칠리아섬으로부터 탈퇴한 후 정식 국가로 인정받지 못하고 한동안 비공식 국가로 취급받았다. 1816년 동군 연합이던 시칠리아 왕국과 통합해 양시칠리아 왕국이 되었다.

02

세습 군주국에 관하여

《군주론》2장 요약

군주의 가족이 통치하는 데 익숙한 유전 공국은 전통이 군주의 지위를 미워하지 않는 한 안정적으로 유지하므로 유지하기 쉽다.

● ●

나는 공화국 관련 모든 논의를 생략할 것이며 오랫동안 그것에 관해 쓴 다른 곳(마키아벨리의 공화국 논설은 다른 저서《정략론》의 첫 부분에 있다)에서 논의했으므로 군주국만 고려해 위에서 언급된 질서를 지키고 그 군주국들이 어떻게 통치 · 보존되어야 하는지를 논의할 것이다. 현재 군주 가문의 통치에 익숙한 세습 군주국은 신생 국가보다 국가 유지에 겪는 어려움이 적다. 조상의 관습을 어기지 않고 불의의 사태에 신중히 대처하는 것만으로도 충분하기 때문이다. 그 결과, 세습 군주가 웬만히 부지런하면 외세의 강력한 힘에 박탈당하지 않고 그의 통치는 안정될 것이다. 설령 그 같은 사태가 발생해 권좌에서 물러나더라도 새로운 정복자가 어려움에 부딪히면 이전 군주는 즉시 이전 자리를 되찾을 것이다.

예를 들어 이탈리아 페라라 공국(Ducato di Ferrara)의 페라라 공작 (Ferrara, 페라라 공국의 군주로 1471~1505년 생존한 에르콜 데스테(Ercole d'Este, 1431~1505)를 말한다)은 1484년 베네치아인들의 공격과 1510년 교황 율리우스의 공격을 물리쳤다. 단지 그의 가문이 그 지역에서 오랫동안 통치해와 세습 군주는 신생 군주에 비하면 사람들을 괴롭히거나 불쾌감을 줄 필요성이 적었기 때문이다. 그 결과, 그는 사랑을 더 받을 것이고 특별한 악덕으로 미움을 받지 않는 한 백성들이 그를 따르는 것은 자연스럽다. 그의 통치가 오래갈수록 이전의 급격한 변화에 대한 기억과 동기는 상실된다. 한 가지 변화는 항상 다른 변화를 위한 화근을 남기기 때문이다.

● ● ●

페라라 공국

오늘날의 이탈리아 북부에 있던 국가다. 페라라를 포함해 포강 저지대 남쪽에서 레노강 저지대까지 1,100km 길이로 이뤄져 있었다. 1146년부터 신성로마제국의 봉신이던 에스테 가문이 통치했다. 1471년 페라라 공국은 신성로마제국에서 교황령 영토로 넘어갔다. 당시 이미 모데나 레조 공작이던 보르소 데스테는 교황 바오로 2세로부터 페라

에르콜 데스테_이탈리아 르네상스 예술의 유력한 후원자 중 한 명이다. 그의 통치 시기 페라라는 음악과 더불어 시각예술로 유명해졌고 문화의 중심지로 성장했다. 화가들은 플랑드르 예술가들과 그들의 기술과의 관계를 확립하고 색과 구성 선택에 영향을 미쳤다.

알폰소 데스테_에르콜 데스테와 나폴리의 레오노라의 아들로 1505년 공작 작위를 물려받았다. 캉브레 동맹전쟁(1508~1516) 당시 알폰소는 위태로운 상태에 있었지만 유연성과 불침번, 무적의 방어력을 자랑하는 페라라 성채의 힘으로 싸워 지켰다. 베네치아와 대립하는 캉브레 동맹에 가담한 그는 프랑스 루이 12세와 나중에 참여한 교황 율리우스 2세와 여전히 제휴를 유지한 채 베네치아와의 평화를 유지했다. 1510년 교황이 베네치아와 동맹을 맺고 프랑스와 전쟁을 벌이자 프랑스 편에 서서 싸웠다.

라 공작에 임명되었다. 보르소와 그의 후임자들은 1597년까지 반독립 상태로 페라라를 통치했고 이후 교황령의 직접 통치를 받았다.

● ●

페라라 공작

1484년 베네치아인들에게 실제로 영토를 잃은 에르콜 데스테와 그의 후계자 알폰소 데스테(Alfonso d' Este, 1476~1534) 두 공작은 다른 교황 세 명의 반대에도 불구하고 권력을 유지했다. 데스테 가문은 거의 4세기 동안 페라라를 통치했다.

《군주론》 1~2장 분석

1장에서 마키아벨리는 11장에서 그를 데려갈 토론의 기본 윤곽, 즉 다양한 유형의 국가, 획득 방법, 통치자에게 제시하는 어려움을 추적한다. 마키아벨리는 시민이 통치하는 공화국과 공국 또는 군주 국가를 말하며 강력한 단일 통치자(군주)가 통치한다. 그는 그 군주 중 한 명에게 연설하므로 새로운 군주가 정복한 공화국은 자유롭게 사는 데 익숙하다는 것을 제외하면 공화 정부에 대한 논의를 피한다. 그의 많은 작품에서 마키아벨리는 공화주의 정부 형태를 열정적으로 옹호했고 메디치가 지금 통치하는 피렌체 공화국 방어를 위해 고통을 겪었다. 세습 공국은 한 가족 구성원이 대대로 통치하는 공국이다. 마키아벨리는 이 통치를 가장 쉬운 것으로 간주해 최소한의 유능한 군주가 하나를 붙잡을 수 있음을 관찰해 주제를 다룬다. 2장 끝에서 마키아벨리는 인간 본성에 대한 그의 많은 관찰 중 첫 번째를 소개하며 사람들은 심지어 오래된 확립된 정부조차 한때 혁신적이었다는 것을 잊는 경향을 지적한다.

03
CHAPTER

혼합 군주국에 관하여

《군주론》 3장 요약

　새로운 공국은 항상 군주에게 문제를 일으킨다. 사람들은 더 많은 몫을 만들기 위해 통치자를 기꺼이 바꾸려고 하지만 새로운 통치자는 그가 정복한 사람들에게 해를 끼쳐야 해 상황 악화를 곧 깨닫는다. 그렇다면 당신은 권력을 장악하면서 해를 끼친 사람들뿐만 아니라 당신을 권력에 넣은 사람들을 적으로 데리고 있다. 당신은 그들의 모든 야망을 충족시킬 수 없기 때문이다. 당신에게 합병된 영토의 위치와 관습이 비슷하다면 특히 독립에 익숙하지 않은 세습 공국은 쉽게 유지할 수 있다. 당신이 그들의 삶의 방식을 바꾸지 않는 한 당신은 그들을 지키기 위해 오래된 지배 가족을 쓸어버리면 된다. 그러나 새로운 영토의 언어와 관습이 다르면 유지하기 어렵다. 가장 좋은 방법은 직접 가 생활하며 식민지를 건설하고 인접한 소수 세력을 보호하고 국가 내의 강력한 파벌을 약화시키고 외세로부터 보호하는 것이다. 전쟁은 결코 피할 수 없으며 연기될 뿐이므로 너무 늦게까지 기다리기보다 조기에 정치적 문제를 다루는 것이 중요하다. 루이 왕은 이탈리아에서 이 같은 정책을 따르지 않아 영토 보존에 실패했고 다른 사람들을 강하게 만드는 것이 자신을 약화시키는 것이어서 교회를 더 강하게 만들어버리는 실수를 저질렀다.

신생 군주국이 부딪히는 어려움

그러나 어려움은 신생 군주국에서 발생한다. 첫째, 군주국은 전적으로 새로 생긴 것은 아니지만 기존 군주국에 수족처럼 병합된 경우(복합 군주국), 국가의 그 같은 변화의 가능성은 모든 신생 군주국이 겪는 자연발생적인 난관에서 연유한다. 사람들은 자신의 처지를 개선할 수 있다고 믿으면 통치자를 기꺼이 갈아치우려고 하며 이 같은 믿음으로 무기를 들고 통치자에 맞서 봉기한다. 하지만 착각이다. 자신들의 악화된 상황을 뒤늦게 깨닫기 때문이다. 이 같은 상황은 자연적이고 일반적인 또 다른 필연성에서 비롯되는데 신생 군주는 그의 군대를 이용해 국가 정복에 따르는 수많은 가혹행위로 새로 편입된 백성에게 항상 피해를 끼칠 수밖에 없는 상황에 부딪힌다. 그 결과, 당신은 군주국을 확장·병합하면서 피해를 끼친 모든 사람을 적으로 만드는 한편, 당신이 통치자가 되도록 지원해준 사람들을 애당초 그들의 기대만큼 충족시킬 수 없어 그들의 우애도 유지할 수 없고 그들에게 예속되어 있다고 느끼면서 그들에게 강력한 조치를 취할 수도 없다. 신생 군주는 강력한 군대를 보유했더라도 새로운 지역을 점령하기 위해서는 그 지역 원주민의 선의가 필요하기 때문이다. 이 같은 이유로 프랑스 루이 12세(Louis XII)는 루도비코 스포르차(Ludovico Sforza, 루도비코 공작은 베아트리체 데스테와 결혼한 프란체스코 스포르차의 아들 루도비코 모로로 1494~1500년 밀라노를 통치했으며 1510년 사망했다)가 통치하던 밀라노를 신속히 점령했고 순식간에 점령지를 잃고 말았다. 처음으로 루도비코 군대는 자력으로 루이 12세를 일거에 몰아낼 수 있을 만큼 강해졌다. 루이 12세에게 문을 열어준 백성들은 기대한 이득을 누리지 못하면 새로운 군주가 초래할 불편을 견디지 못할 것이기 때문이다.

● ●

두 번째 정복의 경우

그러나 반란을 일으킨 국가를 다시 정복한 군주는 주저없이 반역자를 처단하고 혐의자를 찾아내 가장 약한 곳에서 자신을 강화하므로 추후 그렇게 가볍게 길을 잃지 않는 것이 사실이다. 따라서 루도비코 공작은 처음에는 단순히 국경 근처에서 교란만으로도 밀라노에서 프랑스 왕을 몰아낼 수 있었지만 밀라노를 프랑스에게 다시 빼앗긴 후 재탈환하기 위해 모든 국가가 연합해 프랑스 왕에게 대항해 그의 군대를 패주시켜 이탈리아로부터 몰아내야 했다. 위에서 언급한 원인에서 비롯되었다.

정복한 땅을 확보하는 방법

밀라노를 프랑스에게 빼앗긴 첫 번째 이유는 앞에서 논의했다. 문제는 두 번째로 밀라노를 잃은 이유를 논하고 프랑스 왕의 해결책과 그와 비슷한 처지의 지배자가 병합된 영토를 프랑스 왕보다 더 잘 유지하는 방법을 고민하는 것이었다. 우선 오랫동안 통치해온 국가에 새로 병합되었다면 그것이 동일 지역의 영토인지, 동일 언어를 사용하는지 살펴봐야 한다. 그 같은 지역이라면 영토 유지는 매우 쉬우며 자치정부에 익숙하지 않은 곳이라면 특히 쉬울 것이다. 병합된 그들을 안정적으로 통치하려면 그들을 다스리던 군주의 가문만 없애면 된다. 두 민족은 다른 것들에서 옛 조건을 보존하고 관습과 다르지 않아 오랫동안 프랑스에 묶인 브르타뉴, 부르고뉴, 가스코뉴, 노르망디를 들 수 있다. 언어상 약간의 차이는 있지만 그 지역들의 관습은 비슷해 지금까지 쉽게 어울려 살아갈 수 있는 것이다. 따라서 그 영토를 합병해 유지하기로 결심한 군주는 누구든 다음 두 가지 고려사항을 명심해야 한다. 그들의 옛 주인의 가문을 소멸시키고 그들의 법이나 과세제도를 바꾸지 않고 새로운 주세를 부과하지 않는 것이다. 그러면 새로운 영토와 기존 군주국은 단기간에 통합되어 한 몸이 될 것이다.

본국과 다른 영토를 정복한 경우

그러나 언어, 관습, 법률이 다른 나라를 병합할 때는 어려움이 있으며 이를 유지하려면 상당히 큰 행운과 에너지가 필요하다. 가장 큰 실질적인 도움 중 하나는 그곳을 획득한 정복자가 그곳에 직접 거주해야 한다는 것이다. 이 조치로 병합 지역은 더 안전하고 안정적으로 확보될 것이다. 그리스(고대국가 그리스로 발칸반도 전역)에 대한 오스만투르크의 정책이 바로 이 정책의 표본을 보여준다. 그리스의 투르크는 그 국가를 유지하기 위해 취한 모든 조치에도 불구하고 그들이 그곳에 정착하지 않았다면 그리스를 확보할 수 없었을 것이다. 점령지에 직접 거주해 통치하면 분쟁이나 사건이 일어나자마자 해결할 수 있기 때문이다. 그러나 그러지 않으면 사태 해결이 불가능해져야 비로소 사태의 심각성을 깨닫는다. 더욱이 그 지역에 직접 정착하면 지배자가 임명한 관리들이 그 지역을 약탈하지 못하고 백성은 군주에게 직접 호소할 수 있다는 데 만족할 것이다. 따라서 그들은 기꺼이 선량한 백성이 되려고 할 것이므로 군주를 사랑할 더 많은 이유가 생기지만 선량한 백성이 되길 원치 않는다면 군주를 두려워할 더 많은 이유가 생긴다. 그 국가를 공격하려는 외부 세력은 최대한 주의해야 한다. 군주가 그곳에 거주해 다스리는 한 영토를 쉽게 빼앗기지 않을 것이다.

식민지

차선책은 식민지를 한두 곳에 건설하는 것으로 국가의 열쇠가 될 수 있다. 그렇지 못하다면 대규모 군대를 주둔시켜야 한다. 식민지는 비용이 거의 들지 않거나 매우 적은 비용으로 식민지를 건설해 유지할 수 있다. 피해자는 새로 온 이주민에게 주기 위해 자신의 경지와 집을 잃는 사람들뿐이다. 그러나 이 같은 식으로 피해를 보는 것은 소수 시민뿐이다. 게다가 그로 인해 피해를 본 자들은 궁핍해져 뿔뿔이 흩어지므로 군주에게 보복할 엄두조차 못 낸다. 나머지 다수의 주민은 아무 피해 없이 살던 지역에 남게 된다. 그들은 소유한 재산을 빼앗길까 봐 오히려 군주에게 실수를 저지르지 않으려고 조심한다. 결론적으로 이 같은 식민지 경영은 비용이 많이 들지 않고 그들은 충성스럽고 소수에게만 피해를 끼친다고 결론짓겠다. 그리고 이미 말했듯이 피해자들은 이리저리 흩어져 세력이 미미해 군주에게 전혀 위협이 되지 않는다.

● ●

애매한 조치는 반드시 피해야 한다

이와 관련해 고려해야 할 것은 사람들을 다룰 때는 그들이 하고 싶은 대로 내버려두거나 철저히 제거해야 한다는 것이다. 사람들은 사소한 피해를 입으면 보복을 꾀하지만 막대한 피해를 입으면 복수할 엄두조차 못 내기 때문이다. 그러므로 사람들을 가혹하게 다뤄야 한다면 보복을 두려워할 필요가 없을 정도로 확실히 해야 한다.

● ●

군대 주둔은 해롭고 비용이 많이 든다

식민지 건설 대신 군대를 주둔시키면 유지하는 데 훨씬 많은 비용이 든다. 그 지역에서 거둔 세금은 모두 국경 경비에 써야 하기 때문이다. 그렇게 되면 그 영토는 군주에게 손실로 변하고 더 많은 사람이 분노하게 되고 주둔군을 영토 곳곳에 이동시킴으로써 더 심각한 폐해를 발생시킬 수 있다. 지역주민들은 패했지만 고향에 그대로 주둔하므로 위험한 적으로 간주한다. 따라서 모든 이유에서 볼 때 식민지 건설정책은 고도로 효율적인 반면, 군대 주둔정책은 비효율적이라고 할 수 있다.

● ●

약소국을 다루는 법

다시 말하지만 위의 측면에서 다른 국가를 정복한 군주는 인접한 약소국의 맹주가 되어 수호자 역할을 하고 그들 중 더 강력한 국가를 약화시키기 위해 노력하며 돌발사태로 자신과 같은 강력한 외부 국가가 개입하지 못하도록 만반의 태세를 갖춰야 한다. 이미 봤듯이 과도한 야망이나 두려움으로 불만을 품은 자들은 역사상 그리스에서 아이톨리아인들이 로마인들의 침입을 유도했을 때처럼 언제나 강한 외세를 끌어들이기 마련이고 로마가 침공한 모든 국가에서는 한결같이 그 나라 거주민들의 요청이 있었다. 강한 외부 세력이 특정 지역에 진입했을 때 그곳의 모든 군소 세력이 그에게 매달리는 것이 자신을 지배하는 군주에게 불만이 있기 때문이라는 것은 자명한 이치다. 침략자는 별 어려움 없이 이 약소 세력을 자기 편으로 만들 수 있다. 이미 획득한 새로운 권력과 함께 하려는 성향이 있기 때문이다.

군주는 군소 세력이 너무 강한 군사력과 영향력을 갖지 못하도록 경계를 늦추지만 않으면 된다. 그리고 군주는 자기 군대의 지원으로 강력한 세력을 매우 쉽게 진압할 수 있으며 그 지역의 완벽한 중재자로 남게 된다. 이 같은 과정을 거치지 않은 군주는 자신이 획득한 영토를 쉽게 잃을 것이며 그것을 유지하는 동안에도 수많은 환란과 분규를 겪을 것이다.

로마인들이 채택한 통치방식

　로마인들은 자신들이 합병한 국가에서 이 같은 조치를 면밀히 관찰했다. 그들은 식민지를 건설했고 약소 세력이 힘을 키우지 못하도록 견제하며 우호관계를 유지했다. 강대해진 세력은 진압하고 강한 외부 세력이 지역에 영향력을 행사하지 못하도록 저지했다. 그리스의 한 지역을 예로 들면 로마는 아카이아와 아이톨리아를 견제하며 우호관계를 유지했고 강대해진 마케도니아 왕국은 진압해 안티오쿠스(Antioqus, 시리아의 왕으로 기원전 222~187년 군림했고 로마와는 적대감으로 장기간 싸웠다)를 그 지역에서 쫓아냈다. 그러나 아카이아와 아이톨리아인들이 로마를 지원했음에도 그들에게 권력을 증대시킬 수 있는 허락을 결코 보장하지 않았고 마케도니아의 필리포스가 동맹을 원했지만 로마인들은 쉽게 받아들이지 않았다. 심지어 안티오쿠스의 강력한 군사력에도 불구하고 로마인들은 그리스 영토를 그에게 전혀 허용하지 않았다.

● ●

아이톨리아인

아이톨리아인과 아카이아인들은 그리스 국가들의 라이벌 동맹이었다. 기원전 211년 무렵 아이톨리아인들은 로마인들에게 마케도니아의 필리포스와 싸워달라고 도움을 청했다. 로마인들은 필리포스를 물리쳤고 몇 년 후 아이톨리아인들과 그들의 새로운 동맹국 시리아의 안티오쿠스 3세를 물리치고 그리스를 효과적으로 점령했다.

● ●

선견지명: 전쟁 지연

이 경우, 로마인들은 신중한 모든 영주가 해야 할 일을 수행해 당면한 문제뿐만 아니라 미래의 문제도 고려했는데 그것을 위해 모든 에너지로 준비해야 했다. 문제가 발생하기 전에 예측하면 쉽게 해결할 수 있기 때문이다. 그러나 문제가 눈앞에 닥칠 때까지 방치하면 너무 늦어 질병을 치유할 수 없는 지경에 이르기 때문이다. 의사들은 소모성 질병(체력을 서서히 소모시켜 죽음에 이르게 하는 질병으로 폐결핵, 당뇨병 등을 꼽는다. 의학이 발달하지 못한 마키아벨리 시대에 이 같은 질병의 조기 진단은 불가능했다)의 초기 치료는 간단하지만 발견하기 어려운 반면, 시간이 지나면 병세가 악화되어 발견하기는 쉽지만 치료하기는 어렵다. 질병을 발견했지만 치료할 때를 놓친 것이다. 그러므로 로마인들은 미리 재난을 예측해 항상 대처할 수 있었다. 그들은 전쟁이라는 화근의 씨앗을 방치하지 않았다. 전쟁은 피할 수 있는 것이 아니라 적에게 유리하도록 지연되는 데 불과하다는 것을 익히 알아 이탈리아에서 필리포스

안티오쿠스 3세의 흉상_알렉산더 대왕을 제외한 역대 그리스인 중 가장 넓은 영토를 통치했으며 카르타고를 패배시키고 지중해 세계의 최강자로 떠오른 로마에 대항하는 모든 이들의 우상이었다. 사후에도 지중해 세계에서 최고의 명성을 누렸으며 로마에 대항하는 이들은 그를 모방해 자신을 새로운 '안티오쿠스 메가스'라고 선포하곤 했다. "안티오쿠스는 한니발 이후 로마인들이 가장 두려워하는 왕이었는데 셀레우코스 니카토르가 지배하던 아시아를 대부분 손에 넣어 사나운 야만족을 잠재운 다음, 자신에게 아직도 싸움을 걸어올 유일한 나라인 로마를 공격하려고 했다."
_《플루타르크 영웅전》

티오쿠스를 맞아 싸우는 것을 피하기 위해 선수를 쳐 그리스에서 그들과 전쟁하는 길을 택했다. 로마인들은 그리스에서 두 세력과 싸우는 것을 피할 수 있었지만 그것을 원치 않았다. 그들은 우리 시대 현자들이 항상 말하는 유리한 시간을 기다리라는 말을 전혀 받아들이지 않는 대신 자신의 힘과 신중함으로 얻는 이득을 선호했다. 시간은 모든 것을 이끌고 오므로 이익을 가져오는 만큼 해악도 가져오거나 해악을 가져오는 만큼 이익도 가져온다.

● ●

이탈리아에서 루이 12세가 거둔 초기의 성공

프랑스 이야기로 다시 돌아가 지금까지 언급한 것 중 하나를 수행했는지 살펴보자. 다만 샤를 8세(Charles VIII, 프랑스 국왕 즉위 후 영국은 프랑스에 있던 자신의 영토를 칼레만 남기고 모두 잃었다. 많은 세제·군사개혁을 단행해 프랑스 왕국의 국력을 크게 신장시켰다) 대신 루이 12세의 행위 관찰이 더 나은 사람으로서 가장 오랫동안 이탈리아 영토를 지배해 그의 통치과정을 쉽게 살펴볼 수 있기 때문이다. 여기서 루이 12세가 앞에서 말한 풍습과 언어가 다른 영토의 유지를 위해 해야 할 행동의 정반대 행동을 했다는 것을 알게 될 것이다.

루이 12세는 베네치아인들의 야망으로 이탈리아를 침공했는데 베네치아인들은 그의 개입으로 롬바르디아주 영토의 절반을 얻길 원했다. 나는 루이 12세의 이 결정을 비난할 의사는 없다. 루이 12세는 이탈리아에서 발판을 구축하길 원했고 그곳에는 아무 동맹도 맺고 있지 않아 (오히려 그는 샤를 8세의 행위 때문에 모든 문이 그에게 닫혀 있음을 깨달았다. 1495년 포르노보 전투에 베네치아, 밀라노, 피렌체, 나폴리, 만토바, 에스파냐, 신성로마 제국은 모두 동맹국으로 프랑스 샤를 8세에게 대항했다) 맺을 수 있는 동맹이라면 어떤 동맹이든 받아들이지 않을 수 없었다. 그가 다른 문제에서 실수하지 않았다면 그의 이 좋은 결전은 매우 빨리 성공했을 것이다.

루이 12세가 롬바르디아를 정복했을 때 그는 샤를 왕 시절 실추된 권위를 즉시 회복했다. 제노바는 굴복했고 피렌체는 그의 동맹국이 되었다. 만토바의 후작(1495년 포르노보 전투에서 이탈리아 군대를 지휘한 프란체스코 곤자가 장군이다), 페라라 공작, 벤티보글리, 볼리오 공작, 푸들리 백작 부인, 파엔차, 페사로, 리미니, 카메리노, 피옴비노의 영주들, 루카, 피사, 시에나 백성들이 루이 12세에게 접근해 동맹을 맺길 원했다. 상황이 이렇게 바뀌자 베네치아인들은 자신들의 정책이 경솔했음을 깨달았다. 그들은 롬바르디아의 두 도시를 확보할 욕심에 이탈리아반도 대부분을 루이 12세가 차지하도록 만든 꼴이 되었다.

루이 12세가 취했어야 했던 조치들

루이 왕이 앞에서 제시한 규칙을 따르고 이 모든 동맹국을 유지하고 보호했다면 이탈리아에서의 명성을 별 어려움 없이 확보했을 거라고 누구나 생각했을 것이다. 그에게는 수많은 허약한 동맹국이 있었기 때문이다(교회나 베네치아인들을 두려워하는 사람들이 있었다). 따라서 그들은 항상 그와 함께 설 것을 강요받았을 것이며 그들의 수단으로 여전히 강력한 자들에게 대항해 쉽게 자신을 안전하게 할 수 있었을 것이기 때문이다. 그러나 루이 왕은 밀라노에 입성하자마자 교황 알렉산데르 6세가 로마냐 지방정복을 도와줘 자신의 제안과 반대되는 정책을 추진했다. 게다가 이 같은 결정이 그의 동맹국과 그의 품에 자신을 맡긴 세력을 소외시켜 자신을 약화시키는 한편, 막강한 권위의 근원인 교회의 영적 권력에 많은 속권(俗權)을 보태줘 교회를 강성하게 한다는 것을 깨닫지 못했다.

그는 첫 번째 실수를 저지른 후 이를 만회하려다가 다른 실수를 거듭했고 급기야 알렉산더의 야심을 견제하고 교황 알렉산데르 6세가 토스카나 지방의 지배자가 되는 것을 막기 위해 자신이 이탈리아로 쳐들어와야 할 처지가 되었다. 교회 세력을 강화하고 자신의 동맹국을 잃는 것으로도 그는 성이 차지 않았다. 나폴리 왕국을 탐내 왕국을 스페인 왕과 분할한 결과, 이전에는 루이 왕이 거의 단독으로 이탈리아의 야심가나 그에게 불만을 품은 자들에게 도움이 될 수 있는 또 다른 통치자를 끌어들인 셈이 되었다. 루이 왕은 자신에게 충성스럽게 진상할 수 있는 왕을 나폴리 왕국에서 유지할 수 있었음에도 그를 제거하고 대신 자신을 몰아낼 수 있는 자를 그 자리에 앉히고 말았다(제거된 자는 기존 지배자인 아라곤의 프레데리코 1세로 1501년 정복 이후 분할 문제로 프랑스와 에스파냐가 전쟁을 벌인 결과, 1504년 패배한 프랑스는 나폴리 왕국 전체를 잃었다).

• •

독자적 능력을 넘어서는 일은 시도하면 안 된다

영토 확장 욕구는 매우 자연스럽고 정상적인 욕구로 유능한 자들이 수행할 때 항상 칭송받는다. 설령 칭송받지 못해도 비난은 받지 않는다. 그러나 성취 역량이 없는 자들이 경우를 가리지 않고 추구하면 비난받을 실책이 된다. 따라서 루이 왕이 자신의 군대로 나폴리를 공격할 수 있었다면 그렇게 했을 것이다. 그럴 수 없었다면 그 왕국을 분할하지 말았어야 했다. 그리고 그가 롬바르디아에서 베네치아인들과 함께 만든 분할이 이탈리아에서 거점을 확보할 수 있어 그 행위를 용서받을 수 있었더라도 나폴리 왕국의 분할은 불가피하지 않았으므로 비난받아 마땅하다.

루이 12세의 여섯 가지 실책

　그러므로 루이 왕은 이 다섯 가지 오류를 저질렀다. 약소국을 파괴했고(만토바 후작 등의 이탈리아 공작 세력) 이탈리아에서 이미 강력했던 군주(교황 알렉산데르 6세) 세력의 힘을 키웠고 이탈리아에 매우 강한 외세(페르난도 2세)를 끌어들였고 직접 통치하지 않았고 식민지를 건설하지 않은 것이다. 그렇더라도 베네치아인들의 지배권을 빼앗는 여섯 번째 실수를 저지르지 않았다면 자신의 생애에서 이 같은 실책들 때문에 피해를 입지 않았을 것이다. 외국의 권력을 가져왔고 그 나라에 정착하지 않았고 식민지를 보내지 않았다. 그가 살아서 베네치아인들의 지배권을 빼앗는 여섯 번째 실수를 저지르지 않았다면 어떤 실책에도 그는 다치지 않았을 것이다. 그가 교회 세력을 강화하지 않거나 에스파냐 왕을 이탈리아에 끌어들이지 않았다면 베네치아인들의 세력 약화는 합리적이고 필수적이었을 것이다.

　그러나 이미 두 가지 결과가 초래된 이상 그는 베네치아의 몰락을 결코 용인하면 안 되었다. 베네치아인들은 세력이 강성해 항상 다른 세력들이 롬바르디아에 개입하는 것을 방지할 수 있었을 것이다. 그들은 자신들이 롬바르디아의 패자(霸者)가 되지 않는다면 개입을 결코 허용하지 않았을 것이고 다른 세력들도 롬바르디아를 단지 베네치아에 넘겨주기 위해 프랑스 왕으로부터 빼앗으려고 했을 리 없고 그렇다고 프랑스와 베네치아 양국을 상대로 싸울 용기도 없었다. 그리고 루이 왕이 전쟁을 피하기 위해 로마냐 지방을 교황 알렉산데르 6세, 나폴리 왕국을 에스파냐에 양보했다고 주장한다면 앞에서 제시한 조건들을 근거로 반박할 수 있다. 전쟁은 피할 수 있는 것이 아니라 불리한 방향으로 늦춰질 뿐이므로 전쟁을 피하기 위해서는 화근을 방치하면 안 된다. 그리고 루이 왕이 교황의 계획을 도와주기로 약속한 이유가 자신의 결혼 취소(루이 12세는 루이 11세의 딸인 아내 잔느와 이혼했고 1499년 브르타뉴 공국을 유지하기 위해 찰스 8세의 미망인 브리타니의 앤과 결혼했다)를 승인받고 루앙(루이 12세의 최측근으로 프랑스의 로마 가톨릭 추기경이자 수상이다. 마키아벨리는 1500년 피사 문제에 대한 프랑스의 협조를 받아내기 위해 피렌체 공화국의 사절로 프랑스에 갔으며 프랑스 낭트에서 루이 12세와 교섭하기 위해 그를 몇 번 만났다)을 추기경으로 임명해주는 대가였다는 근거 없는 주장을 하는 자가 있다면 나중에 군주의 신의란 무엇이며 지켜야 하는 이유를 논할 때 반박하겠다.

● ●

상대 세력 판단

따라서 루이 왕은 영토를 점령해 유지하려는 자들이 따라야 할 조건을 이행하지 않아 롬바르디아를 잃었다. 이것에는 아무 기적도 없지만 합리적이고 자연스러운 것이 많다. 나는 낭트에서 루앙과 이 이야기를 나눴는데 교황 알렉산데르 6세의 아들 체사레 보르자(발렌티노 공작)가 로마냐 지역을 점령했을 때 낭트에서 루앙의 추기경이 이탈리아인들은 전쟁을 모른다고 대답했다. 프랑스인들이 정치를 안다면 교회가 그토록 막강한 권력을 갖는 것을 허용하지 않았을 것이기 때문이다. 경험에서 알 수 있듯이 이탈리아 땅에서 교회와 에스파냐가 행사하는 권력은 프랑스가 자초한 것이며 그 때문에 프랑스는 몰락했다.

이 같은 사실로부터 절대로 실패하지 않을 일만 원칙을 도출할 수 있다. 상대방을 강하게 만들면 자신을 망친다는 것이다. 강한 세력은 교묘한 술책이나 무력으로 이루어지기 마련이며 이 두 가지는 바로 강력한 세력을 차지한 자가 의심의 눈초리로 보는 것이기 때문이다.

《군주론》 3장 분석

합병된 영토에 관한 이 긴 장에서 마키아벨리는 무자비함에 대한 그의 명성에 기여한 몇 가지를 관찰한다. 첫째, 통치자를 정복하는 것은 필연적으로 그들이 정복한 사람들을 다치게 해야 한다고 지적한다. 그런 다음 그는 정복자들에게 권력에 대한 위협을 피하기 위해 오래된 지배 가족을 근절할 것을 조언한다. 식민지를 논하면서 그는 그들이 해를 끼치는 유일한 사람은 집과 땅을 잃은 소수의 가난한 사람들로 그들은 군주에게 해를 끼칠 수 있는 위치에 있지 않아 효과적이라고 말한다. 이런 맥락에서 그는 사람들이 쓰다듬거나 파괴되어야 한다는 유명한 말을 하는데 이는 당신이 사람들을 심하게 해쳐 그들이 당신에게 보복할 수 없다는 것을 의미한다.

　　마키아벨리의 조언의 다른 부분들은 더 인간적으로 보인다. 그는 식민지는 최소한의 사람들에게 해를 끼치므로 새로운 영토를 통제하는 효과적인 수단으로 정당화하며 새로운 통치자가 백성에게 해를 끼치는 것을 피하는 것은 불가능하다고 보았다. 식민지는 군대에 의한 점령보다 확실히 더 바람직하며 이는 새로운 국가의 모든 사람에게 해를 끼치고 새로운 통치자를 증오하게 만든다. 그는 폭력을 정부의 불가피한 부분으로 보지만 폭력의 가장 효율적이고 통제된 사용을 위해 노력한다. 그러나 독자들은 마키아벨리가 군주에게 인도적으로 행동하라고 조언하는 것은 그렇게 하는 것이 윤리적이기 때문이 아니라 눈에 보이는 유익을 얻을 때만 행동하라고 조언하는 데 반대할 수 있다. 군주에 대한 마키아벨리의 충고는 항상 옳고 그름을 고려하기보다 권력을 획득하고 증가시키는 최선책에 근거한다. 권력은 다른 사람에게 힘을 부여하는 것이 자신에게서 힘을 얻는다는 마키아벨리의 관찰에서처럼 정력적으로 수집하고 조심스럽게 지켜야 할 희소 자원으로 묘사된다. 이 치열한 경쟁 전망은 협력이나 공동 책임의 아이디어를 배제한다. 이 장의 대부분은 고대 로마인과 최근 루이 왕이 제공한 예의 상세한 분석과 관련 있다. 루이의 침공은 이탈리아 격동의 시작이었고 그 반향은 책 후반부에서 마키아벨리의 관심을 끈다.

군주론
HISTORY

● ●

프란체스코 스포르차(Francesco Sforza, 1401~1466)

　밀라노의 공작이며 이탈리아 콘도티에로(Condottiero, 중세 말부터 16세기 중반까지 이탈리아 중소 도시국가가 고용한 용병대장)이자 스포르차 가문의 창시자다. 일개 농민이던 스포르차 가문은 산적에게 잡혀간 무초 아텐돌로(Muzio Attendolo, 1369~1424)가 시조인데 그는 산적에게 납치당했지만 오히려 산적 집단의 두목이 되어 용병대를 조직해 나폴리 여왕과 로마 교황을 위해 싸워 무공을 세우고 스포르차(威服者)라는 칭호를 얻었다. 무초가 죽은 후 아들 프란체스코 스포르차가 용병대를 이어받았다. 프란체스코 스포르차는 금속 막대를 맨손으로 구부리는 괴력으로 명성을 얻었다. 이후 나폴리 군대를 위해 싸웠고 교황 마틴 5

프란체스코 스포르차_밀라노 공국은 15세기 들어 이탈리아 북부 통일을 목표로 다른 도시들을 위협했다. 1440년 베네치아-피렌체-교황령의 연합군과 밀라노 군대는 안기아리에서 격돌했다. 이 전투에서 연합군이 승리해 피렌체는 이탈리아 중북부에서의 패권을 지킬 수 있었다. 이후 비스콘티가의 남계 후손이 단절되자 밀라노의 용병대장으로 유명한 스포르차 가문의 프란체스코 스포르차가 비앙카 마리아 비스콘티와 결혼해 암브로시아 공화국을 무너뜨리고 밀라노 공작 지위를 이었다.

세(Papa Martino V, 1369~1431)와 밀라노의 필리포 마리아 비스콘티(Filippo Maria Visconti, 1392~1447)를 위해 싸워 전공을 올렸다. 거듭된 성공 끝에 용병대장으로서 밀라노 군대를 통솔해 베네치아에 대항했다.

이듬해 밀라노의 필리포 마리아 비스콘티 공작의 딸 비앙카 마리아(Bianca Maria Visconti, 1425~1468)와 결혼했다. 그녀는 밀라노 공국의 유일한 상속인이었다. 이 같은 움직임에도 불구하고 조심스러운 필리포 마리아 비스콘티는 스포르차에 대한 경계심을 늦추지 않았다. 밀라노의 공작 필리포 마리아 비스콘티가 1447년 남성 후계자 없이 사망하자 소위 암브로시아 공화국 복원 싸움이 벌어졌다. 이 같은 혼란을 틈타 프란체스코 스포르차는 비스콘티 공작 가문을 몰아내고 밀라노 공작 칭호를 얻어 16년 동안 밀라노를 통치했으며 자신의 후손을 비스콘티 가문의 상속인으로 만들었다. 프란체스코 스포르차는 니콜로 마키아벨리의 《군주론》에 여러 번 등장하는데 책에서 국가통치력에 대한 찬사를 받으며 군주에게 용병 군대를 사용하면 안 된다는 경고로도 언급된다.

● ●

루도비코 스포르차(Ludovico Sforza, 1452~1508)

스포르차 가문의 일원이던 그는 프란체스코 스포르차의 넷째 아들임에도 어머니 비앙카는 르네상스 정신의 이름으로 교육받고 특히 고전편지 분야에서 방대한 교육을 받고 싶어했다. 그는 어머니의 영향으로 밀라노 르네상스 시대의 예술을 후원했다.

당시 루도비코 스포르차에게 중용된 르네상스의 천재 예술가인 레오나르도 다 빈치는 자신의 착상과 연구에는 열정적이었지만 실행과 완성 과정에 대해서는 별로 흥미가 없었다. 미완성 작업이 많았던 것도 그 때문이다. 그러나 다 빈치도 누군가가 조각을 의뢰하면 당연히 조각 작업을 했다. 다 빈치는 밀라노의 통치자 프란체스코 스포르차(Francesco Sforza)를 기념하는 기마상을 의뢰받아 1489년부터 착수했다. 이 작업에서 다 빈치는 말의 높이만 7미터가 넘는 거대한 점토 모형을 만들었다. 점토로 만든 다음에는 청동으로 주조해야 했다. 그런데 마침 프랑스 군대가 밀라노로 쳐들어왔고, 스포르차 가문은 다 빈치의 작품에 쓸 청동으로 대포를 만들어야 했다. 다 빈치가 만든 점토 모형은 한동안 그대로 방치되다가 밀라노를 장악한 프랑스 군대가 사격 연습에서 타깃으로 활용해 무너져 버렸다고 한다. 뿐만 아니라 레오나르도 다 빈치는 루도비코 스포르차로부터 〈최후의 만찬〉 프레스코화를 의뢰받아 완성했으며 그가 그린 〈흰 족제비를 안은 여인〉의 모델 체칠리아 갈레라니와 연인 사이로 루도비코와 베아트리체 데스테(Beatrice d'Este, 1475~1497)의 결혼식을 치르던 해 루도비코의 아들을 낳았다. 무어인과 닮은 검은 얼굴빛이나 칠흑같이 검은 머리 때문에 본명보다 일 모로(il Moro, 무어인)라는 별명으로 불렸다.

흰 족제비를 안은 여인_레오나르도 다 빈치가 그린 체칠리아 갈레라니의 초상으로 그녀는 루도비코의 연인으로 알려져 있지만 두각을 나타내지 않았는데 이 초상화는 서양 미술사에서 비중있는 작품으로 평가받고 있다.

1476년 형 갈레아초가 암살당하고 어린 조카가 공작이 되자 미망인 형수와 권력을 다퉈 섭정 자리를 차지했다. 이후 실권을 잡고 밀라노를 통치하며 권력 찬탈을 계획했다. 이에 대한 나폴리 왕국의 내정 간섭을 견제하기 위해 합스부르크의 막시밀리안 1세와 혼인동맹을 맺어 권력 기반을 다졌다. 베아트리체 데스테는 이탈리아 르네상스 시대에 가장 세련되고 조예 깊은 공작부인 중 한 명이었다. 15살 때 그녀는 루도비코 스포르차와의 혼담이 오갔고 1491년 1월 드디어 그와 결혼했다. 밀라노의 숙적 베네치아를 견제하기 위해 페라라와 연합한 정략결혼이었다. 결혼식 축제 감독은 레오나르도 다 빈치와 도나토 브라만테였다. 베아트리체는 이탈리아에서 가장 훌륭한 궁정 중 한 곳의 여주인으로 철저한 교육을 받았고 니콜로 다 코레조, 베르나르도 카스틸리오네, 브라만테, 레오나르도 다 빈치와 같은 수많은 학자, 시인, 예술가를 가까이 두고 자신의 지위에 이용했다. 레오나르도 다 빈치는 베아트리체의 결혼 선물로 르네상스 예술의 아름다운 그림인 그녀의 초상화를 선물했다. 1492년 베아트리체는 밀라노의 지배자로 인정받으려는 남편의 정치적 음모를 위해 특사 자격으로 베네치아를 방문했다. 잔 갈레아초 스포르차가 죽자 루도비코가 이어받는 것이 법률상 정당하다고 인정되었고 포르노보 전투(1495) 이후 루도비코와 그의 아내는 프랑스 샤를 8세와 이탈리아 군주들 간의 평화 교섭에 참여해 뛰어난 정치력을 발휘했지만 그녀의 눈부신 성공은 22살이 되던 1497년 1월 3일 무도회에서 춤추다가 갑자기 해산한 지 1시간 후 죽음으로

베아트리체 데스테_밀라노의 공작부인으로 이탈리아 르네상스 시대에 가장 세련되고 조예 깊은 공작부인 중 한 명이었다. 페라라 공작 에르콜 데스테의 딸이자 만토바 공작부인 이사벨라 데스테는 그녀의 언니이고 훗날 페라라 공작이 되는 알폰소 데스테의 누나이기도 했다. 레오나르도 다 빈치의 작품이다.

써 끝났다. 태어난 아들은 사산아였다. 반면, 루도비코와 베아트리체의 정책이던 프랑스 샤를 8세의 이탈리아 원정은 이탈리아 전역을 혼란에 빠뜨렸다. 샤를 8세를 이어 즉위한 루이 12세의 침공으로 권좌에서 축출되었고 밀라노는 프랑스에게 정복당했다. 포로가 되어 프랑스 투렌의 로슈 성에 갇혀 지내다가 1508년 죽었다.

● ●

루이 12세(Louis XII, 1462~1515)

프랑스의 왕이다. 샤를 6세의 동생 루이 1세 드 발루아의 손자이며 아쟁쿠르 전투 이후 잉글랜드에서 25년을 지낸 샤를 도를레앙의 아들이다. 정복자 프랑스 샤를 8세가 피렌체에 입성(1494)한 후 공화국 피렌체는 외교 정책에서만큼은 프랑스의 속국으로 완전히 전락하고 말았다. 여기에는 샤를 8세를 신의 사자로 추켜세운 사보나롤라의 영향도 작용했다. 교황 알렉산데르 6세의 범 이탈리아 동맹 참여를 거부하며 샤를 8세의 퇴로를 지켜주던 피렌체는 그가 프랑스로 귀환한 후에도 모든 군사 · 외교 활동에서 프랑스의 눈치를 보았다. 모든 시민의 숙원이던 피사 탈환도 피렌체 정부는 오직 샤를 8세만 피사인들에게 투쟁을 거둘 것을 명령해 주기만 기다렸다. 피렌체인들은 가까운 시일 안에 돌아오겠다는 샤를 8세의 약속을 굳게 믿었고 강력한 프랑스군에게 어리석게 다시 도전할 의사가 없었다.

결국 피렌체는 샤를 8세가 사망하고서야 피사 탈환 작전을 개시했는데 이것은 그들이 프랑스에 얼마나 의존했는가를 잘 보여준다. 빨리 귀환하겠다는 샤를 8세의 약속은 뒤를 이어 프랑스 왕좌에 오른 루이 12세에 의해 실현되었다. 과거 이탈리아 원정과 다른 점은 목적지가 나폴리가 아닌 밀라노라는 것이었다. 올레앙 가문의 적자이던 루이 12세는 혈통상 비스콘티 가문 계승권도 갖고 있었다. 밀라노를 찬탈한 스포르차 가문을 몰아내고 본래 영주 가문 비스콘티를 밀라노 권좌에 복귀시키는 것은 그에게 더없이 훌륭한 명분이었다. 그는 충성스러운 피렌체가 그의 정복사업을 지원하리라 확신했다. 그러나 중요한 위성 도시를 모두 잃는 심각한 타격을 입고 사보나롤라를 두고 벌어진 혼란으로부터 겨우 회복한 피렌체가 제공할 수 있는 실질적인 도움은 한계가 있었다. 결국 루이 12세는 교황 알렉산데르 6세에게 손을 내밀었다. 이탈리아 원정 완수를 위해 이탈리아 내 동맹국이 필요했던 그가 교황청을 선택한 것은 몰락한 피렌체의 처지를 보여줬다. 놀라운 사실은 몇 년 전까지도 반프랑스 연맹의 맹주로 샤를 8세의 귀환길을 막는 데 앞장선 교황 알렉산데르 6세가 이미 프랑스의 동맹국으로 태도를 바꿨다는 것이다. 이 같은 갑작스러운 태도 변화를 설명하는 작은 일화를 살펴보자.

1498년 왕위에 막 오른 루이 12세는 그의 부인과 이혼하고 사망한 샤를 8세의 미망인 앤과 결혼하고 싶어 했다. 그녀가 공작부인으로 있

루이 12세의 출정도_루이 12세는 샤를 6세의 직계 후손인 샤를 8세가 1498년 젊은 나이에 남계 후손 없이 불의의 사고로 사망하자 샤를 6세의 동생인 오를레앙 공작 루이 1세의 손자로 왕위를 계승했다. 그는 총신분회의 개최를 통해 통치제도 및 조세제도 개혁을 단행해 당대인들로부터 '인민의 아버지'라는 칭호를 부여받았다. 밀라노 정복과 나폴리 왕국 정복 등 이탈리아 원정을 결행한다.

는 브리타니주 통치권 확보를 위한 정치적 선택이었다. 그러나 이혼하려면 가톨릭 교회의 수장인 교황의 승인이 필요했다. 루이 12세는 알렉산데르 6세에게 서신을 보내 뜻을 밝혔고 놀랍게도 루이 12세는 이 요청을 흔쾌히 수락했다. 물론 조건이 있었다. '대가 없이는 아무 것도 건넨 적 없는 남자'라는 평을 받던 알렉산데르 6세였다(이 시기의 교황들의 인품은 가히 경악스러웠다). 그는 프랑스 국왕과 협상을 벌여 가장 중요한 문제를 해결하려고 했다. 교황과 프랑스 국왕 간에 이뤄진 협상은 알렉산데르 6세가 루이 12세의 이혼을 허락하는 대신 그가 교황의 아들 체사레 보르자와 프랑스 왕가의 혼인을 주선하고 프랑스 군대 일부의 지휘를 체사레에게 위임한다는 내용이었다. 그리스도교 세계의 수장인 알렉산데르 6세의 최대 관심사는 그가 아끼는 아들의 앞길을 터주는 것이었다. 그는 여러 정부와의 사이에서 열 명이 넘는 자녀를 두고 있었다. 이것은 루이 12세가 밑지지 않는 조건이었다. 체사레 보르자가 강력한 영주로 성장하더라도 프랑스 입장에서는 알프스 남쪽에 또 하나의 우방을 얻는 셈이었다. 곧 프랑스 왕가의 샬럿 알브레와 체사레 보르자의 혼인이 이뤄졌고 보르자에게는 발렌티노 공작의 귀족 작위가 하사되었으며 마지막으로 프랑스 군대 일부가 그의 휘하에 편입되었다. 훗날 마키아벨리가 '새로운 군주 모델'이라고 칭송한 전설적인 군벌 체사레 보르자가 이탈리아 역사에 모습을 드러내는 순간이었다.

샬럿 알브레 소묘 초상화_샬럿 알브레(Charlotte d' Albret, 1480~1514)는 1499년 교황 알렉산데르 6세의 아들인 체사레 보르자와 결혼해 1504년 펠루스, 네렛, 라 모테-푸일리 땅의 주인이 되었다. 그의 결혼은 루이 12세와 교황 알렉산데르 6세 사이의 협정을 체결하는 정략결혼이었다. 루이 12세는 그의 전임자 찰스 8세 왕의 미망인 브리타니의 앤과 결혼하기 위해서는 가톨릭 교회의 수장인 교황의 승인이 필요했다. 그 대가로 루이 12세는 교황의 아들 체사레 보르자와 프랑스 왕가(발렌티노)의 샬럿 알브레의 결혼을 허락했다. 그녀는 처음에 화려한 삶을 살았지만, 과부가 된 후 경건한 삶을 살았다.

이 같은 이유로 1499년 이탈리아로 진군하기 시작한 루이 12세는 새로운 동맹국인 교황청으로부터 밀라노 점령에 대한 지지를 쉽게 끌어낼 수 있었다. 피렌체와 교황청이 등을 돌린 롬바르디아는 이탈리아에 무혈입성한 프랑스 군대에게는 무주공산과 같았다. 홀로 남은 밀라노가 프랑스 군대 앞에 백기를 든 것은 물론이다. 5년 전 샤를 8세의 이탈리아 침공을 주도한 대가로 후세 역사가에 의해 매국노로 낙인찍힌 밀라노 군주 로도비코 스포르차는 결국 프랑스 소속 스위스 용병의 손에 압송되어 프랑스의 어느 지하실에서 생을 마감했다. 밀라노 정복이라는 목표를 이룬 루이 12세는 내친김에 나폴리 왕국까지 넘보았지만 에스파냐 아라곤 왕조의 지원을 받는 나폴리 왕국은 호락호락하지 않았다. 에스파냐 통일을 이룬 영웅 페르디난드에게 연락한 루이 12세는 협상 끝에 나폴리 북부는 프랑스, 나폴리 남부는 에스파냐가 다스리는 나폴리 분할에 합의하는 소기의 목표를 이룬 만족감에 젖어 알프스를 넘어 프랑스로 귀환했다. 프랑스 군대 일부를 거느리던 교황의 아들 발렌티노 공작을 반도에 남겨둔 상태였다. 프랑스 군대는 떠났지만 이탈리아는 또 한 번의 피바람을 앞두고 있었다. 이탈리아 도시국가의 다수는 교황의 아들 체사레 보르자의 말발굽 아래 신음할 것이다.

04
CHAPTER

알렉산더 대왕에게 정복당한
다리우스 왕국이 대왕이 죽은 후에도
반란을 일으키지 않은 이유

《군주론》 4장 요약

　모든 공국은 임명된 장관들의 도움을 받는 단일 통치자 또는 통치자와 그들 자신의 권리로 권력을 잡고 백성의 충성을 받는 세습 귀족에 의해 통치된다. 튀르키예 술탄은 그의 왕국을 행정관들이 관리하는 지역으로 나누지만 프랑스 왕은 오랜 특권을 가진 많은 영주에 맞서 싸워야 한다. 술탄의 행정관들은 그들의 권력을 위해 그에게 의존했으므로 외세 침략자를 도와줄 가능성이 없다. 그러나 침략자가 승리할 수 있을 정도로 강한 군대를 가졌다면 사람들이 개인적으로 관리자에게 충성하지 않기 때문에 영토 유지가 쉬울 것이다. 프랑스와 같은 왕국에서 귀족은 항상 야심 넘치고 왕으로부터 등을 돌릴 준비가 되어 있지만 국가를 정복하는 데 도움이 된다면 당신을 칠 준비도 되어 있을 것이다. 모든 왕실을 죽이더라도 귀족은 남아 있으며 귀족을 만족시키거나 제거할 수 없다. 영토 통제는 영토의 성격보다 개인 능력에 달려 있다.

두 가지 형태의 국가

새로 정복한 영토를 고수해야 하는 어려움을 감안하면 다음과 같은 사실에 놀라게 된다. 불과 몇 년 안에 알렉산더 대왕이 아시아의 패자가 되었고 그는 치세가 정착되기 전에 죽었다. 따라서 제국 전체가 반란을 일으키는 것이 합리적인 추측일 수 있음에도 대왕의 후계자들은 정복한 지역을 잘 관리했으며 그들의 야심으로 발생한 문제 외에 별다른 어려움을 겪지 않은 것은 매우 놀랍다.

그 점을 설명하려면 역사상 알려진 모든 공국이 두 가지 방법으로 통치되었음을 상기해야 한다. 군주가 자기 뜻에 따라 임명한 각료의 보좌를 받아 통치하는 경우와 세습된 권력을 확보한 제후들과 함께 통치하는 경우다. 그 제후들은 자신의 영지와 백성을 보유하고 백성은 그를 주군으로 인정하고 자연스럽게 충성을 바친다. 군주와 각료가 통치하는 국가에서는 군주 외에는 주인으로 인정받을 만한 자가 영토 안에 없으므로 군주가 더 높은 권위를 갖는다. 백성이 군주 외에 나른 사람들에게 복종하더라도 단지 그들이 군주의 각료나 관료이기 때문에 충성하는 것이지 개인적으로 충성하는 것은 아니다.

오스만투르크와 프랑스의 통치 유형

우리 시대에 이 같은 두 가지 통치 유형은 오스만투르크의 왕 술탄 (마키아벨리가 군주론을 집필할 당시 오스만투르크 제국의 술탄은 셀렘 1세였다)과 프랑스 왕에서 찾아볼 수 있다. 오스만투르크 제국은 온전히 한 명의 군주가 지배하며 그 외 인물들은 그에게 봉사하는 각료일 뿐이다. 그는 왕국을 여러 지역으로 나눠 자기 뜻대로 다양한 행정관료를 파견·이동·교체할 수 있다. 그러나 프랑스 왕은 수많은 세습 제후로 둘러싸여 있다. 그 제후들은 각각 고유한 세습적 특권이 있으며 그 특권은 왕조차 함부로 건드리지 못하므로 이 두 가지 유형의 국가를 비교·고찰하면 오스만투르크 제국과 같은 국가는 정복하기 어렵지만 일단 정복하면 유지하기 쉬운 반면, 프랑스와 같은 국가는 정복하기는 비교적 쉽지만 유지하기는 매우 어렵다.

● ○

자신의 군사력으로 공격한다

오스만투르크 제국을 정복하는 것이 어려운 이유는 다음과 같다.

첫째, 정복하려는 자가 그 왕국 통치자들로부터 원조 요청을 받을 가능성이 없다. 둘째, 통치자를 둘러싼 각료가 반란을 일으켜 정복 계

오스만투르크 제국_13세기 말 아나톨리아반도에서 등장했으며 술탄 메흐메드 2세가
통치한 15세기 제국으로 성장할 발판을 마련했다. 이후 바예지드 2세, 셀림 2세를 거
쳐 16세기 들어 술탄 술레이만이 유럽과의 전쟁에서 연승하며 16~17세기 오스만 제
국의 전성기를 누렸다. 수도는 오늘날 이스탄불로 알려진 콘스탄티노플이었으며 튀
르크계의 오스만 왕조가 제국을 통치했다. 사진은 이스탄불 성 소피아 성당으로 동
로마제국 때 건축되었으며 오스만투르크가 정복해 이슬람사원으로 사용되다가 미술
관으로 문을 열었다.

획에 도움을 받길 기대할 수 없다. 이것은 앞에서 말한 이유 때문이다. 모든 귀족이 통치자에게 복속되어 추종하므로 그들을 타락시키는 것은 여간 어렵지 않다. 설령 성공하더라도 이미 말한 이유와 같이 귀족이 추종하지 않아 별다른 이득을 기대할 수 없다. 따라서 오스만투르크 제국의 술탄을 공격하려면 누구라도 적이 일치단결해 대항할 것임을 염두에 두고 적국의 분열을 기대하는 대신 자신의 군사력만 믿어야 한다. 그러나 일단 전투에서 패배를 안겼다면 그 군주가 가문을 제거하면 백성을 동원할 지위에 아무도 없으므로 저항의 구심점은 소멸될 것이며 점령자가 승리 이전에 그들로부터 아무 도움도 기대할 수 없었듯이 승리한 후에는 그들을 두려워할 필요가 없다.

● ●

변화는 원하는 세력을 찾는다

그 반대는 프랑스와 같이 통치되는 왕국에서 일어난다. 그 왕국의 일부 제후를 자기 편으로 만들면 쉽게 진격해 들어갈 수 있기 때문이다. 불만을 품은 제후는 이 같은 이유로 정복자의 전투를 지원하겠지만 이후 정복자가 획득한 것을 지키려고 할 때 그를 도와준 무리와 그들의 침략으로 고통받은 자들로부터 많은 시련을 겪을 것이다. 새로운 반란을 일으킬 준비가 된 귀족 세력이 존재해 군주 가문을 제거하는 것으로는 불충분하다. 새로운 군주는 그들을 만족시키거나 근절할 수 없어 언젠가는 군주의 지위를 잃을 것이다.

● ●

로마사에 등장하는 사례

다리우스 왕국의 본질을 생각하면 오스만투르크 제국과 비슷하므로 알렉산더 대왕은 정면 돌파로 그 국가를 빼앗을 수밖에 없었다. 승리한 후 다리우스 3세(Darius, 기원전 380~330년. 페르시아제국 아케메네스 왕조의 마지막 왕으로 기원전 336~330년 재위했다. 알렉산더 대왕의 원정으로 폐위되었고 페르시아제국은 멸망했다)는 살해되어 알렉산더는 앞에서 말한 이유로 자신의 권력을 확실히 유지할 수 있었다. 알렉산더의 후계자들이 단결했다면 그 지역 통치권을 무난히 유지했을 것이다. 그 왕국에서는 스스로 야기한 것 외에는 아무 분규도 없었기 때문이다. 하지만 프랑스와 같이 조직적인 국가를 그처럼 순탄하게 통치하기는 불가능하다. 이 점이 에스파냐와 프랑스, 그리스에서 로마에 맞서는 반란이 자주 일어난 이유다. 이 국가들에는 공국이 많았기 때문이다. 이 공국들에 대한 기억이 남아 있는 한 로마인들은 이 영토를 안정적으로 확보할 수 없었다. 그러나 로마인들의 지배가 지속되어 공국에 대한 기억이 퇴색했을 때 이 지역에 대한 로마인들의 지배는 확고해졌다. 하지만 훗날 로마인들이 자중지란에 빠졌을 때 각 파벌 지도자들은 그곳에서 획득한 권위에 따라 이 국가들의 지역을 지배할 수 있었고 과거 그 지역 지배자들의 혈통이 단절되어 이 지역들은 다양한 로마 지도자의 권위만 받아들였다. 이 같은 모든 사실을 감안하면 알렉산더 대왕이 아시아 지역 지배를 쉽게 유지한 것과 피로스를 비롯한 여러 정복자가 점령한 영토 유지에 큰 어려움을 겪은 것을 의아하게 생각할 필요가 전혀 없다. 이같이 상반된 결과는 정복자의 능력 차이가 아닌 정복된 지방의 특성 차이 때문이다.

군주론
HISTORY

● ●

알렉산더 대왕(Alexandros the Great, 기원전 356~323)

고대 그리스 북부, 마케도니아 왕국의 아르게아다이 왕조의 제26대 군주로 아리스토텔레스의 제자다. 기원전 356년 펠라에서 태어나 치세기의 대부분을 서남아시아와 북아프리카 지역에 대한 미증유의 정복활동으로 보냈다. 30세 때 그리스를 시작으로 남쪽으로는 이집트, 동쪽으로는 인도 북서부까지 영토를 확장해 고대 서양에서 전례가 없는 대제국을 건설했다. 그는 전투에서 패한 적이 없었고 역사상 가장 성공적인 군사 지도자 중 한 명으로 평가받고 있다.

유년기의 알렉산더는 16세 때까지 철학자 아리스토텔레스의 가르침

이수스 전투 _이수스는 소아시아반도 남동쪽 끝에 있던 옛 지명으로 마케도니아의 알렉산더 대왕이 기원전 333년 11월, 페르시아 다리우스 3세의 대군을 격파했다. 싸움의 결과, 다리우스는 패주하고 왕모와 왕비 및 왕자들은 포로가 되었다. 그림은 알브레히트 알트도르퍼의 작품으로 〈이수스 전투〉는 유명한 전쟁 장면을 묘사한 대규모 연작에 속한다. 알트도르퍼는 위에서 아래로 내려다보는 시점으로 이 광경을 되살려 놓았다. 그림을 휩쓸고 있는 전투 장면이 장관인데 오늘날 컴퓨터 그래픽으로 만든 전쟁영화를 연상시킨다.

을 받았다. 기원전 336년 부왕 필리포스가 암살된 후 왕위를 이어받고 필리포스가 개척한 부강한 왕국과 숙련된 군대도 물려받았다. 아버지에 이어 코린토스 동맹의 패자로 추대된 권위를 이용해 팽창정책을 폈다. 기원전 334년 그는 소아시아에 군림하던 아케메네스 제국을 침공해 10년에 걸친 원정을 시작했다. 알렉산더는 이수스 전투와 가우가멜라 전투 등 몇 번의 결정적인 전투에서 페르시아 군대를 분쇄했고 마침내 페르시아 다리우스 3세를 죽음으로 몰아넣어 페르시아 제1제국을 멸망시켰다. 당시 알렉산더의 마케돈 제국의 강역은 아드리아해에서 인더스강에 이르렀다. '세계의 끝'을 보겠다는 열망으로 알렉산더는 기원전 326년 인도를 침공했지만 병사들의 반발로 회군했다. 바빌론을 제국의 수도로 삼기 위해 확장을 계속하던 기원전 323년 알렉산더는 계획한 아라비아반도 원정을 시작하지 못한 채 바빌론에서 사망했다. 알렉산더의 제국은 그가 죽자마자 일련의 내전으로 산산 조각났고 각 지역에서 알렉산더의 부하 장군과 참모들이 그의 후계자를 자칭하며 할거했다.

● ●

피로스(Pyrros, 기원전 319~272)

헬레니즘 시대 그리스의 장군으로 아이아코스 가문에 속하며 그리스 몰로소이족의 왕(기원전 297년 무렵부터)이자 나중에는 에페이로스

피로스의 승리_피로스(Pyrrhus)는 고대 그리스 에피로스의 왕으로 전투 능력에 관한 한 알렉산더 대왕 이래 최고의 강자로 회자되었고 로마 군대에게 한때 승리한 적도 있다. 하지만 너무 잦은 전투로 유능한 장졸들을 소모시킨 끝에 자기 당대에 패망했다. 이 때문에 이득이 없는 무의미한 승리를 거둔 경우를 '피로스의 승리'라고 부른다.

(기원전 306~302년, 기원전 297~272년)와 마케도니아 왕국(기원전 288~284년, 기원전 273~272년)의 왕이 되었다. 피로스는 초기 로마의 강력한 적수였다. 피로스 전쟁에서 로마 군대와 싸워 여러 전투에서 승리했지만 그만큼 손실도 많아 '피로스의 승리(Pyrrhic Victory)'라는 고사를 남겼다. 기원전 279년 고대 그리스 북부 에페이로스의 피로스 왕은 로마 군대와 벌인 세 번의 치열한 전투에서 25,000명의 병사와 20마리의 코끼리 부대를 총동원해 결국 승리했지만 병력의 ¾을 잃고 코끼리도 다 죽었다. 피로스는 승리 보고를 듣고 "이런 전투를 한 번 더 이겼다간 우리는 망한다."라고 말한 것이 '피로스의 승리'라는 말이 되었고 '상처뿐인 승리', '패배와 다름없는 승리'를 뜻하게 되었다. 《플루타르코스의 영웅전》에도 그의 일대기가 수록되어 있다.

05

점령당하기 전 자치적이던 도시나 공국을 다스리는 법

《군주론》5장 요약

정복된 영토가 이전에 시민들이 자신의 법에 따라 생활하는 데 익숙한 공화국이었다면 당신은 그것을 파괴하거나 그 안에서 살거나 시민들이 당신에게 우호적인 정부와 함께 자신의 법에 따라 살게 해야 한다. 당신이 도시를 파괴하지 않으면 그것은 당신을 파괴할 것이고 시민들은 격렬히 기억하고 그들의 자유를 갈망할 것이다.

● ●

병합한 국가를 통치하는 법

앞에서 명시했듯이 자신의 법률과 자유 속에서 살아온 국가를 병합한 경우, 그들을 다스리는 세 가지 방법이 있다.

1. 기존 국가 질서를 완전히 파괴한다.

2. 자신이 그곳에 직접 가 산다.

3. 피정복자들에게 자치를 허용하고 조공을 받으며 친근한 국가로 남도록 과두정치체제를 내세워 우방으로 만든다.

새로운 군주가 수립한 정부는 군주의 호의와 권력 없이는 자신의 권력이 존속할 수 없음을 알고 체제 유지를 위해 최선을 다할 것이다. 정복자가 독립을 누리고 자유로운 제도 운용에 익숙한 도시를 다스리는 가장 쉬운 방법은 그곳의 시민들을 이용하는 것이다.

자유로운 도시국가를 통치하는 법

스파르타인들과 로마인들이 좋은 예다. 스파르타인들은 아테네와 테베를 점령해 그곳에 과두정치체제를 확립했음에도 점령지를 잃었다. 로마인들은 카푸아, 카르타고, 누만티아를 다스리기 위해 그 나라를 멸망시켰고 그 나라들을 잃지 않았다. 로마인들은 그리스 지방에는 자치를 허용하고 그들의 고유법에 따라 자유롭게 살도록 해 스파르타인들이 했던 비슷한 방법으로 통치하려고 했지만 성공하지 못해 그리스 지역 유지를 위해 많은 도시를 파괴할 수밖에 없었다. 도시를 멸망시키는 것 외에는 지배를 확고히 유지할 방법이 없다. 자유로운 생활양식에 익숙해진 도시의 지배자가 되어 도시를 멸망시키지 않는 자는 누구나 그 도시에 의해 자신이 파멸당할 각오를 해야 한다. 그 도시는 반란을 일으킬 때 시간이 흐르고 새로운 지배자가 제공하는 특전이 있더라도 결코 못 잊을 자유정신과 오랫동안 전해져 내려온 제도를 명분으로 모반을 꾀할 수 있기 때문이다. 지배자가 어떤 조치를 취하든 내분을 조장하거나 주민을 분산시키지 않으면 그들은 잃어버린 자유와 자신의 오래된 제도를 절대로 잊지 않을 것이다. 그들은 백년 동안 피렌체에 복속되었던 피사와 같이 기회만 생기면 즉시 반란을 꾀할 것이다.

● ●

오래된 군주국과 공화국의 차이

그러나 군주의 지배에 익숙한 도시나 나라는 그 군주의 가문이 제거되면 이전 지배자는 사라지지만 복종하는 습성은 여전히 남기 마련이다. 하지만 그들은 자신 중 누구를 군주로 선택할지 쉽게 합의하지 못하기 마련이고 자유로운 삶을 영위하는 법도 모르므로 무기를 들고 지배자에 맞서 봉기하는 것을 주저한다. 따라서 새로운 군주는 그들의 지지를 쉽게 확보할 수 있으며 그들이 자신에게 해를 끼치지 않을 거라고 확신할 수 있다. 하지만 공화국은 더 많은 활력과 더 강한 증오심과 복수에 대한 강렬한 열망이 있기 마련이다. 사람들은 잃어버린 자유를 쉽게 잊지 못하며 실제로 잊을 수도 없으므로 가장 확실한 방법은 그 국가를 완전히 파괴하거나 직접 그곳에 살면서 다스리는 것이다.

《군주론》 4~5장 분석

마키아벨리는 두 가지 유형의 정부를 대비한다(그가 동양과 동일시하는 강력한 중앙집권화 모델과 서유럽에서 지배했던 느슨한 연합 모델). 마키아벨리는 분권화된 국가집합체를 괴롭히는 내부 문제를 살펴볼 충분한 기회가 있었다. 그가 인용한 예로 프랑스는 실제로 경쟁국들이 외세가 침략하도록 초청한 다음 그들의 위협이 약화되자 이탈리아 지역과 비교할 때 현저히 안정적으로 통일되었다. 이탈리아는 마키아벨리가 인용한 정확한 이유로 정복이 거의 불가능하다는 것을 증명했지만 통일도 불가능하다는 것을 증명했다.

정복당한 공화국 통치에 대한 마키아벨리의 의견은 특히 무자비하게 들린다(그것을 파괴하거나 경고하거나 확실히 당신을 파괴할 것이다). 그러나 피렌체의 새로운 메디치 통치자를 향한 마키아벨리의 충고를 읽으면 다른 어조가 취해진다. 당신이 그것에 의해 파괴당하고 싶지 않다면 당신은 그 안에 와서 살면서 직접 통치해야 한다고 그는 말한다. 이것이 바로 메디치가 권력을 되찾은 후 피렌체에서 대부분의 시간을 보내며 실패한 이유다. 자유에 대한 공화국의 사랑에 대한 마키아벨리의 생생한 묘사는 메디치에게 그들이 그것을 통치하기 위해 더 많이 일하지 않으면 공화주의 방식으로 돌아갈 준비의 경고로 해석될 수 있다.

4장에서 마키아벨리는 지도자의 성패를 결정할 때 능력 대 상황의 주제를 자세히 설명하기 시작한다. 그는 지도자의 재능이 자신이 처한 상황보다 덜 중요하다는 것을 암시한다. 마키아벨리는 이 주제를 책 전체에서 자세히 논의하며 25장에서 행운과 자유의지에 관한 그의 진술에서 절정에 달한다. 행운, 특히 타인들의 호의와 능력의 대조는 6~7장에 더 자세히 설명되어 있다.

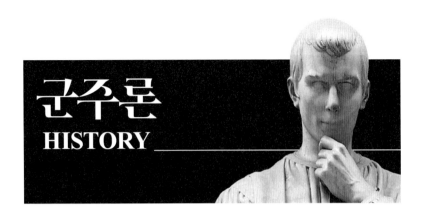

아테네와 스파르타

페르시아를 격퇴한 후 스파르타와 아테네는 그리스 세계의 패권을 다퉜다. 스파르타는 우호적인 도시국가(폴리스)들을 결집해 펠로폰네 소스 동맹을 만들었고 아테네도 우호적인 도시국가들을 결집해 델로 스 동맹을 만들었다. 점점 격화된 충돌은 결국 격렬한 전쟁으로 비화 되었다. 그리스 세계 전체를 휩쓴 기나긴 전쟁의 승자는 스파르타였 다. 그러나 그 과정에서 소모된 전쟁비용과 물자를 동맹관계의 도시 국가들에게 전액 부담시키자 동맹관계에 금이 간 스파르타는 아테네 를 멸망시킬 수도 있었지만 테베나 코린트가 치고 올라오는 것을 걱 정해 완전히 멸망시키진 않았다. 그 대신 친스파르타 정치인으로 이

펠로폰네소스 전쟁_기원전 431~404년 고대 그리스에서 아테네 주도의 델로스 동맹과 스파르타 주도의 펠로폰네소스 동맹 사이에서 일어난 전쟁으로 스파르타가 아테네의 융성에 불안감과 반감을 가진 것이 원인이었는데 이전부터 스파르타와 아테네는 대립과 협력을 반복해왔다. 이같이 27년 동안 이어진 펠로폰네소스 전쟁은 아테네의 쇠퇴를 가져와 이로써 그리스의 판도를 바꾸는 중요한 계기가 되었다.

루어진 과두정부를 패배한 아테네와 그 동맹국들에게 강요했다.

　아테네 밑에서 민주주의를 맛보다가 느닷없이 친스파르타 정치인들의 독재를 겪어야 했던 시민들은 강력 반발했다. 아테네는 항복한 지 1년 만에 스파르타에 반기를 들어 스파르타가 세운 30인 독재 정부를 뒤엎고 민주주의로 돌아갔다. 이후 30여 년간 스파르타가 그리스를 지배했지만 기원전 371년 테베의 에파이논다스가 레욱트라 전투에서 스파르타에 대승해 테베가 그리스를 지배했지만 그리스 북쪽 마케도니아의 침공을 받았다.

06

자신의 군대와 능력으로 얻은
새로운 통치권에 관하여

《군주론》 6장 요약

새로운 군주가 겪을 어려움은 그의 능력에 달려 있다. 시민은 행운이나 능력으로 군주가 되지만 행운을 믿지 않는 것이 바람직하다. 자신의 힘으로 군주가 되는 사람들은 권력을 얻는 데 어려움을 겪지만 쉽게 지켜낸다. 새로운 국가 수립은 항상 번거롭다. 구질서하에서 행복했던 모든 사람은 변화를 거부하고 대부분 그들이 일하는 것을 볼 때까지 새로운 것을 지지하지 않을 것이기 때문이다. 문제는 혁신가들이 성공하기 위해 타인들에게 의존해야 하는가 아니면 자신의 힘에 의존할 수 있는가다. 무장한 선지자들은 성공하지만 무장하지 않은 선지자들은 반드시 실패한다. 사람들은 변덕스러우며 그들이 당신을 더 이상 믿지 않을 때 당신은 그들이 믿도록 강요해야 한다.

위대한 군주를 모방하다

군주와 정부 유형의 경우, 전적으로 새로운 군주국을 논하면서 내가 훌륭한 군주와 정부를 예로 들어도 놀랄 사람은 별로 없을 것이다. 인간은 거의 항상 선인들의 행적을 따르며 그들의 업적을 모방하는 것이 인간 행동의 지도적 원리이기 때문이다. 그러나 선인들이 만들어 놓은 길을 답습하거나 그들의 능력에 미치는 것이 항상 가능한 것은 아니므로 신중한 사람은 항상 위인들의 행적을 따르기 위해 노력하고 그들의 능력에 필적하진 못해도 모방으로 그것에 근접하려고 한다. 그런 사람은 멀리 떨어진 목표물을 겨냥할 때 자신의 활의 강도를 아는 노련한 궁사처럼 행동해야 한다. 이 같은 경우, 궁사는 목표물보다 더 높은 지점을 겨냥한다. 그 높은 지점이 아닌 목표물을 맞히기 위해 그곳을 겨냥하는 것이다.

이같이 새로운 군주가 완전히 새로 수립된 공국을 다스리며 겪는 어려움은 그의 능력에 따라 달라진다고 할 수 있고 평범한 시민이 군주가 되는 것은 능력이나 행운을 전제로 하므로 둘 중 하나가 어느 정도 어려움을 완화하는 데 상당한 도움이 될 것이다. 하지만 그가 행운에 의존하는 경우가 거의 없다면 자신의 지위를 더 잘 유지할 것이다. 또한 다른 국가를 갖고 있지 않아 그 나라에 직접 살면서 다스린다면 더 도움이 될 것이다.

●●

역량 사례들

행운이 아닌 능력으로 군주로 성장한 사람들에게 다가가려면 모세 (Mose, 이스라엘의 종교적 지도자이자 민족적 영웅으로 호렙산에서 노예로 있던 히 브리 민족을 해방시키라는 음성을 듣고 이집트로 돌아와 협력자 아론과 함께 그들을 구출했으며 시나이산에서 십계명을 받았다), 키루스(Cyrus, 페르시아제국 창건자로 기원전 529년 전사했다), 로물루스(Romulus, 전설에 등장하는 로마왕국의 창시자로 초대 왕이다), 테세우스(Theseus, 아티카(Atica) 전설에 등장하는 영웅으로 아게우 스의 아들이자 아테네의 왕이었다. 크레타섬 미궁에서 괴물 미노타우르를 죽인 것을 비롯해 공적이 많다) 등이 가장 훌륭한 본보기라고 생각한다. 그중 모세 는 단지 하나님의 명령을 수행한 집행자에 불과하므로 논의 대상에서 제외해야 한다고 생각하는 사람도 있겠지만 신과 대화할 만한 가치가 있는 인물로 선택되었다는 신의 은총 자체만으로도 칭송받을 만하다. 하지만 키루스와 같이 왕국을 차지했거나 건국했던 인물들을 살펴보 면 그들도 모두 존경받을 만한 탁월한 인물들임을 알게 될 것이다. 그 들의 행적이나 조치도 검토해보면 위대한 하나님을 섬기던 모세의 경 우와 별로 다르지 않은 것 같다. 그들의 행적과 생애를 살펴보면 주어 진 기회라는 재료를 이용해 자신들이 무엇을 원하는지 알 수 있다. 그

키루스 대왕의 무덤_고대 아케메니드 제국의 창시자인 키루스 대왕의 최후의 안식처다. 무덤은 이란 파르스 지역의 고고학 유적지 파사르가대에 위치하고 있다. 키루스 2세는 페르시아제국의 건설자로 메디아를 멸망시키고 에크바타나를 수도로 정했으며 박트리아·칼데아 등을 함락시켜 이집트를 제외한 오리엔트를 지배하에 두었다.

기회를 얻지 못했다면 그들의 정신력은 고갈되고 그들에게 능력이 없었다면 그 기회는 무산되었을 것이다. 이런 의미에서 유대인은 모세의 출현을 위해 이집트인들의 노예가 되어 탄압받아야 했던 결과, 노예 상태에서 벗어나기 위해 그를 따를 준비가 되어 있었다.

로물루스는 로마의 건국자이자 왕이 되기 위해 알바에서 태어나자마자 버림받아야 했다. 마찬가지로 키루스 왕도 메디아인들의 지배에 불만이던 페르시아인들과 오랫동안 누려온 평화로 인해 나약해진 메디아인이 필요했다. 테세우스도 아테네인들이 분열되지 않았다면 자신의 모든 능력을 보여줄 수 없었을 것이므로 이 기회들이야말로 위인들이 자신의 업적을 성공적으로 달성하고 그들의 비범한 능력이 이 기회를 포착해 활용하게 한 것이다. 그 결과, 그들의 나라는 영광을 누리며 크게 번영할 수 있었다. 그들과 같이 자신의 능력으로 군주가 된 인물들은 권력을 얻을 때까지 시련을 겪지만 일단 권력을 잡으면 별 어려움 없이 쉽게 권력을 유지한다.

나라를 얻는 과정에서 겪는 시련은 부분적으로 그들이 권력을 유지하고 확고히 다지기 위해 새로운 제도와 법률을 도입하는 데서 비롯된다. 새로운 형태의 정부 수립을 주도하는 행위가 매우 위험하고 성공하기 어렵다는 것을 깨달아야 한다. 구질서로부터 이익을 취하던 모든 사람이 개혁적인 인물에게 반대하는 반면, 새로운 질서로부터 이익을 취할 사람들은 기껏해야 미온적인 지지자로 남을 것이기 때문이다. 그들이 이같이 미온적인 지지만 받는 것은 잠재적 수혜자들이 인간의 회의적인 속성상 자신들의 눈으로 확실한 결과를 직접 보기 전에는 새로운 제도를 만든 적들을 두려워하고 믿지 않기 때문이다. 그러므로 결과 변화에 반대하는 자들은 기회만 생기면 적극적으로 개혁가를 공격하지만 지지자는 미온적으로 대처해 개혁가와 그를 지지하는 자들은 위험에 빠진다. 따라서 이 문제를 더 철저히 검토하기 위해 우리는 개혁가들이 자기 힘을 바탕으로 행동하는지, 다른 세력에 의존하는지 살펴봐야 한다. 즉, 성공하기 위해 타인을 설득해야 하는지, 자기 힘만으로 밀어붙일 수 있는지 살펴봐야 한다.

다른 세력에 의존할 경우, 거의 항상 아무 것도 이루지 못한다. 그러나 남에게 의존하지 않고 변혁을 주도할 충분한 힘을 발휘할 수 있다면 드문 경우를 제외하고 곤경에 빠지는 경우는 거의 없다. 이 같은 것으로 미루어볼 때 무력을 갖춘 예언자는 모두 성공했지만 말뿐인 예언자는 실패했다. 이 같은 결과는 이미 말한 이유 외에도 대중이 변덕스럽기 때문에 일어난다. 즉, 그들을 설득하기는 쉽지만 설득된 상태를 유지하기는 어렵기 때문이다. 그러므로 새로운 계획을 집행할 때 백성이 더 이상 믿지 않으면 믿음을 강요할 수 있어야 했다.

모세, 키루스, 테세우스, 로물루스에게 무력이 없었다면 각자가 세운 새로운 질서에 대한 복종을 오랫동안 확보하지 못했을 것이다. 이 같은 경우는 우리 시대의 지롤라모 사보나롤라 승정이 세운 새로운 질서를 백성이 더 이상 믿지 않자 몰락한 데서 찾아볼 수 있다. 그에 게는 자신을 믿은 사람들을 지속적으로 관리하고 그들의 지지를 유지 하는 방법도 없었다. 따라서 그 같은 개혁가들은 많은 어려움을 겪어 야 했다. 그들이 자신의 계획을 시작한 후 모든 위험이 닥치고 일단 성 공해 큰 존경을 받기 시작하면 강력하고 안정적인 상태에서 존경받는 성공한 지도자로 남는다.

● ●

시라쿠사의 히에론

이 위대한 사례들에 더 작은 것을 추가하고 싶다. 그것은 여전히 그 들과 닮았고 나는 시라쿠사의 히에론(Hieron the Syracusan)의 경우다. 그 는 일개 시민에서 시라쿠사의 군주가 되었다. 그는 절호의 기회를 잘 활용했는데 그 기회를 제외한다면 행운으로 얻은 것은 전혀 없었다. 시라쿠사인들이 절망적인 위기에 처했을 때(기원전 270년 감파니아의 용병 마메르티니가 공격했을 때) 그를 장군으로 선출했다. 그는 직무를 성공적 으로 수행해 군주가 되었다. 그는 사생활에서도 능력을 최대한 발휘 했는데 그에 관해 '그에게 부족한 점이 있다면 다스릴 왕국이 없다는 것이다'라는 기록이 전해질 정도였다. 그는 옛 군대를 해산하고 새로운 군대를 조직하고 과거 동맹을 파기하고 새로운 동맹을 체결했다. 자신의 군대와 믿을 만한 동맹을 확보하자 그것에 기반해 그가 원하는 국가를 수립할 수 있었다. 따라서 그에게 어려운 것은 권력 쟁취이지 권력 유지가 아니었다.

《군주론》 6장 분석

6장은 5장에서 시작된 주제인 개인 능력을 자세히 설명한다. 마키아벨리가 사용하는 이탈리아 단어는 비르투(virtù)이며 정확한 영어 단어는 없다. 그는 많은 것을 의미하기 위해 이 단어를 사용하지만 일반적으로 영어로 선과 도덕적 행동을 뜻하는 '미덕'은 아니다. 비르투는 영어가 '정력'이라는 단어를 얻는 남성적 힘, 비르투에 대한 라틴어 단어에 가깝다. 마키아벨리가 의미하는 비르투는 학자들 사이에서 논쟁의 대상이다. 비르투는 능력, 기술, 에너지, 힘, 독창성, 용기, 결단력이 될 수 있다. 비르투는 성공적인 군주, 더 정확히 말해 성공적인 개혁가와 정복자를 구별하는 품질이다. 마키아벨리가 제공하는 사례는 모두 위대한 문명의 전설적인 창시자다. 그들이 기회를 잡았을 때 그들을 최대한 활용할 비르투가 있었다. 하지만 마키아벨리는 그것을 사용할 기회가 없는 비르투는 낭비되지만 비르투가 없으면 기회가 낭비되는 것을 관찰했다.

이 장의 다른 주제는 힘의 사용이다. 마키아벨리는 무력이나 폭력이 국가의 필수적인 부분이라고 가정하며 통치자는 정부의 도구로 그것 없이는 통치를 할 수 없다. 당신의 추종자들이 당신의 개혁적인 계획에 대한 믿음을 잃은 후 당신은 그들에게 신앙을 갖도록 강요해야 하고 적어도 그들이 당신에게 순종하듯 행동해야 한다는 것을 관찰했다. 무장하지 않은 예언자들에 대한 그의 논평은 마키아벨리가 지켜본 사보나롤라의 기상천외한 상승과 몰락에 기초하며 그의 실패는 마키아벨리가 복무했던 피렌체 공화국의 재건으로 이어졌다.

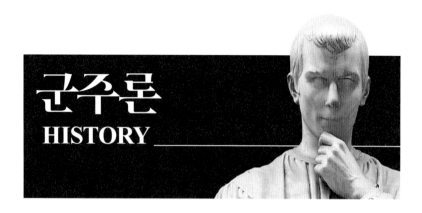

군주론
HISTORY

●●

로물루스(Romulus)

　고대 로마의 건국자이자 초대 로마 국왕이다. 로마 건국 신화에 따르면 로물루스의 어머니 레아 실비아는 알바롱가의 왕 누미토르의 외동딸 공주였다. 하지만 누미토르의 왕위를 빼앗고 대를 끊으려는 동생 아물리우스에 의해 베스타(헤스티아) 신전의 사제가 되었다. 그러던 어느 날 마르스 신이 그녀의 아름다운 모습에 반해 쌍둥이를 임신하고 로물루스는 동생 레무스와 함께 쌍둥이로 태어난다. 이후 자식이 자기 권력을 넘보는 것이 두려웠던 아물리우스 왕에 의해 바구니에 담겨 티베레강에 버려진다. 바구니는 강을 따라 흘러가다가 팔라티움 언덕 근처 무화과나무 옆에 다다랐고 암컷 늑대가 그것을 발견해 늑

암컷 늑대의 젖을 먹는 로물루스와 레무스_전설상의 로마 건국자로 군신 마르스와 알바롱가의 왕녀 레아 실비아 사이에서 태어난 쌍둥이 중 큰아들이다. 숙부에 의해 동생 레무스와 함께 테베레강에 버려져 암컷 늑대의 젖을 먹으며 자라다가 목동 파우스툴루스에게 구출되었다. 이후 숙부와 동생을 죽이고 로마를 수립해 왕이 되었다고 한다.

대 젖을 먹이며 그를 키운다. 이후 양치기 파우스툴루스가 둘을 발견해 키운다. 어느 날 레무스가 도둑맞은 양떼 분쟁에 휘말려 외조부 누미토르 앞에 서게 된다. 이를 알게 된 파우스툴루스는 그들에게 출생의 비밀을 알려주고 그들이 타고 온 아기 바구니를 누미토르에게 보여줘 레아 실비아의 아들임을 증명한다. 이후 세력을 키운 두 쌍둥이는 아물리우스 왕에게 반감을 가진 사람들을 동원해 알바롱가 성안의 사람들을 선동해 반란을 일으킨다. 결국 아물리우스는 굴복해 죽음을 맞는다. 그들은 알바롱가의 왕위를 외조부 누미토르에게 돌려주고 파우스툴루스에게 발견되었던 자리에 새로운 도시를 세우기로 한다. 하지만 로물루스와 레무스는 도시를 세울 자리를 두고 언쟁을 벌여 레무스가 죽게 된다. 이후 로물루스는 팔라티움 언덕에 도시를 세우고 자신의 이름을 따 '로마'라고 짓는다.

● ●

키루스 2세(Cyrus II)

아케메네스 제국을 건국한 키루스는 '키루스 대왕', '키루스 대제'로 불린다. 생전에 중동지역 강대국들을 차례대로 통합하고 정복지를 관대하게 통치해 페르시아제국의 기틀을 다진 업적으로 유명하다. 키루스 2세의 등장 전후로 메디아의 속국에 불과했던 페르시아는 세계적인 대제국으로 거듭난다. 역사적으로도 중요한 업적을 남겼고 바빌로니아를 정복한 후 유대민족을 해방시키고 성전을 재건한 것도 유명해 기독교인들에게도 친숙한 인물(성경에서는 그를 고레스라고 부른다)이다.

● ●

지롤라모 사보나롤라(Girolamo Savonarola, 1452~1498)

북부 이탈리아 페라라에서 태어난 사보나롤라는 도미니크회 수도원에 들어가 공부하고 1491년 피렌체의 산 마르코 수도원장이 되어 교회 혁신을 위한 설교와 예언자적 언사로 신도들을 지도해 시민의 정신적 지도자와 같은 지위에 올랐다. 그는 르네상스를 부정했고 메디치 가문과 교황 알렉산데르 6세의 부도덕을 비판하기 시작했다.

1491년 피렌체 산 마르코 수도원으로 옮긴 후 공화주의 사상과 정치적 자유주의를 기조로 한 설교로 당시 피렌체 공화국의 실권자 로렌초 데 메디치를 공격해 교회와 속세의 도덕적 부패를 맹비난해 대중의 마음을 사로잡기 시작했고 로렌초 사후 그의 아들 피에로 디 로렌초 데 메디치 대에 이르러 메디치 가문을 더 강하게 압박하기 시작했다. 그 절정은 '하느님의 노여움'이라고 그가 예언한 1494년 프랑스 국왕 샤를 8세의 이탈리아 원정은 이탈리아인들에게는 신벌(神罰)로 받아들여져 프랑스인들은 사보나롤라와 결탁해 민주정치와 신재정치(神裁政治)를 혼합한 헌법으로 피렌체를 통치하려고 했고 교황 알렉산데르 6세를 정점으로 하는 로마 교회의 부패와 타락에 맞서 종교개혁 실현 법률을 제정했다. 1495년 교황 알렉산데르 6세는 사보나롤라에게 로마로 와 그가 주장하는 예지력을 보여줄 것을 요청했다. 그러나 사보나롤라는 건강이 나쁘고 로마로 가는 도중 테러를 당할 수도 있다는 이유로 교황의 명령을 거절했다. 그러자 교황은 사보나롤라에게 더 이상 설교하지 말 것을 명령했지만 사보나롤라는 1496년 렌트에서 다시 설교를 시작했고 교황은 불복종 죄로 그를 파문했다. 이어서 대(對) 피사 전쟁 실패, 메디치파(派)의 모략, 사보나롤라 자신이 펼친 과도한 신정정치로 민심이 등을 돌렸다.

교회 내부개혁에는 많은 사람이 동조했지만 1497년 사육제(謝肉祭)에서는 시민의 사치품과 이교도적 미술품과 서적을 불태운 소위 '허영의 소각'을 비롯한 과격한 방법으로 큰 반감을 샀다. 그는 하느님의 목소리를 직접 들었다며 세속의 그림, 음악, 문학 등은 모두 인간을 하느님과 반대되는 길로 인도하는 사악한 쾌락이라고 주장하고 자신을 따르는 광신도들을 조직화해 피렌체의 수많은 예술품을 몰수해 광장에서 공개적으로 불태우는 허영의 소각을 벌여 예술가를 우대하고 예술품으로 부(富)를 이어가던 피렌체 시민들의 마음속에는 일말의 반감이 싹텄다. 다만 시민들이 처음부터 이 같은 행보에 반대한 것은 아니며 허영의 불꽃 행사 초반 〈비너스의 탄생〉으로 유명한 화가 산드로 보티첼리(Sandro Botticelli, 1445~1510)가 사보나롤라를 추종해 자신의 선정적인

지롤라모 사보나롤라_ 이탈리아 도미니크회 수도사이자 종교개혁가다. 교회 내부개혁에 많은 사람이 동조했지만 1497년 사육제에서는 시민의 사치품과 미술품 및 서적을 불태운 '허영의 소각'을 비롯한 과격한 방법으로 반감을 샀다. 프랑스 군대가 철수한 뒤, 교황 알렉산데르 6세와의 불화, 프란체스코회와의 대립 등으로 지지 기반을 잃어 다른 두 명의 도미니크회 성직자와 함께 화형에 처해졌다.

그림들을 자발적으로 갖다 태워버릴 정도로 호응이 컸다.

시민들이 그에게 점점 등을 돌리기 시작한 것은 교황의 사주를 받은 교황파 성직자가 "네가 정말 하느님의 목소리를 듣는 예언자라면 불 속을 걸어도 멀쩡하겠지?"라며 걸어온 도발에 사보나롤라를 추종하는 열혈 제자가 '불의 심판'을 받아들이면서부터였다. 사보나롤라는 극구 말렸지만 제자들의 완강한 태도로 결국 수제자를 보내 '불의 심판'을 하기로 했는데 막상 시행 당일 사보나롤라가 "이런 어리석은 짓은 역시 안 되겠다."라며 나름 합리적인 결정으로 결국 '불의 심판'은 무산되었다. 그 기회를 노리던 교황파 성직자들과 메디치파 시민들이 "사보나롤라는 역시 거짓 예언자, 이단자다!"라며 대중을 선동해 폭동을 일으켜 피렌체 공화국 행정부가 전복되었고 교황에게 파문된 이단자라는 명목으로 체포되어 형식적인 종교재판을 거쳐 1498년 5월 23일 사형당했다. 그나마 교회 측이 재판을 주관해 곧바로 화형당하지 않고 교수형으로 죽은 후 화형에 처해지는 최소한의 자비가 베풀어졌다.

마키아벨리는 군주론 6장에서 사보나롤리를 언급하며 "무기를 깆지 않은 예언자는 자멸한다."라고 평했다. 민중은 원래 변덕스러워 어떤 일을 설득하기는 쉽지만 설득된 상태로 붙잡아두기는 어려워 말로 되지 않으면 힘으로 믿게 할 수단을 갖춰야 하는데 파라오를 굴복시키는 힘이 있었던 모세, 키루스, 테세우스, 로물루스 등의 예언자나 군주는 그 같은 힘이 있어 대중에게 자신의 법을 오랫동안 지키게 할 수 있었지만 사보나롤라는 피렌체 시민들이 그의 말을 믿지 않자 자신이 만든 법과 함께 망했다는 것이다.

● ●

히에론 2세(Hieron II, 기원전 약 308~215년)

기원전 270~215년 재위한 시라쿠사의 왕이다. 히에론 2세 이전의 시라쿠사 통치자는 에페이로스의 피로스였다. 히에론은 피로스 휘하의 장군이었고 시라쿠사 군대와 시민의 지지로 군단장 지위에 올랐다. 시라쿠사의 명망가였던 레프티네스의 딸과 결혼해 입지를 강화한 히에론은 시라쿠사 북쪽의 그리스 식민지였던 메시나를 굴복시킨 후 기원전 270년 시라쿠사의 왕이 되었다. 기원전 264년 히에론은 카르타고의 하노와 동맹을 맺고 로마에 대항하기 시작했지만 기원전 263년 아피우스 클라우디우스 카우덱스(Appius Claudius Caudex)가 이끄는 로마 군대와의 전투에서 패해 결국 시칠리아 영토의 일부를 할양하는 조건으로 강화조약을 맺었다. 히에론은 로마에게 패한 후 사망할 때까지 포에니전쟁 기간 내내 로마를 지지했다.

히에론 2세와 아르키메데스의 관계는 널리 알려져 있다. 비트루비우스의 기록에 따르면 히에론은 금 세공사에게 순금을 주고 신에게

아르키메데스_고대 그리스의 수학자 · 물리학자로 '아르키메데스의 원리', '구에 외접하는 원기둥의 부피는 그 구 부피의 1.5배이다'라는 사실을 알아냈다. 지렛대의 반비례 법칙을 발견해 기술적으로 응용했으며 그리스 수학을 더 진전시켰다.

바칠 금관을 만들게 했다. 완성된 금관을 받은 히에론은 은이 섞였는지 의심했지만 확인할 방법이 없자 아르키메데스에게 의뢰했다. 아르키메데스는 사람이 욕조에 들어가면 물이 차오르는 현상에 착안해 물질 밀도에 따라 비중이 다르다는 것을 알아냈고 이것을 깨달은 아르키메데스는 옷을 입는 것도 잊은 채 뛰어나와 '찾았다!(유레카!)'를 외쳤다고 한다.

07

다른 세력의 군대와 행운으로 얻은 새로운 통치권에 관하여

《군주론》7장 요약

행운이나 다른 사람의 호의로 군주가 되는 시민들은 자신의 군주를 얻기는 쉽지만 유지하기는 어렵다는 것을 깨달았다. 그들은 지휘에 익숙하지 않고 자신의 군대가 없다. 프란체스코 스포르차는 자기 힘으로 군주가 되어 국가를 유지했다. 체사레 보르자는 아버지의 영향으로 군주가 되었고 최선의 노력에도 불구하고 아버지의 영향력이 사라지자 자신의 상태를 유지할 수 없었다. 그의 잘못은 아니지만 특별했던 불운 때문이었다.

알렉산데르 6세는 아들을 위대하게 만들고 싶었지만 의지할 군대가 없었다. 알렉산데르 6세는 로마냐 지역을 정복하기 위해 군대를 사용하는 대가로 프랑스 군대가 이탈리아에 들어오는 것을 허용했다. 체사레 보르자는 성공적으로 더 많이 정복했지만 프랑스 왕과 오르시니 가문이 이끄는 로마 군대의 충성심을 걱정했다. 그는 오르시니 지도자들을 우정의 선물과 약속으로 유혹한 후 모두 죽었다. 그는 로마냐 사람들의 충성심을 얻었다. 그는 처음에는 로마냐가 무법자임을 알고 레미오 데 오르코에게 질서회복 임무를 맡겼지만 너무 잔인한 오르코를 모두 미워해 자신으로부터 나쁜 감정에서 벗어나기 위해 그를 공개 처형했다. 당시 체사레 보르자는 권력을 얻을 유리한 토대를 마련했지만 알렉산데르 6세가 갑자기 죽자 자신도 극도로 아팠다. 체사레 보르자는 자신에게 적대적인 교황이 선출되는 것을 막지 않는 실수를 저질렀다. 그는 모범적인 군주였으며 율리우스 2세를 오판한 것을 제외하면 모든 일을 잘했다.

● ●

경험 없는 지배자가 겪는 어려움

운이 좋아 일개 평민에서 군주가 된 자는 그 자리에 오르기는 쉽지만 유지하는 데는 큰 어려움을 겪는다. 공짜로 주운 것과 같이 이후 모든 시련이 닥친다. 이 같은 상황은 돈으로 영토를 사거나 특별한 호의로 증여받아 국가를 얻을 때 생긴다. 그리스의 이오니아와 헬레스폰투스의 도시국가에서 이 같은 일들이 발생했는데 다리우스 1세는 자신의 안위를 지키고 영광을 드높이기 위해 군주들을 임명했다(소아시아와 헬레스폰투스의 그리스 도시들). 비슷한 예로 일개 시민이 뇌물로 군대를 매수해 황제에 오른 경우도 있다.

이 같은 군주들은 불확실하고 불안정한 두 가지 요소로 자신을 지킬 수 있다. 그들에게 그 국가를 허용해준 자의 호의와 운명이다. 그들은 자신의 지위 유지에 필요한 지식과 능력이 없었다. 뛰어난 지능과 능력이 없으면 공직생활에 대한 직접적인 능력이 결여된 자가 통치 방법을 알기를 기대하기는 어렵다. 그들은 능력도 결여되었다. 우호적이고 충성스러운 세력의 뒷받침이 없기 때문이다. 무엇보다 갑자기 형성된 국가는 튼튼한 뿌리를 못 내리고 급성장한 식물과 같아 처음 맞는 악천후와 같은 역경에 쉽게 파괴되고 만다. 이 같은 사태는 갑자기 군주가 된 자들이 자신이 어떤 준비를 신속히 하고 주어진 행운을 어떻게 유지하고 다른 사람들이 군주가 되기 전에 마련해둔 기반과 관계를 나중에라도 어떻게 만드는지 모르면 일어나기 마련이다. 능력이나 행운으로 군주가 된 최근 두 가지 예를 들겠다. 바로 프란체스코 스포르차와 체사레 보르자다. 프란체스코는 적절한 수단(기만과 배신)과 자신의 대단한 능력을 이용해 일개 시민에서 밀라노의 공작이 되었다. 수많은 시련 끝에 그 지위를 얻었고 별 어려움 없이 자리를 유지했다.

● ●

신생 군주로서의 체사레 보르자

한편, 체사레 보르자는 부친의 호의와 조력으로 자신의 영토를 획득했고 자신의 뿌리를 내리기 위해 현명하고 유능한 자가 해야 할 모든 일을 수행했음에도 지위를 잃고 말았다. 앞에서 말했듯이 처음에 자신의 기반을 구축하지 않은 자는 위대한 능력이 있으면 자신의 능력을 바탕으로 나중에라도 기반을 구축할 수 있지만 그 작업은 매우 어렵고 그렇게 구축된 구조물은 매우 불안하기 때문이다. 그러므로 발렌티노 공작(체사레 보르자는 종종 발렌티노 공작 또는 발렌티노이 공작으로 불렸는데 프랑스 루이 12세가 부여한 칭호다)의 전체적인 행적을 살펴보면 그는 자신이 얻을 미래 권력을 위해 강력한 기반 구축에 성공했음을 알 수 있다. 그 각 단계를 거론하는 것이 무의미하다고 생각하지 않는 것은 신생 군주에게 제공할 만한 모범적인 지침으로 그의 행적보다 더 훌륭한 것을 찾아볼 수 없기 때문이다. 비록 그의 노력은 물거품이 되었지만 그의 실책 때문이 아니라 예외적이고 악의적인 운명 때문이므로 그를 질책하면 안 될 것이다.

● ●

알렉산데르 6세와 루이 왕의 원조

알렉산데르 6세는 아들 발렌티노 공작(체사레 보르자)의 세력을 키우는 과정에서 당시는 물론 훗날에도 많은 어려움을 겪어야 했다. 첫째, 알렉산데르 6세는 교회령의 일부가 아닌 어느 곳에서도 아들을 군주로 만들 방법을 강구할 수 없었다. 그리고 교회령의 일부를 취하려고 하면 파엔차와 리미니가 이미 베네치아인들의 보호하에 있어 밀라노 공작 대공(루도비코 모로)과 베네치아인들이 그것을 용납하지 않을 것이 분명했다. 이 문제 외에도 알렉산데르 6세는 이탈리아 군사력 중에서도 가장 쉽게 활용하려고 했던 병력을 교황의 권력 팽창을 가장 두려워하는 세력이 장악한 것도 알고 있었다. 모든 군사력을 오르시니 가문, 콜로나 가문과 그들의 추종자들이 장악해 군사력을 안심하고 사용할 수 없었다. 따라서 기존 국가의 영토의 일부라도 차지하려면 이탈리아에 혼란의 씨를 뿌려 이탈리아의 국가들을 불안정하게 만들어야 했다. 그의 계획은 베네치아인들이 각기 다른 이유로 이탈리아에 프랑스 세력을 다시 끌어들이려는 것을 알아내 쉽게 실행에 옮길 수 있었다. 따라서 교황은 이 정책에 반대하지 않은 것은 물론 루이 왕의 첫 번째 결혼까지 취소시켜 그 계획이 더 쉽게 진행되도록 해줬다. 그래서 프랑스 왕은 베네치아인들의 지원과 교황 알렉산데르 6세의 동의하에 이탈리아를 침공한 것이다. 루이 왕이 밀라노에 입성하자마자 (1499년 10월 6일) 교황은 로마니 전투 수행을 위해 프랑스 군대를 인계받았고 루이 왕은 자신의 명성을 위해 그것을 허락했다.

● ●

체사레 보르자의 군사력

그러나 발렌티노 공작은 로마냐 지역을 획득하고 콜론네시파를 패배시킨 후 점령지를 확보하면서 영토를 확장하고 싶었지만 두 가지 걸

림돌이 있었다. 그에게 충성을 다하지 않는 군대와 프랑스의 선의였다. 즉, 그가 지휘하는 오르시니파 군대가 공격할 때 말을 안 들어 그의 영토 확장을 방해할 뿐만 아니라 그가 손에 넣은 영토마저 빼앗길까 봐 걱정이 되었다. 그는 프랑스 왕도 자신이 점령한 영토를 빼앗을까 봐 두려웠다. 공작은 오르시니파 군대의 충성심에 대한 의심과 파엔차를 점령한 후(1501년 4월 25일) 볼로냐로 진격할 때 전투에 소극적인 그들의 태도를 보고 마음을 굳혔다. 그리고 프랑스 왕의 진의는 그가 우르비노 공국을 점령(1502년 6월 21일)해 토스카나로 진격할 때 프랑스 왕이 그 전투를 포기할 것을 종용한 것으로 짐작할 수 있었다. 그 결과, 공작은 다른 세력의 군대와 호의에 더 이상 의존하지 않기로 결심했다.

공작의 첫 번째 조치는 로마의 오르시니와 콜론나의 추종세력의 약화였다. 두 세력을 따르던 모든 귀족을 자신의 수하로 만들고 재물을 넉넉히 줘 대우한 결과, 수개월 만에 그들이 추종하던 파벌에 대한 충성심이 사라지고 공작을 따르게 되었다. 그다음 발렌티노 공작은 콜론나파 지도자를 분산시키고 오르시니파 지도자들을 제거할 기회를 엿보았다. 드디어 찾아온 절호의 기회를 그는 적절히 활용했다.

◆ **오르시니 및 콜론나**: 로마 귀족 가문과 경쟁했으며 둘 다 이탈리아 정치에서 엄청나게 강력하다. 특히 오르시니 가문은 보르자의 격렬한 반대자였고 체사레 보르자는 오르시니 가문 중 최소한 세 명을 살해할 것을 명령했다.

세니갈리아의 학살

오르시니파 지도자들은 공작과 교회의 세력이 강성해지는 것은 결국 자신들의 파멸임을 뒤늦게 깨닫고 페루자 지방의 마조네에서 모였다. 그 모임 이후 우르비노 지역의 반란과 로마냐 지역의 폭동 등 수없이 위험한 상황에 부딪혔지만 공작은 프랑스의 도움으로 위기를 모면할 수 있었다. 그 과정을 거쳐 자신의 명성을 회복했지만 프랑스 왕과 모든 외세를 믿지 않았고 그들에게 의존하는 위험을 피해 속임수를 쓰기 시작했다. 그는 자신의 진심을 매우 교묘히 숨긴 채 파올로 영주를 통해 오르시니파 지도자들과 화해했다. 공작은 파올로를 안심시키기 위해 그를 극진히 대접하고 돈, 의복, 말 등을 선물하는 등 온갖 노력을 기울였고 오르시니파는 순진하게 그것을 믿고 세니갈리아로 진입해 공작의 수중에 들어갔다(1502년 12월 31일). 공작은 때를 놓치지 않고 그 지도자들을 몰살하고 추종자들을 자기 편으로 포섭해 확고한 권력 기반을 구축했다. 공작은 우르비노 공국과 함께 로마냐 전 지역을 장악했다. 특히 로마냐 백성들은 그의 통치로 번영을 누리자 감사해하기 시작했고 당파를 그의 친구로 바꾼 공작은 모든 로마냐와 우르비노 공국으로 그의 권력에 충분히 좋은 기초를 놓았다. 이제 사람들은 그들의 번영에 감사해하기 시작했고 그를 지지하며 따랐다.

세니갈리아의 학살_체사레 보르자는 뛰어난 군사적 능력만큼 유능한 통치자로서 단기간에 로마냐 공국을 베네치아나 밀라노 등에 맞설 만큼 성장시켰고 자신이 고용한 용병대장들이 자신의 세력을 경계해 음모를 꾸미기 시작하자 화해의 제스처를 보내며 그들을 세니갈리아에 모아놓고 집단처형하는 무자비하고 냉혹한 면모를 과시했다. 마키아벨리는 《군주론》에서 세니갈리아에서의 숙청을 훌륭한 계획이었다고 평가했으며 의사이자 성직자, 역사가이자 전기작가였던 파올로 조비오도 '멋진 기만'이라고 긍정적으로 기술했다.

민심을 얻기 위한 체사레의 냉혹함

발렌티노 공작이 로마냐를 점령했을 때 공작은 난폭한 영주들이 그 지역을 다스려왔음을 알게 되었다. 그들은 백성을 올바로 다스리기는 커녕 약탈 대상으로 삼아 그들 자신이 질서보다는 무질서의 근원이었다. 그 결과, 도둑이 들끓고 온갖 분쟁과 분규가 횡행했다. 공작은 그 지역을 평화롭게 다스리고 통치자의 법률에 복종하도록 만들기 위해 효과적인 통치가 필요하다고 결론내리고 레미오 데 오르코라는 가혹하지만 유능한 인물에게 그 지역을 맡기고 모든 권한을 위임했다. 레미오는 단기간에 지역의 질서와 평화를 회복했고 그 과정에서 매우 좋은 평판도 얻었다. 그 후 공작은 레미오에게 주어진 과도한 권한은 더 이상 필요 없으며 그 권한 때문에 훗날 성가실 수 있다고 생각해 지역 중심부에 저명한 재판장이 관장하는 시민재판소를 설치하고 각 도시에 법률가를 파견했다. 공작은 그동안 가혹한 조치들로 백성들 사이에서 원한이 생겼음을 알고 백성의 마음을 위로하고 자신을 전폭적으로 지지하도록 만들려고 했다. 그는 그동안의 가혹한 조치들은 자신이 지시한 것이 아니라 행정관의 잔혹한 성격에서 비롯되었음을 보여주려고 했고 적절한 기회를 잡아 어느 날 아침 체세나 광장에 두 토막난 레미오의 시체와 단두대와 피 묻은 칼을 전시했다. 이 야만적인 광경에 사람들은 즉시 만족해하면서도 당황했다.

미래에 대비한 체사레의 외교 정책

다시 본론으로 돌아가자. 이제 공작은 자신의 방식대로 군대를 거느리고 현존하는 위험으로부터 어느 정도 안전해졌고 영토 확장을 시도할 때 위협이 될 주변 세력을 대부분 격파해 관심을 프랑스에 집중했다. 공작은 뒤늦게 자신의 실책을 깨달은 프랑스 왕이 자신의 영토 확장 계획을 용납하지 않을 것임을 간파하고 새로운 동맹을 찾는 한편, 프랑스 왕이 가에타를 공격하던 에스파냐 군대와 싸우기 위해 나폴리 왕국으로 진격했을 때 미봉책을 쓰기 시작했다. 그의 목적은 그 세력을 이용해 자신의 안전을 확보하는 것이었다. 교황 알렉산데르가 죽지 않았다면 그의 계획은 쉽게 성공했을 것이다.

이 정책들은 그가 당면한 상황에서 내린 조치였지만 그는 훗날 생길 사건들이 두려웠다. 무엇보다 교회의 주도권을 장악할 새 교황이 자신에게 적대적이어서 교황 알렉산데르 6세가 자신에게 준 것들을 빼앗을지 의심해 그 같은 가능성으로부터 자신을 보호하기 위해 네 가지 조치를 취했다.

첫째, 자신이 빼앗은 영토의 이전 통치자들의 혈통을 단절시켜 새 교황이 그들에게 권력을 돌려주는 것을 방지했다.

둘째, 이전에 썼던 방법으로 로마 내 모든 귀족을 자기 편으로 회유한 다음 그들을 활용해 새 교황을 견제했다.

셋째, 추기경 회의단이 자신에게 호감을 갖도록 유도했다.

넷째, 교황이 죽기 전에 권력을 최대한 확장해 외세의 도움 없이도 적의 공격을 물리치도록 대비했다.

교황 알렉산데르 6세가 죽었을 때 이 네 가지 중 세 가지는 이루었고 네 번째 대책도 거의 달성되어 가고 있었다. 공작은 자신에게 영토를 빼앗긴 통치자들의 가족을 수없이 살해해 극소수만 목숨을 부지할 수 있었고 로마 귀족의 환심을 얻고 대부분의 추기경을 자기 편으로 끌어들였기 때문이다. 새로운 영토 확장에서도 공작은 토스카나 지방의 패자가 될 계획을 세웠고 페루자와 피옴비노를 이미 장악했으며 피사는 그의 보호하에 있었다. 게다가 공작은 프랑스 세력을 더 이상 신경쓰지 않아도 되어(프랑스가 나폴리 왕국을 에스파냐에게 빼앗겨 적대관계가 된 두 강대국은 각각 공작과 동맹을 맺기 위해 추파를 던져야 했다) 즉시 피사를 급습했다.

이 같은 사건들이 발생한 후 피렌체에 대한 시기심이 섞인 증오와 두려움으로 루카와 시에나가 즉시 항복했을 것이고 피렌체는 그것을 막을 아무 대책도 없었을 것이다. 이 모든 계획이 성공했다면(교황 알렉산데르 6세가 죽은 바로 그 해 실현되었다) 그는 막강한 군사력과 드높은 명성을 얻으며 견고한 권력을 구축해 다른 세력의 호의나 군대에 더 이상 의존하지 않고 자신의 힘과 능력으로 자립할 수 있었을 것이다.

● ●

체사레가 예상하지 못한 비운

그러나 알렉산데르 6세는 발렌티노 공작이 처음 칼을 뽑은 지 5년 후인 1503년 8월 18일 열병으로 사망했다. 공작은 로마냐 지역만 확실히 장악했을 뿐 나머지 영토는 막강한 군사력을 가진 두 적대세력 사이에서 허공에 뜨고 말았다. 공작은 불굴의 정신력과 탁월한 능력이 있었고 사람들을 자기 편으로 끌어들이거나 격파하는 등 사람을 다루는 법에 능숙했다. 또한 그와 같이 단기간에 기반을 확고히 다져 강대국들에 맞설 필요가 없었거나 몸이 건강했다면 모든 곤경을 물리칠 수 있었을 것이다.

공작의 견고한 권력은 로마냐 백성이 그가 오기를 한 달 이상 기다린 데서 알 수 있다. 로마에서 그는 거의 죽어가는 상태였지만 아무 위협도 받지 않았다. 또한 발리오니와 비텔리(Paulo Vitelli(?~1499), 피렌체의 장군으로 피사 전투에서 큰 공을 세웠지만 배신당해 처형당했다), 오르시니파 지도자들이 로마를 찾아왔지만 그에 대한 어떤 반란도 선동할 수 없었다. 더욱이 공작은 자신이 원하는 추기경을 교황으로 만들 수는 없었지만 적어도 자신이 원하지 않는 사람이 교황이 되지 못하도록 영향력을 행사할 수는 있었다. 교황 알렉산데르 6세가 죽었을 때 그가 건강했다면 모든 일은 잘 풀렸을 것이다. 율리우스 2세가 교황으로 선출되던 날 공작은 내게 다음과 같이 술회했다. 그는 부친이 죽을 때 일어날 수 있는 모든 일을 생각해두고 모든 경우의 대처 방안도 마련했는데 단 한 가지, 자신에게 임박한 죽음은 전혀 몰랐다.

●● ●

신생 군주의 모델로서의 체사레

공작의 모든 활동을 회상하면 나는 그를 비난할 생각은 없다. 오히려 그는 상술한 바와 같이 호의나 행운, 다른 세력의 무력으로 권력을 차지한 모든 사람이 귀감(龜鑑)으로 삼을 만한 가치가 있다고 생각한다. 그가 큰 뜻과 야망을 품었음을 감안하면 그것과 다르게 행동할 수 없었을 것이기 때문이다. 그의 모든 계획은 오직 교황 알렉산데르 6세의 단명(短命)과 자신의 병에 의해 좌절되었다. 따라서 새로 군주국을 차지할 경우, 적들로부터 자신의 안위를 지켜야 한다면 군주는 누구보다 공작의 행적에서 모범 답안을 찾아야 할 것이다. 즉, 우호 세력을 만들고 무력이나 기만으로 정복하고 백성의 사랑을 받는 동시에 두려움을 갖게 하고 군대의 복종과 두려움도 확보해야 한다. 해를 끼칠 만한 자들은 모두 제거하고 오래된 제도는 새로운 제도로 개혁하고 엄격한 동시에 너그럽고 관대하고 대범하고 충성을 바치지 않는 병사는 제거해 새로운 인물을 발탁하고 주변 왕들과 동맹관계를 유지해 그들이 흔쾌히 도와주고 함부로 공격할 수 없도록 만드는 재주를 공작에게서 배워야 할 것이다.

● ●

체사레의 큰 실수

발렌티노 공작을 비판할 수 있다면 율리우스가 교황에 선출되도록 한 것인데 그는 잘못된 선택을 했다. 이미 말했듯이 공작은 자신이 선호하는 인물을 교황에 옹립할 수는 없더라도 적어도 자신이 반대하는 인물이 선출되는 것은 막을 수 있었다. 그리고 자신 때문에 피해를 입었거나 교황이 되었을 때 자신을 두려워할 만한 추기경이 선출되는 데 절대로 동의하지 말았어야 했다. 인간은 두려움이나 증오 때문에 남에게 해를 끼치기 때문이다.

추기경 중 과거에 공작이 해를 입힌 인물은 산 피에로(율리우스 2세, 마키아벨리는 교황의 잠재적 후보였던 여러 추기경(콜론나, 산 조르지오, 아스카니오, 루앙)을 지칭하며 그중 일부를 그들의 교회 이름으로 불렀다. 산 피에로는 줄리아노 델라 로베레(Giuliano della Rovere)로 교황 율리우스 2세가 되었다. 마키아벨리가 보르자가 당선되기 위해 노력했어야 한다고 생각하는 루앙은 조르주 담보이즈였다), 콜론나,

산 조르지오(사보나롤라를 가리키는 듯하다), 아스카니오(프란체스코 스포르차의 손자)였다. 루앙의 추기경과 에스파냐 출신의 추기경을 제외한 기타 추기경들도 모두 교황이 되면 그를 두려워했을 인물들이다. 에스파냐의 추기경은 은혜를 입은 적이 있어 공작과 긴밀한 관계였고 루앙의 추기경은 프랑스 왕국의 지지를 등에 업어 세력이 강했기 때문이다. 따라서 공작에게 가장 중요한 일은 에스파냐 출신의 추기경을 교황으로 만드는 것이었다. 그 일이 여의치 않으면 산 피에로가 아닌 루앙의 추기경이 선출되도록 일을 꾸며야 했다. 높은 지위에 오른 자에게 새로운 은혜를 베풀면 과거에 끼쳤던 피해를 잊게 할 수 있다고 믿는 것은 자기 기만이므로 공작은 이 선거에서 치명적인 실수를 범했고 결국 그것 때문에 파멸을 자초했다.

《군주론》 7장 분석

마키아벨리는 프란체스코 스포르차에서 자신의 능력으로 권력을 잡은 군주의 예를 제시하지만 그는 7장의 대부분을 체사레 보르자의 경력 분석에 바치는데 그의 부상은 다른 사람들, 즉 그의 강력한 아버지인 교황 알렉산데르 6세(로드리고 보르자 출생)의 호의에 달렸다. 마키아벨리의 체사레 보르자에 대한 존경심은 묘사하는 내내 빛난다. 그는 체사레 보르자에서 모든 군주 정복자들을 위한 모델로 본다. 마키아벨리는 피렌체와의 관계에 대해 체사레 보르자와 협상하기 위해 피렌체 평의회에 의해 파견되었을 때 이 역동적인 공작을 개인적으로 관찰할 기회가 있었다. 마키아벨리는 체사레 보르자가 적들을 세니갈리아 도시로 유인해 목졸라 죽일 때 이 임무를 수행했고 마키아벨리는 체사레 보르자와 그 사건을 이야기했다. 모든 설명에 의하면 체사레 보르자는 무자비하고 야심적이며 활력이 넘치고 주변 사람에게 깊은 인상을 남긴 강인한 성격이었다. 이것이 마키아벨리의 이상적 군주가 소유한 것과 같은 자질이라는 것은 우연이 아니다. 체사레 보르자는 비르투를 발산하지만 결국 아버지의 힘과 영향력에 의존해 그를 구하기에 충분하지 않았다. 순수한 불운, 즉 아버지의 갑작스러운 죽음과 예기치 않은 질병은 그를 파멸로 몰았다. 다른 세력에 대한 의존의 위험은 마키아벨리의 주장에서 핵심 포인트가 될 것이며 그는 군대에 관한 토론에서 나중에 강조한다.

마키아벨리가 자신의 요원들에 대한 기만, 잔인함, 배신을 포함한 체사레 보르자의 전술을 지지하는 것은 열광적이다. 체사레 보르자를 무자비한 마스터 조작자로 판단하고 전문적으로 서로 파벌을 치고 필요하면 주변 사람을 이용하고 불편해지면 제거하는 경향이 있다. 그러나 짧은 기간 그는 이탈리아에 대한 자신의 지배력을 공고히 다지는 놀라운 성공을 거뒀으며 성공적인 국가 통제는 마키아벨리의 분석에서 중요하다. 그는 18장에서 상황이 그것을 요구할 때 군주가 속이는 것이 얼마나 필요한지, 17장에서 국가의 평화와 질서 보존을 위해 자비보다 잔인함이 얼마나 더 효과적인지 강조할 것이다.

군주론
HISTORY

● ●

다리우스 1세(Darius I, 기원전 550~486년)

페르시아제국 아케메네스 왕조의 왕이다. 파르티아 총독 히스타스페스와 로도구네 사이에서 장남으로 태어났으며 젊을 때부터 야심이 컸다. 기루스 2세의 뒤를 이은 캄비세스 2세가 일찍 죽자 쿠데타를 일으켜 다음 계승자 바르디야를 죽이고 제위에 올랐다. 다리우스와 그 지지자들은 진짜 바르디야는 이미 죽었으며 가우마타 또는 스판다다타가 바르디야를 참칭한다는 명분을 내세웠다. 그리스에서 바르디야, 가우마타는 스메르디스, 타뉘오크사르케스, 스펜다다테스로 표기되었다. 헤로도토스의 《역사》에 의하면 당시 쿠데타 가담자 간에 페르시아 정치체제를 놓고 전제정, 귀족정, 공화정 논란이 일었는데 다리우

다리우스 1세_흔히 다리우스 대왕이라고 부른다. 기원전 518~510년 인도의 편잡 지방을 정벌하고 소아시아의 그리스 식민지도 평정했으며 영토의 북방을 자주 침범한 스키타이인도 몰아냈다. 또 두 번에 걸쳐 그리스 본토를 원정했는데 첫 번째는 사위 마르도니우스에게 지휘를 맡겼지만 도중 실패했고 두 번째는 마라톤 전투에서 결정적인 패배를 맛보았다. 무장보다 행정조직가로서 후세에 명성을 남겼다.

데 다리우스가 "닥치고 전제정!"이라고 소리쳐 결국 전제정이 유지되었다고 한다. 누가 왕이 될지 논쟁하다가 밤에 말을 타고 성 밖에 나가 해 뜰 무렵 처음 우는 말의 주인을 왕으로 추대하기로 결론내렸다. 이때 다리우스는 묘책을 썼다. 하인이 암컷 말의 냄새를 미리 채취해 해가 뜰 때 다리우스의 말이 냄새를 맡고 흥분해 울도록 만들었고 결국 다리우스는 왕으로 추대되었다. 아케메네스 왕조와의 혈연관계가 캄비세스 2세의 6촌으로 매우 멀어 그는 키루스 2세의 딸이자 캄비세스 2세의 여동생이던 아토사와 결혼해 정통성을 얻었다. 그는 열렬한 조로아스터(배화교)교도였지만 유대인 등 피정복민에게는 자치와 신교(信敎)의 자유를 허락하고 기원전 520년 교회당 재건도 허락했다. 기원전 499~494년 이오니아(Ionia) 제시의 반란으로 그는 두 번 그리스 원정을 했는데 1차는 폭풍 때문에, 2차는 마라톤(Marathon) 전투 패배로 성공하지 못하고 대왕 스스로 3차 대원정을 계획해 이집트 반란 진정(鎭定)의 진중(陣中)에서 사망했다.

● ●

교황 알렉산데르 6세(Alexander PP, 제 214대 교황(재위 1492~1503년))

르네상스 시대 교황들 중에서 가장 논란의 대상인 교황이다. 전통적으로 호색과 족벌주의, 탐욕 등으로 역사상 최악의 교황으로 손꼽히지만 이 같은 세간의 악평은 대부분 생전에 정적이던 이탈리아 고위 성직자와 영주들에게서 유래했음을 감안해야 한다. 에스파냐의 대귀족 보르자 가문에서 태어난 그는 같은 가문 구성원인 교황 갈리스토 3세의 조카여서 20대 중반에 이미 추기경이 되었고 2년 후 발렌시아 주교가 되었다. 그 후 갈리스토 3세, 비오 2세, 바오로 2세, 식스토 4세, 인노첸시오 8세 등을 섬겼는데 그 과정에서 성직을 팔아 막대한 부를 쌓고 권력자들을 만났다. 젊을 때는 성직자임에도 여러 여자와 관계를 맺어 사생아만 여덟 명을 낳았다. 그중 세 명은 어머니가 누구인지조차 밝혀지지 않았다.

1492년 인노첸시오 8세가 사망하자 교황 후보에는 올랐지만 에스파냐 출신이라는 점 때문에 이탈리아인 추기경들의 견제로 미래가 불투명했는데 이때 추기경들을 돈으로 매수해 교황에 선출된 것으로 알려져 있지만 그 진실 여부는 아직도 논란이다. 피렌체 대사의 기록에 따르면 그는 투표 초반부터 우위에 있었고 에스파냐 출신으로 무시당한 것은 맞지만 그의 능력만큼은 인정받고 있었다. 또한 경쟁자 줄리아노 델라 로베레 추기경이 이겼을 가능성이 크다. 당시 뇌물은 관례 아닌 관례여서 성직자로서 할 짓이 아닌 것은 맞지만 알렉산데르만 뇌물을 쓴 것도 아니다. 줄리아노도 프랑스 샤를 8세의 자금 지원을 받았으므로 열세이던 알렉산데르만 비난받는 것은 불공평하다. 그러나 가톨릭 교황 사상 최악의 인물을 꼽으라면 단연 1위이지만 종교인이 아닌 세속적인 정치인으로 보면 뛰어난 정치적 식견을 지닌 지도자였다.

교황 알렉산데르 6세_ 자신의 생활방식 때문에 역대 교황 중 최악으로 손꼽힌다. 하지만 동시대 사람들은 교황 알렉산데르 6세의 외교적 수완에 대해 칭송을 아끼지 않았다. 포르투갈과 에스파냐 사이에 새로운 식민지의 발견과 관련해 갈등이 생겼을 때 그는 정치적 수완을 발휘했다. 즉 양국 사이를 조정해 식민지 점령과 관련해 적절한 경계선을 그어 양국 모두를 만족시켰다.

실제로 교회가 종교의 역할을 제대로 수행했는지 본다면 교회 역사상 최전성기는 이 알렉산데르 6세 때였다.

교황이 된 알렉산데르 6세는 다른 추기경들의 퇴임 압력을 받았고 뇌물 증여 사실이 대중에게 알려져 큰 비난을 받자 지위가 위태로워 교황으로 인정받기 위해 상당히 고생했다. 특히 교황청의 재정을 아끼기 위해 검소한 생활과 법 준수 등 이전과 다른 모습을 보였지만 아들 체사레 보르자(Cesare Borgia, 1475~1507)를 16살 때 대주교, 얼마 후 추기경으로 만들고 친 · 인척을 요직에 앉혀 자신의 권력을 다졌다. 대외적으로는 나폴리 아라곤 왕가에 딸 루크레치아 보르자(Lucrezia Borgia, 1480~1519)를 혼인시켜 관계를 개선하고 떠오르는 오스만 제국의 위협에는 회유적으로 대처해 불가침에 가까운 상황을 유지했다.

1494년 프랑스 샤를 8세가 나폴리 왕위계승권과 알렉산데르 폐위를 주장하며 이탈리아를 침공했을 때는 그와 담판을 벌여 로마를 그냥 통과시켰고 이윽고 신성로마제국과 베네치아 공화국 등 이탈리아의 여러 도시국가와 동맹을 맺어 프랑스 군대를 몰아냈다. 교회개혁을 주장하는 피렌체의 지롤라모 사보나롤라의 위협을 받기도 했는데 초기에 사보나롤라는 피렌체의 전권을 장악하고 사치에 반대하는 분서 사건을 저지르며 세력을 확장하고 있었다. 그런데 사보나롤라의 제자가 '불의 심판'에 응하는 바람에 난처해진 사보나롤라는 재판장에 나서지 않았고 그 기회를 틈탄 교황파 성직자들과 메디치파 시민들이 그를 거짓 예언자로 몰아 대중을 선동하고 폭동을 일으켜 화형에 처해버렸다. 이로써 알렉산데르 교황은 다시 위기를 넘겼다. 마틴 루터를 만난 후대 교황에 비하면 좋은 시절이었다.

그 후 또 다른 아들이자 교황군 총사령관이던 후안 보르자가 의문사를 당한 후 아들 체사레 보르자를 환속시켜 프랑스의 속국 나바라의 공주와 혼인시키고 프랑스의 발랑스 공작으로 삼아 이탈리아 중부 교황령에서 반독립 상태로 할거하던 여러 군주국을 평정하고 보르자 집안이 다스리는 통일 로마냐 왕국을 세우려고 했다. 그는 오늘날의 아메리카 대륙 지도 작성에도 큰 영향을 미쳤는데 크리스토퍼 콜럼버스가 신항로를 개척한 후 에스파냐와 포르투갈이 아메리카 대륙 소유권을 서로 주장하며 분위기가 험악해지자 교황으로서 아메리카 대륙에 세로로 선을 긋고 신대륙을 양분한 후 두 나라가 알아서 선택하도록 중재했다. 교황의 중재에 따라 1494년 6월 4일 토르데시야스 조약(Tratado de Tordesillas)이 체결되어 사실상 남미 지도(브라질+나머지 스페인어권 국가들)는 당시 다 그려졌고 이를 계기로 남미에 관심을 가져 수많은 선교사를 파견하고 순례자를 로마로 불러들여 그 헌금으로 교황청을 부유하게 만드는 등 활약을 펼쳤다. 이 같은 업적 때문인지 식스토 5세와 우르바노 8세는 알렉산데르를 '성 베드로 이후 가장 뛰어난 교황'으로 높이 평가했다. 반면, 그는 수많은 정부와의 사이에서 16명의 사생아를 낳았다. 또한 친딸 루크레치아와의 근친상간으로 루크레치아가 아들을 낳았는데 그 아이의 아버지가 알렉산데르 6세라는 주장도 있고 친오빠 체사레 보르자라는 주장도 있다. 교황청에 많은 매춘부를 불러와 발가벗고 춤추게 했으며 가장 많은 창녀를 상대한 남성을 선발해 상을 내리기도 했다. 당시 유럽 전역에는 매독이 유행했는데 교황과 그의 아들 추기경 체사레는 물론 교황의 정부들까지 매독에 걸렸다고 한다.

1503년 8월 18일 체사레 보르자와 함께 말라리아로 추정되는 열병에 동시에 걸린 지 일주일도 안 되어 사망했다. 재위 11년 만이었다. 생전의 권세가 무색하게도 사후에는 매우 처참한 꼴을 당했다. 무더운 날씨 탓에 시스티나 경당에 잠시 안치되었던 그의 시신이 급속히 부패해 부풀어 오른 것이다. 특히 혓바닥이 심하게 부어올라 입이 다물어지지 않고 심한 악취를 풍겼다. 그 바람에 관이 비좁아져 시신을 납관할 수 없게 되자 장례를 맡은 바티칸 관료들은 시신을 카펫으로 둘둘 말아 관 속에 억지로 쑤셔 넣었다고 한다.

루크레치아 보르자_ 교황 알렉산데르 6세의 고명딸이자 체사레 보르자의 여동생으로 파란만장한 일생을 살다가 젊은 나이에 일찍 세상을 떠났다. 초상화에서도 알수 있듯이 아름다운 금발 미녀로 당시 유럽 최고의 미녀로 유명했다고 한다. 그녀는 아버지 알렉산데르 6세와 오빠 체사레 보르자와의 근친상간 논란에 휘말렸으며 정략결혼의 희생양이 되었다.

● ● ●

체사레 보르자(Cesare Borgia, 1475년 9월 13일~1507년 3월 12일)

교황 알렉산데르 6세의 사생아인 체사레 보르자는 르네상스 시대 발렌티노와 로마냐의 공작이자 안드리아와 베나프로의 군주이며 디오이스의 백작, 피옴비노·카메리노·우르비노의 지배자인 동시에 교회군 총사령관이자 장관이자 에스파냐와 이탈리아의 용병대장이자 전직 추기경이다. 1492년(17살)에 아버지가 교황으로 선출되자 체사레 보르자는 대주교가 되었을 뿐만 아니라 1493년(18살)에는 명의(名義) 성당인 산타마리아노바 교회를 맡은 추기경이 되었다. 이제 보르자는 아버지의 주요 참모 중 한 명이 되었다. 그러나 보르자에게는 진정한 종교적 소명의식이 없었다. 교황청에서 보르자는 성직자의 의무는 지키지 않고 사냥 파티, 호색적인 간통, 화려한 옷차림을 즐기는 인물로 더 잘 알려져 있었다.

1488년(13살)에 이복형 페드로 루이스가 죽자 간디아 공작 칭호는 그의 형 후안에게 넘어갔고 1496년(21살) 알렉산데르가 반항적인 귀족 오르시니 가문을 쳐부수기 위해 첫 번째 원정대를 조직했을 때 교황군 사령관에 임명된 인물도 후안이었다. 체사레 보르자는 형을 지나치게 질투했다는 평을 받았고 1497년(22살) 후안이 미심쩍은 상황에서 살해되자 그가 범인이라는 소문이 퍼졌다. 그러나 보르자는 이후 삶에서 입증했듯이 능히 살인을 저지를 만한 인물이었지만 후안은 보르자 외에도 많은 적이 있었고 보르자가 죽였다는 증거도 없었다. 후안이 죽은 후 호전적이고 정치적인 보르자의 성향과 믿을 만한 속세의 참모가 필요한 아버지의 요구가 맞아떨어져 1498년(23살) 8월 17일 체사레는 추기경직을 사임한 역사상 최초의 인물이 되었다. 보르자를 유력한 왕족의 딸과 혼인시키려는 계획이 세워졌고 나폴리 공주 카를로타와의 결혼 시도가 실패한 후 그는 나바라 왕의 여동생 샤를로트 달브레와 결혼하기 위해 프랑스로 갔다. 그 무렵 체사레 보르자는 프랑스 루이 12세로부터 발렌티누아 공작 칭호를 받았고 이 칭호로부터 발렌티노라는 별명을 얻었다.

1499년(24살) 5월 10일 체사레는 나바라 왕의 여동생 샤를로트 달브레와 결혼해 딸(루이사 보르자)을 낳았다. 지금까지 알려진 바에 의하면 체사레는 최소 11명의 사생아가 있었는데 그중에는 이사벨라 콘테사 디 카르피와 결혼한 지롤라모 보르자도 있었다. 보르자가 프랑스 왕족과 결혼한 덕분에 그와 그의 아버지는 교황령 지배권을 다시 확립하고 가능하다면 이탈리아의 일부를 떼어내 보르자를 위해 항구적인 보르사 공국을 세우는 계획에 프랑스의 도움을 받을 수 있었다. 이탈리아의 소참주들은 교황으로부터 '교황 대리'라는 관명을 하사받아 각자 자신이 부여받은 지방을 다스렸지만 세월이 흘러 교회의 권위가 실추되면서 각자 독립국 체제를 확립해 사실상 교황령으로부터 독립했거나 다른 강대국에 의존하는 상황이었다.

● ●

체사레 보르자의 원정 전쟁

알렉산데르 6세는 체사레를 후원할 힘이 있었고 아버지의 그 같은 전폭적인 지원을 바탕으로 체사레는 기초부터 차근차근 자신의 업적을 쌓아나갔다. 아버지에 의해 교황군 총지휘관에 지명된 체사레는 교황청의 권위 회복과 교황청에 굴복하지 않는 이탈리아 군소도시 정복 임무를 띠고 파병되었다. 1499년(24살) 보르자는 교황군 총사령관으로 프랑스 대규모 파견대의 도움으로 준(準)독립적인 교황 대리인들의 지배를 받던 로마냐와 레마르케 지방의 도시들을 조직적으로 점령하기 시작했다. 1499년의 원정에서 이몰라와 포를리를 정복하는 성과를 거뒀다.

수많은 정치적 암살이 보르자 탓으로 여겨졌지만 그가 저지른 것이 분명한 범죄는 1500년(25살) 8월 여동생 루크레치아의 두 번째 남편 비셸리 공작 알폰소를 죽인 사건이었다. 이는 정치적 동기보다 개인적인 원한에 의한 보복 암살이었다. 어쨌든 이 사건은 체사레 보르자에 대한 두려움과 증오를 부르는 데 크게 작용했다. 1500~1501년의 원정에서 리미니 · 페사로 · 파엔차를 수중에 넣었고 1502년(27살)에는 우

체사레 보르자_ 르네상스 시대 이탈리아의 전제군주이자 교황군 총사령관. 아버지이자 교황인 알렉산데르 6세의 지원으로 중부 이탈리아의 로마냐 지방을 정복해 지배했다. 마키아벨리는 그를 이상적인 모델로 삼아 《군주론》을 집필했다.

르비노 · 카메리노 · 세니갈리아를 점령했다. 우르비노 공격은 전혀 예상 밖이었고 번개처럼 신속해 우르비노는 총 한 번 못 쏘고 항복했다. 이어서 보르자는 카메리노로 진격했고 이 도시도 곧 굴복했다. 바로 이 단계에서 보르자의 권력 팽창을 두려워한 주요 지휘관이 그에게서 등을 돌리는 소위 '마조네 음모'가 벌어졌다. 마키아벨리가 피렌체 대표로 보르자 진영에 가담해《군주론》에서 그토록 중요하게 묘사한 인물의 행동방식을 직접 관찰한 것은 바로 이 마지막 원정 때였다. 알렉산데르 6세의 소원대로 체사레 보르자가 프랑스의 원조로 이탈리아 중부 로마냐 지방에 자신의 국가(로마냐 공국)를 세우자 나폴리 왕국, 피렌체 공화국, 밀라노 공국, 베네치아 공화국 등과 어깨를 나란히 할 수 있었다. 알렉산데르 6세와 체사레 보르자의 원정은 대부분 15세기 교황들이 확립한 본보기를 따른 것이지만 그들의 이 같은 정복활동은 교황령뿐만 아니라 다른 이탈리아 국가에서도 강한 반대를 불렀다.

● ●
●

마키아벨리와 체사레 보르자

마키아벨리는 피렌체가 침략받으면 프랑스 군대가 자동으로 개입한다는 용병 계약을 맺고 피렌체로 돌아왔다. 그런데 체사레 보르자의 교황군이 피렌체로 점점 다가오자 그에게 주어진 새로운 임무는 적장 체사레 보르자를 만나는 것이었다. 그래서 마키아벨리는 우르바노 성채를 찾아가 《군주론》의 모델이 된 체사레 보르자를 처음 만났다. 체사레 보르자는 마키아벨리를 보자마자 감옥에 가두었다. 며칠 후 체사레 보르자는 마키아벨리를 감옥에서 불러내 항복과 전쟁배상금 중 양자택일을 강요하며 말을 듣지 않으면 죽이겠다고 협박했다. 그러자 마키아벨리가 "저는 그런 권한이 없습니다."라며 피렌체로 돌아가 체사레 보르자의 의사를 전하겠다고 하자 체사레 보르자는 마키아벨리를 풀어주었다.

마키아벨리가 감옥에서 빠져나와 피렌체에 도착할 무렵 체사레 보르자 군대는 이몰라까지 진격했다. 어렵게 탈출한 마키아벨리에게 다시 체사레를 만나라는 임무가 떨어졌다. 체사레 보르자의 군대가 피렌체 가까이 왔으니 그와 협상하라는 것이었다. 마키아벨리를 다시 만난 체사레 보르자는 이전과 달리 잔치까지 벌여가며 그를 환대했다. 체사레 보르자는 마키아벨리에게 이중 세작(細作)이 될 것을 요구했지만 마키아벨리는 체사레 보르지의 제안을 정중히 거절하며 그의 옆에 머물며 돕게 해달라고 간청했다. 체사레 보르자는 마키아벨리의 청을 받아들여 스파이 대신 친구가 되었다. 이몰라에서의 두 번째 만남(1502년 10월~1503년 1월)이 《군주론》의 실제 모델이 탄생하는 순간이었다. 마키아벨리는 1502년 10월 7일부터 1503년 1월 18일까지 보르자의 저택에서 지냈다. 이 기간에 그는 정기적으로 급송 공문서를 피렌체의 상관들에게 보냈고 그 문서들은 대부분 오늘날까지 남아 마키

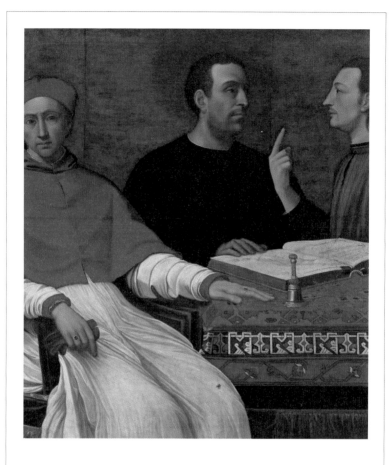

마키아벨리와 체사레 보르자_ 마키아벨리는 피렌체의 제2서기관이었다. 그는 14년 간의 관직생활로 폭넓은 경험을 쌓았고 '한 번의 폭력으로 더 많은 폭력과 혼란을 잠 재울 수 있다면 군주는 폭력을 택해야 한다'라는 《군주론》을 집필했다.《군주론》의 중심에는 체사레 보르자가 있었다. 마키아벨리는 외교 분야에서도 돋보였다. 프랑 스 샤를 8세의 이탈리아 침공을 틈타 1494년 독립한 피사를 회복하는 업무, 1502년 프랑스 루이 12세의 지원을 등에 업고 이몰라와 폴리를 손에 넣은 체사레 보르자가 피렌체를 노리고 있는지 그 의중을 살피기 위해 체사레 보르자를 두 번 만났는데 첫 번째는 적군의 입장에서, 두 번째는 친구로서 만났다.

되고 있다. 마키아벨리는 저서 《군주론》에서 체사레의 공적과 전략을
다수 인용했고 그를 본받을 것을 권고했다.

● ●

마조레의 음모(1502년)

체사레 보르자는 수많은 전쟁을 치른 네 명의 역전의 노장 장군을 수
하에 데리고 있었다. 그런데 겨우 27살의 체사레 보르자가 교황의 아
들이라는 이유만으로 총사령관이 되어 설치는 것이 역겨워 반란을 일
으켰다. 그들이 반란을 일으키자 체사레 보르자는 그들을 찾아가 경
험이 없어 그랬다며 무릎을 꿇고 용서를 받았다. 네 명의 장군으로부
터 용서를 받은 체사레 보르자는 화해 기념으로 식사를 제안했고 식
사 도중 잠시 자리를 피하자 문들이 잠기며 자객들이 나와 피의 응징
을 시작했다. 네 명의 장군은 그 자리에서 목이 잘려 죽었다. 마키아벨
리는 미조레의 반란에 대응하는 체사레 보르자의 처신을 보며 권력은
잔혹해야 한다는 것을 깨달았다.

● ●

체사레 보르자의 정치적 술수

체사레 보르자의 심복인 총독 레미로는 시민을 폭정으로 통치하는

악질이었다. 속주 시민들의 분노가 극에 달하자 체사레 보르자는 야밤에 친위부대를 이끌고 가 총독을 직접 처단했다. 체사레 보르자는 총독의 몸을 반 토막 내 양쪽에 세워놓고 자신은 그 중간에 서 있었다. 시민들은 자신을 괴롭힌 총독의 시신이 반 토막 나 양쪽에 붙어 있고 사형을 집행한 체사레 보르자가 잔디밭에 서 있자 열광했다. 마키아벨리는 그 모습을 보고 "시민들은 공포에 떨며 체사레 보르자에게 환호했다."라고 기록했다. 마키아벨리가 발견한 권력의 속성은 공포심이었다.

"군주는 사랑보다 공포의 대상이 되는 것이 낫다."

- 《군주론》Chapter 17

체사레 보르자의 이 같은 행동과 권력을 잡아 유지하는 모습을 보며 마키아벨리가 쓴 책이 《군주론》이다.

● ● ●

1503년 로마를 강타한 흑사병

천하의 체사레 보르자도 흑사병에는 속수무책이었다. 1503년(28살) 흑사병이 로마를 강타해 수많은 사람이 죽었고 교황 알렉산데르 6세도 죽었다. 체사레 보르자도 아버지 병간호를 하다가 병석에 누웠다.

니콜로 마키아벨리_ 주세페 로렌초 가테리가 그린 〈바티칸을 떠나는 체사레 보르자〉. 마키아벨리가 《군주론》에서 묘사한 체사레 보르자의 이미지가 근대인들에게 어떻게 각인되었는지를 가장 잘 보여주는 그림이다. 역사적 사건 묘사에 천재적 재능을 가졌던 가테리가 줄리아노 로베레 추기경(이후 교황 율리우스 2세)의 기만술에 속은 체사레 보르자의 모습을 극적으로 표현하고 있다.

체사레 보르자에게 동정적이던 새 교황 비오 3세가 즉위한 지 26일 만에 죽자 과거 알렉산데르 6세의 정적이던 교황 율리우스 2세가 등극한 것이다. 율리우스 2세 휘하의 사람들은 체사레를 모함했고 율리우스는 체사레 보르자를 로마냐 공작이나 교황군 총사령관으로 승인하기를 거부하며 로마냐의 도시들을 반환할 것을 요구했다. 체포된 보르자는 도시를 내주는 데 합의해 잠시 집행유예를 받고 나폴리로 도망쳤다. 그러나 보르자의 반(反) 교황 동맹 가담을 거부한 에스파냐의 부왕 곤살로 데 코르도바에게 다시 체포되고 말았다. 1504년(29살) 보르자는 에스파냐로 압송되어 발렌시아 근처 친치야 성에 갇혀 있다가 메디나 델 캄포로 옮겨졌다.

메디나 델 캄포의 모타 성에 갇혀 지낸 지 2년 만인 1506년(31살) 탈출에 성공한 그는 처남(나바라의 후안 3세)이 왕인 나바라 왕국으로 도망쳤다. 1507년(32살) 체사레는 비아나 외곽에서 나바라 반역자들과 소규모 전투를 벌이다가 전사했다. 그는 에스파냐 북부 비아나 지역의 산타마리아 성당에 묻혔지만 죄인을 묻을 수 없다는 교회의 반발로 무덤을 파헤쳐 유해를 길가에 묻었다.

체사레 보르자에 대한 평가

보르자에 대한 마키아벨리의 찬사는 항상 논쟁의 중심이었다. 어떤 학자들은 《군주론》이 20세기 범죄의 선구자 노릇을 했다고 주장하고 맥컬리와 액턴을 포함한 다른 학자들은 시간에 따른 타락과 일반적인 범죄의 영향과 같은 폭력에 대한 찬사를 설명하기도 한다. 알렉상드르 뒤마는 저서 《유명한 범죄》의 첫 번째 책에서 보르자 시대 당시 예수 그리스도를 그린 작품 중 일부는 체사레 보르자를 모델로 그렸고 이후 만들어진 예수의 이미지에 다분히 영향을 미쳤다고 주장했다. 마키아벨리는 체사레 보르자의 결점과 한계를 훤히 알고 있었지만 군주가 되려는 자에게 꼭 필요하다는 몇 가지 자질을 발견했다. 보르자의 호전성, 신속하고 철저히 계획해 실행하는 대담성, 기회주의 등은 당시 이탈리아의 그 누구에게서도 찾아볼 수 없는 자질이었다.

08
CHAPTER

사악함으로 군주가 된 인물에 대하여

《군주론》8장 요약

마키아벨리는 7장에서 주제를 이어가면서 군주가 되는 두 가지 방법인 범죄 수단이나 시민들이 동료 시민들로부터 통치자를 선택할 때를 논의한다. 마키아벨리는 첫 번째 방법을 길게 논의하기를 거부했는데 그것이 그 자체로 말하기 때문이다. 아가토클레스는 사악했지만 그의 위대한 힘을 통해 시라쿠사에서 군사령관이 되었다. 통치자가 되기 위해 그는 상원과 주요 시민들을 불러 모아 회의한 후 그들을 학살했다. 그의 능력은 그를 군주로 만들었지만 그 같은 행동은 유덕하다고 할 수 없다. 사람은 이 같은 식으로 힘을 얻을 수는 있지만 영광은 얻을 수 없다.

페르모의 올리브로토는 군사령관이 되어 주요 시민 몇 명과 함께 도시를 점령할 음모를 꾸몄다. 그의 삼촌은 그를 환영하기 위해 호화로운 연회를 열었다. 그리고 미리 약속한 신호로 올리브로토와 그의 병사들은 삼촌을 포함한 모든 손님을 죽이고 도시 전체를 공포로 몰아넣어 복종하도록 만들었다.

그는 체사레 보르자가 세니갈리아에서 그를 살해하도록 했을 때야 비로소 권력에서 물러났다. 잔학행위는 악이지만 군주의 권력을 확립하기 위해 반복되지 않고 한꺼번에 행해져야 정당화되고 신하들의 유익으로 돌아설 수 있다. 잔혹행위는 시간이 지나면서 더 심하게 행해진다. 정복자는 부상 규모를 결정하고 신하들이 끊임없이 분노하지 않도록 한꺼번에 모든 부상을 입혀야 한다. 그러나 혜택은 점진적으로 나눠줘야 사람들이 맛볼 수 있다. 무엇보다 군주는 좋은 상황이나 나쁜 상황이 자신의 행동을 바꾸도록 강요할 수 없는 방식으로 신하와 함께 살아야 한다.

●●○

일개 시민에서 군주가 되는 두 가지 방법

일개 시민에서 군주가 되는 두 가지 방법은 전적으로 행운이나 능력에 달렸다고 볼 수 없으므로 논의에서 생략하고 싶지 않다. 그중 하나는 공화국을 논의할 때보다 상세히 논의할 수 있을 것이다. 이 방법들은 일개 시민이 전적으로 부정하고 사악한 방법으로 군주의 자리에 오르는 것과 동료 시민들의 호의로 통치자가 되는 것이다. 첫 번째 방법 논의에서 고대와 현재로부터 두 가지 예를 들겠는데 이 같은 식으로 권력을 잡는 것의 장점은 직접 말하지 않겠다. 이 방식을 모방하려는 자에게는 두 가지 사례도 충분하기 때문이다.

아가토클레스의 성공

　시칠리아인인 아가토클레스(Agathokles, 기원전 361~289, 헬레니즘 시대 시칠리아 시라쿠사의 참주)는 시라쿠사 평민 중에서도 미천하고 영락한 가문 태생이었다. 도공(陶工)의 아들로 항상 방탕하게 살았지만 정신력과 체력만큼은 강해 군대에 들어가 시라쿠사 군사령관이 되었다. 군대를 통솔하게 된 그는 남의 도움 없이 무력으로 군주가 될 결심을 했다. 그는 목적 달성을 위해 군대를 이끌고 시칠리아에서 전투 중이던 카르타고인 하밀 카르(Hamil Car)와 음모를 꾸몄다.

　어느 날 아침 아가토클레스는 국가 중대사를 논의해야 할 것처럼 꾸며 시라쿠사의 원로와 재력가들을 소집해 미리 약속한 신호로 병사들이 난입해 그들을 모두 죽였고 그는 도시를 장악하고 통치권을 찬탈했다. 카르타고군에게 두 번이나 패해 도망치다가 포위 공격을 받았지만 도시를 지키는 능력을 보여줬을 뿐만 아니라 포위 공격을 감당한 일부 병력만 성에 남기고 카르타고인들의 포위망을 뚫고 나머지 병력으로 아프리카 본토를 공격해 그들을 단숨에 곤경에 빠뜨렸다. 상황이 이렇게 되자 카르타고인들은 그와 화해할 수밖에 없어 아가토클레스에게 시칠리아를 넘겨주고 아프리카로 철수했다.

아가토클레스_ 헬레니즘 시대 시칠리아 시라쿠사의 참주. 기원전 317년 용병을 거느리고 다시 시라쿠사로 귀환해 참주가 되었다. 참주가 되어 빈민구제책을 실시하고 육해군을 증강해 기원전 310년 아프리카로 건너가 카르타고를 공격해 승리를 거둔 후 기원전 308년 시라쿠사로 귀환해 기원전 304년 왕위에 올랐다. 마키아벨리는 아가토클레스의 성공은 다른 범죄 폭군과 달리 자신의 범죄를 신속하고 무자비하게 저지를 수 있는 능력 때문이라고 추론하며 잔혹한 행위가 가장 잘 사용된다고 말했다.

아가토클레스의 행적을 살펴보면 그의 성공에 운명이 아무 역할도 하지 않았음을 알 수 있다. 앞에서 말했듯이 그는 수많은 곤경과 위험을 헤치며 남의 도움 없이 높은 지위에 올랐고 위험에 맞서 용감한 행동으로 공국을 차지해 다스렸기 때문이다. 그러나 동료 시민을 죽이고 친구를 배신하는 신의 없는 처신과 자비와 신앙심 부재는 덕이라고 할 수 없다. 이 같은 행동으로 권력을 잡을 수는 있겠지만 영광은 얻을 수 없다. 하지만 아가토클레스가 위험에서 헤쳐 나오는 능력과 적에 맞서 싸워 승리를 쟁취하는 위대한 정신만 생각하면 세상 어느 유능한 장군과 비교해도 손색없다고 생각된다. 반면 무수한 잔인하고 사악한 행동과 비인간적인 면모 때문에 훌륭한 인물로 평가될 수 없으므로 그가 운이나 능력(virtù) 아무 것에도 의존하지 않고 성취한 것을 그것 덕분으로 돌릴 수는 없다.

◆ **아가토클레스**: 시라쿠사의 왕이다. 그의 권력과 인기 때문에 시라쿠사에서 추방된 그는 시라쿠사의 동맹국 카르타고의 지도자 하밀 카르가 개입해 돌아올 수 있었다. 군사 쿠데타가 뒤따랐고 아가토클레스는 도시를 지배했던 과두정치를 없앴다. 마키아벨리는 카르타고인들을 상대로 한 아가토클레스의 오랜 선전을 요약했다.

◆ **하밀 카르**: 한니발의 아버지이자 카르타고의 장군이다. 제1차 포에니 전쟁 말기 이후 로마를 괴롭혔지만 카르타고가 패하자 전권 사절로 로마와 평화교섭을 벌였고 카르타고 용병의 반란을 진압했다. 에스파냐에 건너가 개발에 전념했으며 그의 아들 한니발은 이를 기반으로 로마에 도전했다.

올리베로토의 성공

알렉산데르 6세 교황이 통치하던 우리 시대의 인물인 페르모의 올리베로토(Oliverotto, 1502년 시니가그리아에서 교살됨)는 부친을 잃고 고아의 몸으로 외삼촌 조반니 포리아니의 손에서 자랐다. 청년 시절 병법을 익혀 출세할 목적으로 파올로 비텔리에게 보내져 훈련받았고 파올로가 죽자 그의 동생 비텔로초(Vitelozzo, 체사레 보르자에게 봉사했으며 1502년 시니가그리아에서 살해당함) 휘하에 들어갔다. 올리베로토는 영리하고 심신 능력이 뛰어나 단기간에 비텔로초가 통솔하는 군지휘관이 되었다. 하지만 남의 휘하에 있는 것을 굴욕스럽게 여겨 비텔로초의 지원과 조국이 자유를 누리는 것보다 노예 상태에 있는 것을 더 원할 만큼 어리석은 일부 페르모 시민들의 도움으로 페르모의 권력을 장악하기로 결심했다. 오랫동안 고향을 떠나 있어 외삼촌과 고향이 그리웠고 자신에게 남은 유산노 식섭 확인하고 싶다는 편지를 외삼촌에게 보냈다. 그동안 고향을 위해 그가 노력한 것은 오직 명예 때문으로 고향사람들에게 자신이 허송 세월하지 않았음을 보여주고 싶었다. 그는 지신에게 어울리는 명예로운 방식으로 친구와 부하 중에서 선발한 기병 100명의 호위 속에 귀환하고 싶다는 뜻을 전했다. 아울러 외삼촌 조반니에게 페르모 시민들이 자신을 적절한 예우로 영접하도록 주선해줄 것을 간청했다. 행사는 자신뿐만 아니라 그가 성장하는 데 도움을 준

조반니에게도 영광스러운 일이 될 거라고 덧붙였다.

조반니는 최대한의 예우로 정성껏 조카를 맞았다. 이후 조반니의
저택에서 머물며 며칠 동안 비밀리에 계획한 범죄를 준비하기 시작했
다. 그는 조반니 폴리오니와 페르모의 모든 지도자급 인사들을 초대
해 공식 연회를 열었다. 만찬 연회에서 흔히 진행하는 여흥을 다 마친
후 올리베로토는 교황 알렉산데르 6세와 그의 아들 체사레의 위대함
과 그들의 사업 얘기를 하면서 짐짓 심각한 화두를 꺼냈고 조반니와
다른 사람들은 그 담론에 응답했다. 그러나 올리베로토는 즉시 일어
나 그 문제들은 보안이 더 필요한 장소에서 논의되어야 한다며 다른
별실로 들어갔고 조반니를 비롯한 다른 사람들도 그의 뒤를 따랐다.
별실에 들어간 그들이 자리에 앉자마자 매복해 있던 올리베로토의 병
사들이 뛰쳐나와 조반니를 비롯한 사람들을 죽였다. 참살을 결행한
올리베로토는 말을 타고 도심지를 돌며 시를 장악하고 주요 관리들의
집을 포위했다. 그들은 공포에 휩싸여 그에게 복종했고 그는 새로운
정부를 구성해 수반이 되었다. 자신에게 해를 끼칠 만한 불만세력을
모두 제거한 후 그는 새로운 민정제도와 군사제도로 권력을 확립했
다. 권력을 잡은 지 1년 남짓한 기간에 그는 페르모시에 확고한 기반
을 구축했고 모든 인접국이 두려워하는 존재로 부상했다.

앞에서 언급했듯이 체사레가 세니갈리아에서 오르시니파와 비텔리

파 지도자들을 사로잡을 때 올리베로토가 기만에 빠지지만 않았다면 그를 파멸시키는 것은 아가토클레스를 쫓아내는 것만큼 어려웠을 것이다. 그러나 그는 외삼촌을 죽인 지 1년 만에 그곳에서 생포되었고 재능이나 사악함이 그의 지도자라고 할 비텔로초와 함께 교살되었다.

◆ 올리베로토: 마키아벨리는 그가 권력을 어떻게 장악했는지 정확히 묘사했다. 얼마 지나지 않아 그는 체사레 보르자의 선장들의 음모에 가담해 보르자의 커가는 권력 제어를 시도했다. 보르자는 그들과 화해하는 척하며 음모자들을 세니갈리아에서 열린 회의로 유인해 죽였다.

● ●

잔혹행위는 한 번에, 은혜는 조금씩 천천히

아가토클레스와 그의 동조자들이 무한한 배신과 잔인함을 보인 후 자기 나라에서 오랫동안 안전하게 살고 외부 적들로부터 자신을 방어하고 자신의 시민들의 음모에 어떻게 전혀 걸려들지 않았는지 궁금한 사람들이 있을 것이다. 수많은 지배자가 평화기라고 히더리도 자기 권력을 계속 유지할 수 없었기 때문이다. 나는 이 차이가 그 잔인한 수단들이 제대로 또는 잘못 사용되는 것에 달렸다고 믿는다. 그 조치들이 한 번에 저질러졌다면(사악한 일에도 '잘'이라는 단어를 사용할 수 있다면) 잘 사용되었다고 할 수 있다. 그 조치들은 권력을 확립하는 데 필수적이며 이후 그것에 집착하지 않고 자기 백성에게 최대한 유익한 조치로 전환시킬 수 있을 것이다. 잘못된 조치들은 처음에는 드물게 실행되었지만 시간이 지날수록 줄어들기보다 늘어나는 경우에 해당한다.

첫 번째 방법을 따르는 군주들은 아가토클레스가 그랬듯 신과 인간에 대한 자신의 위상을 개선할 수 있지만 두 번째 방법을 따르는 군주들은 권력을 유지할 수 없으므로 국가 권력을 탈취한 정복자는 실행해야 할 모든 잔혹행위를 결정해 한 번에 저질러야 한다는 것을 명심해야 한다. 그러면 절제를 통해 백성을 안심시키고 그들에게 은혜를 베풀어 민심을 자기 편으로 만들 수 있다. 이 방법을 따르지 않는 자는 누구나 소심함이나 오판으로 칼을 항상 손에 쥐고 있어야 할 것이다. 그는 백성을 결코 믿고 의지할 수 없다. 지속적인 행위로 백성이 군주에게서 결코 안심할 수 없기 때문이다. 그러므로 잔혹행위는 한 번에 시행되어야 한다. 그래야 맛을 덜 느껴 반감과 분노가 적다. 반면 은혜는 조금씩 베풀어야 맛을 더 많이 느낀다.

현명한 군주라면 무엇보다 백성과 함께 살아야 한다. 그러면 좋은 일이든 나쁜 일이든 예상하지 못한 사건 때문에 자신의 통치 방법을 바꾸지 않아도 된다(앞에서 말한 잔혹행위나 시해행위를 갑자기 취하는 경우). 예상하지 못한 사건이 발생하면 단호한 조치를 취할 시간적 여유가 없을 것이며 그 같은 생활에서 군주가 베푼 어떤 은혜도 군주를 돕지 않을 것이기 때문이다. 그 은혜는 군주가 마지못해 베푸는 것으로 받아들여 아무 호감도 못 얻을 것이다.

《군주론》 8장 분석

많은 독자가 8장과 이전 장에서 마키아벨리의 악의적 행동에 대한 승인 증거를 발견했다. 분명히 마키아벨리는 아가토클레스와 같은 사람들의 에너지와 능력(virtù)에 감탄하지만 그의 승인을 받기 위해 조심한다. 그는 군주가 양심이 없는 것은 미덕이라고 부를 수 없다고 말한다(그리고 여기서 그는 같은 단어 virtù를 사용한다). 범죄행위는 군주에게 권력을 줄 수 있지만 그를 존경하고 모방해야 할 역사의 진정한 위대한 통치자 중 한 명으로 배치할 수는 없다. 그러나 마키아벨리의 아가토클레스와 올리베로토에 대한 비판과 체사레 보르자에 대한 빛나는 감탄, 특히 세 명 모두 상대방을 우호적인 환경으로 초대해 살해하는 동일한 전술을 사용했을 때 조화시키기는 어렵다. 올리베로토는 어리석게도 이 계략을 스스로 사용한 후 더 나은 배신자인 보르자에게 배신당했다.

이 논쟁 시점에서 도덕주의자 마키아벨리는 물러나고 정치에 냉정하고 이성적인 관찰자 마키아벨리가 돌아온다. 그는 악을 훨씬 덜 저지른 수많은 지도자가 지위를 유지할 수 없을 때 이 범죄자들이 권력을 어떻게 온전히 유지하는지 묻는다. 그는 악한 행위조차 제대로 처리된다면 잘 사용될 수 있다고 대답한다. 새로운 국가를 확보하고 질서정연한 정부를 수립하고 습관으로 만들지 않기 위해 태초에 행한 악은 아가토클레스의 경우에도 변명할 수 있을 것이다. 마키아벨리가 이전에 진리, 동정심, 종교가 결여된 그를 불렀기 때문에 놀라운 관찰이다. 이것은 그가 보르자를 승인할 수 있지만 명목상 아가토클레스와 올리베로토를 비난하는 이유를 설명할 수 있다. 그는 보르자를 분열되고 고통받는 이탈리아에 질서와 단결을 가져다주는 사람으로 본 것이다.

최대한 빨리 악이 자신의 피험자에게 이익이 되는 한 마키아벨리가 이미 관찰했듯이 정복자가 처음에는 일부 피험자를 해치는 것을 피할 수 없으므로 용서받을 수 있다. 자신의 피험자를 공포에 떨게 하는 것을 피해야 할 다른 실질적인 이유가 있다. 군주가 끊임없이 그들을 학대한다면 그들의 지지에 결코 의존할 수 없으며 이는 마키아벨리가 다음 장에서 돌아오는 지점이기 때문이다. 마키아벨리는 범죄행위를 정확히 옹호하지 않지만 그들이 원하는 목표를 달성하는 한 반대하지도 않는다. 이 입장을 부도덕하다고 부르지 않기로 한다면 그것은 적어도 비도덕적이다. 즉, 행동의 도덕적 가치에 관심이 없다. '결과는 수단을 정당화한다'라는 철학은 종종 마키아벨리와 관련 있으며 진보라는 이름으로 쉽게 학대당할 수 있다.

09
CHAPTER

시민형 군주국

《군주론》 9장 요약

시민들이 동료 시민들의 호의로 통치자가 될 때 이들을 시민 공국이라고 부를 수 있다. 일반 시민이나 귀족의 호의로 이 위치에 도달할 수 있다. 이 두 계급은 모든 도시에서 발견되기 때문이다. 귀족은 백성을 억압하고 싶어 하고 백성은 억압을 피하고 싶어 한다. 반대되는 이 충동으로부터 세 가지 결과가 도출될 수 있다. 공국, 공화국 또는 무정부주의다. 귀족이 국민의 압력을 느낄 때 자신의 특권을 보호하기 위해 자신의 군주 중 하나를 만들려고 노력한다. 국민이 귀족에게 저항할 수 없다고 느낄 때 그들은 그들의 권리를 보호하기 위해 동료 시민 군주를 만들려고 노력한다. 명예로운 행동으로 귀족을 만족시킬 수는 없지만 국민을 만족시킬 수는 있다. 군주가 권력을 어떻게 잡든 그는 국민의 선의를 얻기 위해 노력해야 하며 곤경에 처했을 때 희망이 없을 것이다. 군주는 백성의 신뢰성에 대해 자신을 속이면 안 되지만 그럼에도 불구하고 좋은 준비를 하고 명령할 방법을 아는 군주는 결코 그들로부터 배신당하지 않을 것이다. 현명한 통치자는 모든 시민이 자신과 국가에 의존하도록 노력할 것이며 그러면 그는 그들을 신뢰할 수 있을 것이다.

시민형 군주의 출현

이제 군주가 되는 두 번째 유형, 즉 일개 시민이 사악함이나 용납될 수 없는 폭력으로서가 아닌 동료 시민의 호의로 군주가 되는 예를 논의하자. 이 유형은 시민형 군주국이라고 부를 수 있다. 시민형 군주 자리에 오르는 데 능력이나 행운이 반드시 필요한 것은 아니며 오히려 운을 잘 이용하는 영리함이 필요하다. 이 형태의 지위에 오르는 데는 백성의 호의에 의한 방법과 귀족의 호의에 의한 방법이 있다. 모든 도시에는 이 두 계급이 존재하기 때문이다. 이 같은 상황은 백성이 귀족의 지배나 억압을 받는 것을 원하지 않지만 귀족이 백성을 지배하고 억압해 초래된다. 도시에 존재하는 이 두 가지 성향 때문에 군주정, 공화정, 무정부 상태 셋 중 하나가 발생한다.

백성이나 귀족이 군주를 옹립한다

군주정은 백성이나 귀족 중 한 일파가 기회를 장악해 도입된다. 귀족은 백성의 압력을 감당하기 힘들어지면 자신 중 한 명을 지원하고 추대해 통치자로 만들어 그의 보호하에 자신들의 욕망을 충족시키려고 한다. 백성도 귀족에게 대항할 수 없음을 깨달으면 자신 중 한 명을 지원하고 추대해 통치자로 옹립해 그의 권위를 통해 자신들을 보호하려고 한다.

귀족의 도움으로 군주 자리에 오른 자는 백성의 지원으로 군주가 된 자에 비해 권력을 유지하기 훨씬 어렵다. 자신이 원하는 대로 통치하거나 그들을 다룰 수 없기 때문이다. 반면 백성의 지지를 받아 군주가 된 자는 홀로서기를 할 수 있다. 그의 주변에 그에게 반대하는 자가 없고 있더라도 소수이기 때문이다. 더욱이 군주는 누군가를 해치지 않고 명예롭게 행동해 귀족을 만족시킬 수 없지만 그렇게 함으로써 백성을 만족시킬 수는 있다. 백성의 목표가 귀족의 목표보다 정의롭기 때문이다. 즉, 귀족은 억압하기만 원하지만 백성은 억압으로부터 벗어나기만 원하기 때문이다. 또한 백성 수가 많아 군주는 그들을 적으로 돌리면 자신을 결코 보호할 수 없는 반면 귀족은 수가 적어 그들과 적대적인 군주는 자신을 보호하기 어렵지 않다.

백성이 적대적일 때 군주에게 닥칠 수 있는 최악의 사태는 그들의 버림을 받는 것이지만 귀족이 적대적이면 버림받을 뿐만 아니라 그들이 합세해 반역을 꾀할 수 있음을 경계해야 한다. 귀족은 선견지명이 있고 교활해 언제나 승산 있는 인물의 호의를 얻어 자신들을 보호하려고 하기 때문이다. 또한 군주는 항상 똑같은 백성과 함께 살아야 하지만 똑같은 귀족과 더불어 살 필요는 없다. 원하면 언제든지 귀족 작위를 수여하거나 박탈하고 그들의 권력을 늘리거나 줄일 수 있기 때문이다.

● ●

귀족 다루는 법

이 점을 더 명확히 정의하기 위해 귀족에 관한 두 가지 사항을 염두에 두어야 한다. 귀족은 전적으로 군주의 운명에 자신들의 운명을 결부시켜 처신하거나 정반대로 행동한다는 것이다. 자신의 운명을 군주와 한 묶음으로 생각하는 자 중에서 탐욕을 부리지 않는 자는 존중하고 믿어줘야 한다. 군주의 운명에 얽매이지 않으려는 귀족은 두 가지 유형으로 분석할 수 있다. 두려움이나 용기 부족으로 그 같은 행동을 한다면 군주는 그들을 활용해야 한다. 그들 중 특히 영리한 조언자들은 번영기에 군주에게 명예를 더해줄 것이며 역경에 빠지더라도 두려운 존재가 아니므로 특별히 잘 활용해야 한다. 그러나 교묘하게 야심을 품고 군주에게 종속되길 주저한다면 군주보다 자신들의 이익을 더 많이 생각하는 것이다. 군주는 이 같은 귀족에 주의해야 하며 드러난 적을 대할 때처럼 경계해야 한다. 곤경이 닥치면 그들은 언제라도 군주를 몰락시키려고 할 것이기 때문이다.

백성과 좋은 관계를 유지하는 방법

그러므로 백성의 호의로 군주가 된 자는 백성과 좋은 관계를 유지해야 한다. 백성이 그에게 요구하는 것은 억압하지 않는 것뿐이기 때문에 그들과 좋은 관계를 유지하기는 매우 쉽다. 그러나 백성의 반대에도 불구하고 귀족의 지원을 받아 군주가 되었다면 무엇보다 백성의 지지를 얻기 위해 노력해야 한다. 군주가 그들을 보호해준다면 그들의 지지는 쉽게 얻을 수 있다. 사람들은 해를 끼칠 것으로 예상한 자로부터 좋은 대접을 받으면 그에게 더 고마움을 느끼므로 백성은 자신들의 지지로 군주가 된 자보다 더 깊은 호의를 보인다.

군주가 백성의 호의를 끌어내는 방법은 매우 다양하고 상황마다 달라 고정된 원칙을 제시할 수는 없으므로 그 방법은 논의하지 않겠다. 다만 군주는 기필코 백성과 좋은 관계를 유지하는 것을 말하며 논의를 마무리하겠다. 그렇게 하지 않으면 군주는 곤경에 빠졌을 때 아무 지원도 받을 수 없을 것이다.

백성을 권력 기반으로 삼은 군주

해스파르타의 군주였던 나비스(Navis, 기원전 ?~192년)는 그리스의 모든 세력과 가장 뛰어난 로마 군대의 공격을 잘 막아내 국가는 물론 자신의 권력도 지킬 수 있었다. 위험이 닥쳤을 때 그는 몇몇 신하의 위협을 막는 것만으로 그것을 극복할 수 있었다. 그러나 다수 백성이 그에게 적대적이었다면 그것만으로는 위험을 극복할 수 없었을 것이다. 이 견해에 대해 '백성을 권력 기반으로 삼은 자는 진흙을 밟고 선 것과 같다.'라는 진부한 격언으로 반론을 제기하는 사람이 있으면 안 된다. 이 격언은 백성을지지 기반으로 삼는 평범한 시민이 적이나 행정 관료의 압박을 받았을 때 백성이 자신을 구해줄 거라고 자만하는 경우에만 옳은 말일 것이다. 이 경우, 로마의 그라쿠스 형제나 피렌체의 조르지오 스칼리(Giorgio Scali, 1378년 피렌체에서 양모 노동자 반란을 주도한 지도자다. 양모 노동자 길드는 잠시 일부 정치권력을 장악했지만 스칼리를 포함한 지도자들은 재빨리 전복되어 나중에 처형당했다)가 그랬듯 자신이 기만당했음을 종종 깨달을 것이다. 그러나 백성을 지지 기반으로 삼는 군주가 통치술도 제대로 알고 있으며 곤궁에 빠져도 당황하지 않고 필요한 성품을 다 갖춘 용기 있는 자이고 자신의 용기와 기백으로 백성의 사기를 유지할 수 있는 자라면 백성으로부터 절대로 기만당하지 않고 자신이 건실한 기반을 구축했음을 알게 될 것이다.

그라쿠스 형제_공화정 시절 로마의 정치가로 기원전 2세기 호민관을 역임했다. 원로원 계급의 대농장 경영에 밀려나 소작농으로 전락한 자영농 계급을 위해 공유지를 재분배하는 농지법을 발의해 시행하려고 했고 초기에 몇 차례 성공을 거두었지만 결국 모두 원로원에 의해 암살당했다. 이는 고대 역사에서 귀족 계급에 맞서 평민들에게 부의 분배를 시도한 가장 유명한 사례로 꼽히며 이들은 후대 사회주의와 대중주의에 큰 영향을 미쳤다고 여겨진다.

관료가 통치하는 국가의 위험성

이 같은 형태의 군주국은 보통 적절히 운영되던 시민사회에서 절대적인 정부체제로 변화시킬 때 큰 위험에 빠진다. 이 군주들은 자신이 직접 통치하거나 관료를 통해 통치하기 때문이다. 관료를 통해 통치하는 경우, 자신이 관료로 임명한 시민들의 의지에 전적으로 의존하므로 군주의 지위는 더 약해지고 한층 위험해질 것이다. 특히 곤경에 처했을 때 이 관료들은 공개적으로 반란을 일으키거나 군주에게 불복해 국가를 쉽게 장악할 수 있다. 그 같은 위급 상황에서 군주는 상황을 확고히 통제할 충분한 시간을 확보할 수 없다. 혼란한 상황에서는 관료의 통제를 받는 데 익숙해진 시민들이 군주의 통제에 복종하지 않을 것이기 때문이다. 그리고 어수선한 시절이 되면 군주는 언제나 자신이 믿을 만한 사람이 없음을 깨달을 것이다. 이 같은 군주는 자신의 통치가 필요했던 평화기에 봐왔던 시민들에게 의지할 수 없다. 평화기에는 죽임을 당할 가능성이 없어 모든 사람이 몰려와 충성을 약속하고 군주를 위해 목숨을 바치겠다는 맹세를 하기 때문이다.

그러나 국가가 곤경에 처해 시민이 필요해지면 남은 자들은 거의 찾아볼 수 없으며 이 시기에 그들의 충성도를 시험하는 것은 매우 위험하다. 그것은 한 번만 해볼 수 있기 때문이다. 그러므로 현명한 군주라면 언제 어떤 상황에서든 시민이 정부와 군주의 도움이 필요하도록 방안을 강구해둬야 한다. 그렇게 하면 시민은 군주에게 항상 충성을 바칠 것이다.

《군주론》 9장 분석

9장에서 마키아벨리의 주제는 보통 시민과 그들의 반대인 귀족(상류 계급)의 관계다. 마키아벨리는 이 두 집단을 끊임없이 상충하는 존재로 묘사했지만 그의 동정심은 오직 그들 자신의 법 지배하에서만 자유롭게 살기를 원하는 사람들에게 분명히 있다. 마키아벨리 자신은 귀족이 아니어서 고위직을 유지할 수 없었고 피렌체의 시민정부에서 그의 전체 경력을 봉사한 이 그룹에 확고히 속해 있었다. 그가 쓰던 메디치는 귀족의 일원이었고 이것은 그의 충고를 처음에는 들리는 것보다 다소 대담하게 만든다. 5장에서처럼 마키아벨리가 메디치에게 피렌체와 같은 자유국가들이 그들의 자유를 얼마나 소중히 여기고 그렇게 하는 것이 얼마나 정당한지 상기시키는 것을 볼 수 있다. 마키아벨리는 군주가 백성을 이기는 것이 얼마나 필요한지 강조했다. 그들 수는 많고 귀족 수는 적고 군주는 백성을 신뢰하지 않고서는 결코 안전하게 살 수 없기 때문이다.

이 주제에 관해 마키아벨리는 우세한 의견에 반대했는데 그는 '백성을 세우는 자는 진흙 위에 세운다'라는 속담을 인용해 인정했다. 사실 그는 자신의 주장을 뒷받침할 단 하나의 예(스파르타인 나비스)를 찾을 수 있지만 그것을

을 반증하는 두 가지 예(그라쿠스 형제나 피렌체의 조르지오 스칼리)를 찾을 수 있다. 마키아벨리는 피렌체인들의 변덕을 관찰할 기회가 많았다. 그들은 메디치, 사보나롤라, 공화국, 메디치를 번갈아 지지했기 때문이다.

인간 본성에 관한 또 다른 비관적 관찰에서 마키아벨리는 죽음의 전망이 멀어질 때 모든 사람이 당신을 위해 죽을 준비가 되어 있다고 말했다. 그의 주장의 핵심은 군주가 의존성이 충성심을 보장하는 유일한 방법이므로 모든 이익을 위해 그의 신하들을 그에게 의존하게 하는 것이다. 특징적으로 마키아벨리는 도덕적 자질을 위해서가 아니라 왕자에 대한 구체적 목표를 달성하므로 특정 행동을 지지한다. 또한 마키아벨리는 9장 전체에서 동기부여로서 사리사욕의 중요성을 주장했다. 그는 왕자, 귀족, 서민 등 모든 정당이 갈등을 일으키거나 주로 자신의 권리와 특권을 보호하기 위해 동맹을 맺는다고 지적했다. 이 책을 통해 자신의 이익과 안락함의 수준에 대한 관심은 인간 행동의 원동력이라고 할 수 있다.

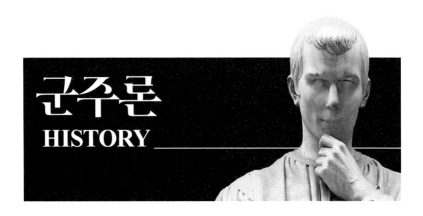

군주론 HISTORY

스파르타의 나비스

스파르타는 펠로폰네소스 전쟁에서 아테네를 꺾고 한때 그리스의 맹주로 군림했지만 그 패권은 30여 년 만에 끝났고 기원전 4세기 중엽 이후 펠로폰네소스반도 남쪽의 세력 정도로만 남았다. 때로는 재기를 위해, 때로는 독자 생존을 위한 몸부림으로 보이는 노력이 이어졌지만 아무 것도 스파르타를 강대국으로 다시 만들지 못했고 그 과정에서 스파르타의 회복이나 세력 확대를 달가워하지 않는 외부 세력, 특히 아카이아 동맹과의 격렬한 투쟁이 벌어졌다.

기원전 207년 만티네아 전투에서 스파르타의 왕 펠로프스의 후견인

마카니다스가 패해 죽자 나비스가 후임을 맡았다. 그러나 나비스는 에우리폰티드 왕조의 데마라토스의 후손으로 자처하며 기원전 206년 펠로프스를 폐위해 처형했다. 이렇게 나비스는 지배자의 지위를 얻어 스스로 왕이라고 칭했지만 역사가 리비우스나 폴리비오스는 그를 왕이라고 부르지 않고 참주라고 불렀다. 권력을 장악한 나비스는 기원전 3세기 말 개혁가 클레오메네스 3세의 노선을 취했다. 그는 부자를 추방하고 그들의 토지를 재분배해 많은 노예를 해방하고 시민계급으로 올렸다. 이 같은 시민의 증대는 병력 증강을 의미했으며 그의 스파르타 재부흥을 위한 포석이었다.

그는 일부 노예(스파르타의 국유 노예 계급 '헤일로타이')를 해방시키고 토지를 분배하는 등의 개혁정책을 폈다. 국력 신장이 목표였는지 모르지만 장기적 효과를 보기도 전에 더 큰 세력 간 투쟁에 휘말렸다. 나비스는 아이톨리아, 엘리스, 메세네와 동맹을 맺었고 아카이아 동맹과 마케도니아 왕국과 대립했다. 제1차 마케도니아 전쟁 이후 나비스는 세력을 확장해 라코니아와 메세네의 대부분을 정복했지만 기원전 204년 메갈로폴리스 공략에 실패했다. 한편, 동맹국이던 크레타의 도움으로 해군력을 증강하고 성벽을 쌓아 스파르타 도시 수비를 강화했다.

제2차 마케도니아 전쟁 도중 마케도니아의 필리포스 왕은 기원전 197년 펠로폰네소스반도 동부의 요충지 아르고스의 지배권을 나비스

스파르타의 나비스_독립 스파르타의 마지막 왕. 데마라토스의 아들로 클레오메네스 3세의 혁명계획을 수행했다. 기원전 204~203년 메갈로폴리스를 침공했지만 기원전 201년 메세네에서 격퇴당했고 기원전 200년 필로포이멘에게 패했다. 기원전 193년 실지회복을 시도하다가 다시 필로포이멘에게 패하고 이듬해 스파르타에서 일어난 아이톨리아인의 쿠데타 때 암살되었다.

에게 넘겨줬는데 그를 회유하기 위해서였을 것이다. 하지만 아르고스를 쉽게 차지한 후 나비스는 곧 로마에 접근해 필리포스의 기대를 배신했다. 당시 로마공화국은 아이톨리아 동맹과 아카이아 동맹을 자기편으로 끌어들인 상태였고 '그리스 대의의 챔피언'으로 명성 높던 페르가몬 왕 아탈로스 1세도 마케도니아의 이 거대한 포위망에 적극 협조하고 있었다.

나비스는 반(反) 마케도니아 연합에 600명의 크레타인 용병부대를 보냈고 4개월간 아카이아 동맹과 휴전에 합의했다. 아탈로스 왕이 아르고스 문제를 제기했지만 나비스는 아르고스인들이 자발적으로 보호를 요청해와 도시를 접수한 것뿐이라고 강변했다. 그러자 아탈로스는 아르고스의 대표자들과 스파르타인의 감시를 받지 않는 상황에서 회견해 진상을 들어야 한다고 맞섰고 나비스가 이를 거절해 그 문제는 결론에 이르지 못한 채 훗날로 미뤄졌다. 나비스는 로마와 협상해 지위와 영토를 승인받은 것처럼 보였지만 한시적 상황에 불과했다. 스파르타를 싫어하고 경계하는 세력이 너무 많았다. 마케도니아가 정리된 후 기원전 195년 '로마인과 친구들'은 아르고스 문제를 다시 논의했고 여기서 특히 아카이아 동맹 측이 강력히 주장해 '그리스 해방'의 대의를 따르지 않는 스파르타에 철권제재를 가하기로 결정했다.

기원전 195년 플라미니누스는 그리스 도시들을 자치국가로 선포하고 나비스를 독재자라고 비난하며 라코니아에 있던 기티움을 빼앗고 아르고스를 포기할 것을 나비스에게 강요했다. 플라미니누스가 지휘하는 공화국 군대는 일단 아르고스 근처까지 이동해 도시를 탈환할 것 같다가 즉시 방향을 틀어 스파르타로 진격했다. 아카이아 동맹에서 보낸 병력 1만 명이 합류했고 로도스와 페르가몬의 함대에 스파르타 출신 불만세력들도 합세해 연합군 병력은 5만 명에 달한 반면 나비스의 병력은 1만여 명에 불과했다. 그는 일부 병력을 적 후방에 보내 기습했지만 오히려 대패당해 물러났고 연합군은 거의 아무 저항도 받지 않고 스파르타 영토를 초토화하며 진격했다.

드디어 중요 항구 도시 기테이온이 함락되자 나비스는 항복을 고려했다. 플라미니누스는 나비스가 아르고스뿐만 아니라 연합군이 점령한 모든 지역을 포기하고 두 척의 소형 함선 이상의 함대를 갖지 않고 배상금으로 150달란트 지불 등의 조건을 제시했다. 그것은 상당히 가혹하게 여겨져 스파르타인들이 거부하자 전투는 재개되었다. 하지만 얼마 못 가 스파르타군은 다시 패해 도시 안으로 도망쳤다. 나비스는 직접 병력을 이끌고 방어에 임했지만 연합군이 스파르타를 포위하고 전면 공격하자 그마저도 무너지고 말았다.

성벽이 돌파당하고 적군이 스파르타 시내로 쏟아져 들어와 사실상 도시가 함락되자 나비스는 달아나려고 했다. 그러나 이때 그의 사위 피타고라스가 성벽 가까운 건물들에 불을 질렀고 불길에 휩싸일까 봐 두려워던 연합군 병사들이 퇴각해 함락을 겨우 모면할 수 있었다. 하지만 절망적인 상황은 여전했다. 결국 피타고라스가 플라미니누스에게 가 무릎을 꿇고 애원해 다시 협상이 이뤄졌고 이전과 같은 조건으로 나비스는 항복했다.

　모든 것이 정리된 후 플라미니누스는 아르고스로 갔다. 그곳 사람들은 모두 매우 기뻐했다. 나비스가 위기에 처하자 아르고스 주민들은 봉기해 스파르타 수비대를 쫓아냈고 지금은 실질적으로 자유로운 상태였다. 굳이 아르고스를 공격할 것 없이 바로 스파르타로 갔던 플라미니누스의 전략이 맞아떨어진 셈이다. 아르고스인들은 플라미니누스를 네메아 경기 제전 조직위원장에 선출했다. 아르고스 근처 네메아에서 열리는 그 대회는 2년 전 '그리스의 자유'가 선포된 이스트미아 경기 제전과 함께 그리스 세계의 중요 축제 중 하나였고 이제 이 네메아 제전에서 다시 한 번 '그리스의 자유'가 선언되었다. 이번 자유는 이전보다 더 완전한 자유였다. 마지막까지 억압받던 아르고스까지 드디어 해방되었기 때문이다. 스파르타의 왕 나비스는 영토 확장 정책과 여러 개혁 조치를 취했지만 그의 힘은 외부에서 닥쳐오는 거대한 도전을 막기에는 역부족이었고 스파르타는 결국 다시 주저앉고 말았다. 폴리비오스나 리비우스 등 후세 역사가들은 나비스를 폭군으로 묘사했다. 기원전 192년 아이톨리아인들은 시리아 왕 안티오코스

3세와 로마의 전쟁을 부채질하기 위해 나비스를 살해하고 잠시 스파르타를 점령했다.

● ●

그리스의 해방

이듬해 티투스 플라미니누스는 약속했던 대로 공화국 군대와 함께 그리스를 떠나 로마로 귀환했다. 그를 특히 만족시킨 것은 아카이아 동맹이 준비한 '특별한 선물'이었다. 과거 한니발이 이탈리아에서 포로로 잡은 공화국 병사 중에는 노예로 그리스에 팔린 사람이 많았다. 아카이아 동맹은 그 1,200명을 찾아내 몸값을 치르고 플라미니누스에게 인도한 것이다. 플라미니누스는 명성 높은 두 나라 마케도니아와 스파르타를 패배시킨 영광과 함께 많은 전리품과 질곡에서 해방된 동포까지 데리고 귀향할 수 있었다. 그리스는 해방되었다. 공화국은 그 상내함을 과시했나. 이세 무슨 근심이 더 있겠는가? 하지만 이스트미아와 네메아, 플라미니누스의 개선식 때 벌어진 기쁨의 장관은 어떤 면에서 일종의 동상이몽 축제였다. 로마는 그리스에서 특정 국가가 독주하지 않고 다양한 세력이 균형을 이루는 데 관심 있었던 것 같다. 그들은 그리스에서 모두 승리했지만 아이톨리아인을 위해 마케도니아를 멸망시켜주지도 않았고 아카이아인을 위해 스파르타를 멸망시켜주지도 않았다. 이는 각각 두 동맹을 언짢게 만들었다. 또한 마케

플라미니누스의 개선 행진_플라미니누스는 헬레니즘 세계의 도시 및 왕국을 로마를 중심으로 하는 정책을 개발했으며 이는 지중해의 로마 헤게모니의 기초가 되었다. 그리스인들은 해방되었지만 로마의 자유민들처럼 그들은 로마의 명백한 지시와 심지어 암묵적인 암시를 따를 것으로 예상되었다. 플라미니누스는 처음에는 그리스 문화에 대한 매력, 지성, 지식에 풍부한 감탄으로 거의 무한한 헌신을 얻었지만 결국 그리스 정치에 대한 파렴치한 간섭으로 적대감을 불러일으켰다. 그의 강점과 잘못으로 그는 그리스 세계에 대한 로마의 지배를 위한 토대를 마련했다.

도니아와 스파르타는 상당한 영토와 돈을 빼앗겼고 국가의 위상이 추락하는 경험을 했다. 어떤 나라는 더 약해졌고 어떤 나라는 더 강해졌지만 어쨌든 로마는 이제 그들 모두보다 우위에 있는 것이 분명했다. 모두를 행복하게 만들 것 같던 '그리스의 자유'는 뒤집어보면 모두의 불만을 살 수도 있는 기묘한 조치였다. 아이톨리아인들은 노골적으로 불평했지만 로마가 만들어두고 간 '그리스의 자유' 상태를 뒤집을 힘은 그리스의 어느 세력도 갖고 있지 않았다. 기원전 194년 로마에 맞설 만한 나라는 이제 지중해 세계에 하나만 남아 있었다.

10
CHAPTER

주변 군주국들의 군사력을
어떻게 평가할 것인가

《군주론》10장 요약

국력의 척도 중 하나는 군주가 자신을 방어할 수 있는지, 다른 세력의 도움에 의존해야 하는지 여부다. 통치자가 자신의 군대(부하나 유급 용병)를 배치할 수 있다면 외세의 도움이 필요없지만 성벽 뒤에 숨어야 한다면 항상 다른 세력의 도움이 필요하다. 첫 번째 유형은 이미 6장에서 논의했고 12~14장에서 다시 논의할 것이다. 두 번째 유형은 그의 도시를 강화하고 보급품에 의존하는 것 외에는 선택의 여지가 없다. 그가 피험자를 잘 대하고 준비했다면 다른 사람들은 그를 공격하는 것을 주저할 것이다. 자유 독일 도시는 이 관행을 성공적으로 이뤄 강한 도시를 갖췄고 백성을 미워하게 만들지 않은 군주는 안전하다. 포위 공격의 불안감이 사람들을 불충하게 만들 거라고 주장하는 사람들도 있지만 현명한 통치자는 충분한 무기와 보급품이 있으면 사기를 유지하는 법을 알게 될 것이다.

군주가 갖춰야 할 군사력

군주국들의 특징을 분석할 때 고려할 것이 또 있다. 군주 자신이 필요할 때 자신만의 힘으로 방어할 충분한 권력이 있는지, 항상 다른 세력의 보호를 받아야 하는가다. 이것을 분명히 하기 위해 다음과 같이 판단할 수 있을 것이다. 자신의 국가를 공격하는 어떤 세력에도 맞서 전쟁을 훌륭히 수행할 충분한 군대를 결집할 수 있는 군주라면 충분한 병력이나 풍부한 자금력이 있으므로 국가를 방어하기에 충분하다고 할 수 있지만 적에 맞설 능력이 없어 항상 성안으로 도망쳐 수비만 해야 하는 군주라면 늘 다른 세력의 보호가 필요하다고 할 수 있다.

첫 번째 유형은 이미 논의했으니 더 필요한 것이 있다면 추후 더 상세히 논의하겠다. 두 번째 유형은 그 같은 상황의 군주라면 영토 주변은 신경 쓰지 않고 오직 도시만 요새화하고 식량을 충분히 비축해야 한다는 것 외에는 덧붙일 말이 없다. 앞에서 상세히 설명했고 이후에도 자주 언급할 방법으로 도시를 제대로 요새화하고 추종자와 함께 내정을 잘 관리한다면 쉽게 공격받지 않을 것이다. 사람들은 큰 어려움이 예상되는 공격은 절대로 꾀하지 않을 것이며 도시를 제대로 요새화하고 백성의 미움을 받지 않는 군주를 공격하기는 쉽지 않기 때문이다.

독일 도시국가의 경우

독일 도시들은 완전한 자유를 누리고 주변 지역에 영토가 거의 없으며 자신들이 원할 때만 황제에게 복종한다. 그들은 황제는 물론 인접한 세력을 두려워하지도 않는다. 그 도시들은 주변 모든 세력이 그곳을 점령하는 데 매우 긴 시간이 걸리고 어려울 거라고 생각할 정도로 요새화가 잘 되어 있기 때문이다. 모든 도시는 방어용 도량과 성벽으로 단단히 둘러싸여 있고 화포도 충분하며 1년치 식량과 식수, 연료가 항상 공공창고에 충분히 비축되어 있다. 그리고 무엇보다 백성이 공적자금을 소비하지 않고 안정적으로 살아갈 수 있도록 항상 1년치 원자재를 충분히 비축해둬 백성에게 종사할 수 있는 일자리를 제공한다. 그것은 곧 도시와 산업을 유지하는 필수 요소가 되며 그것으로부터 백성은 생계를 유지한다. 나아가 그들은 군사훈련을 매우 중시하며 군대 유지를 위해 많은 규정을 정해두었다.

◆ **독일의 도시**: 신성로마제국, 현재 독일의 대부분뿐만 아니라 이탈리아와 프랑스의 일부를 구성하는 국가의 느슨한 동맹이다. 마키아벨리 시대에 제국은 황제 막시밀리안 1세에 대한 복종 정도를 행사하는 70개 이상의 제국 도시를 포함했다.

현명한 군주가 포위 공격을 견디는 방법

그러므로 견고한 도성을 갖고 있으면서 백성의 미움을 받지 않는 군주는 공격으로부터 안전하다. 그를 공격하는 자는 수치스러운 퇴각을 감수해야 할 것이다. 이 세상은 우발적인 사건들로 가득 차 있어 군대가 1년 동안 하는 일 없이 성을 포위하도록 시키는 것은 사실상 불가능하기 때문이다. 백성이 성 밖에 있는 자신들의 재산이 파괴되는 것을 보면 인내심을 잃을 것이며 장기간의 포위와 이기심 때문에 군주에 대한 충성심이 약해질 거라고 반박할 수도 있지만 나는 강인하고 기백을 갖춘 군주라면 고난이 오래 가지 않을 거라고 백성을 설득하는 한편 적의 잔혹성에 대한 경각심을 일깨우고 호들갑 떠는 자들을 교묘하게 처리해 그 같은 어려움을 극복할 수 있다고 반박할 것이다.

이 같은 점 외에도 적군은 도착하자마자 성 밖 지역들을 파괴하고 약탈하겠지만 그때까지는 백성의 사기도 높고 항전 결의도 확고하다고 생각한다. 따라서 며칠만 지나면 백성의 흥분은 가라앉을 것이며 피해는 이미 발생했고 희생을 겪은 후여서 그 문제를 해결할 방법도 없으므로 군주는 그들을 두려워할 이유가 줄어들 것이다. 더욱이 시민들은 군주를 방어하기 위해 자신들의 집이 불타고 재산을 약탈당해 이제 군주가 자신들에게 빚지고 있다고 생각해 하나로 뭉쳐 군주를 더 지지하게 된다. 인간은 본성상 받은 은혜와 마찬가지로 베푼 은혜로도 유대가 강화되는 존재이기 때문이다. 따라서 이 모든 문제를 고려하면 식량이 풍부하고 방어 수단만 갖췄다면 현명한 군주는 어떤 형태의 포위 공격 위험에도 백성의 사기를 유지하기 쉬울 것이다.

《군주론》 10장 분석

군주는 포위 공격 위험에서 백성의 지지가 절대적으로 필요하다. 포위 공격은 중세와 르네상스 전쟁에서 흔했고 많은 중세 도시들은 그 사건을 예상해 높은 벽으로 둘러싸여 있었다. 포위 공격은 종종 장기간 대치했고 공격하는 군대는 도시 성벽 밖에 진을 치고 도시 요새 내부의 주민이 굶어 죽길 바랐다. 마키아벨리가 관찰하듯 이 위치에 있는 군주는 포위 공격을 기다리거나 외부의 도움을 바랄 수밖에 없다. 마키아벨리는 군주가 공세 현장에 투입할 군대를 갖는 게 낫다고 생각해 다른 세력의 호의에 의존할 필요가 없다고 생각하지만 강하고 충성스러운 도시를 가진 군주는 적절한 준비를 하고 백성의 사기를 유지한다면 여전히 유리하다. 마지막으로 그는 정치적 사건을 자신의 이익으로 전환시키는 군주의 능력에 관심이 있었다. 이 경우, 포위 공격이 짧을 거라며 백성을 안심시키고 적의 잔학성을 상기시키고 군주의 정책에 대한 비판에 너무 솔직한 자를 다루는 조치를 준비해야 한다. 자신의 군대를 유지하는 절대적 필요성은 마키아벨리가 책 전체, 특히 12~14장의 요점이며 이는 군주가 군사문제에 어떻게 대처해야 하는지에 관한 것이다. 마키아벨리는 피렌체 방어를 위해 토착 민병대 육성에 적극적이었고 그는 이탈리아를 망치는 데 도움이 되었다고 믿은 외국 용병을 고용해 싸우는 일반적인 관행을 혐오했다. 여기서 그는 그들을 위해 싸울 군대가 있던 독일 도시의 독립을 찬양했다.

11
CHAPTER

교회형 군주국

《군주론》11장 요약

　　논의할 공국의 최종 유형은 교회 국가다. 이 유형의 공국은 능력이나 행운으로 얻지만 군주는 그들이 어떻게 행동하든 권력을 유지한다. 그들은 국가를 방어하거나 백성을 통치하지 않으며 국민은 그들을 없앨 생각을 전혀 하지 않는다. 다른 어떤 상태도 그렇게 성공할 수 없다. 마키아벨리는 이 국가들이 하나님이 제정한 것이므로 그것들을 토론하는 것만큼 어리석지 않을 거라고 말했다. 그럼에도 국민은 이 국가들이 어떻게 그렇게 빨리 강성해졌는지 물어볼 수도 있다. 샤를이 이탈리아를 침공하기 전 그것은 외국 침략자들을 막고 어느 파벌도 너무 강해지지 않도록 하는 것이 목표인 다섯 파벌에 의해 통제되었다. 대부분의 교황의 짧은 통치는 그들이 이 분파들에 맞서 아무 진전도 못했다. 그런 다음 알렉산데르 6세가 등장해 교황이 돈과 무기로 성취할 수 있는 것을 보여줬다. 그는 체사레 보르자의 권력 홍보를 원했지만 결국 율리우스 2세가 활용한 교회를 더 강력하게 만들었다. 하나는 현재의 교황 레오가 다른 사람들의 힘으로 만든 것처럼 그의 선함으로 그것을 위대하게 만들 수 있길 희망한다.

교회형 군주의 확실한 안전

이제 교회형 군주국 논의만 남았는데 이 같은 형태의 군주국인 경우, 모든 문제는 국가를 얻기 전에 발생한다. 교회형 군주국은 능력, 행운, 호의를 통해 얻는데 이를 유지하려면 이 둘 중 어느 것의 도움도 필요없기 때문이다. 이 국가들은 오랫동안 전해져 내려온 종교적 제도에 의해 유지되며 그 제도들은 군주들이 어떤 식으로 처신하며 살아가더라도 자신의 권력을 가질 만큼 강력했기 때문이다.

군주는 국가를 소유하지만 방어할 필요가 없으며 백성이 있지만 다스릴 필요도 없다. 군주가 국가를 방어하지 않고 내버려둬도 빼앗기지 않는다. 게다가 백성은 통치받지 않더라도 별로 신경쓰지 않는다. 그들은 군주를 몰아낼 생각도 없고 그럴 능력도 없으므로 이 군주국이 아말로 가장 안정적이고 성공적이나. 그러나 이 같은 국가들은 인간의 정신이 도달할 수 없는 초월적 권능으로 다스려지므로 더 이상 논의하지 않겠다. 이 국가들은 신에 의해 이뤄져 유지되므로 그것을 논하는 것은 오만하고 경솔한 처사가 될 것이다. 그럼에도 교황 알렉산데르 6세 즉위 이전까지 이탈리아의 지도적인 정치세력(강대국뿐만 아니라 영주나 하급 귀족은 물론 세력이 미약한 영주나 하급 귀족조차)은 교회의 세속적 권력을 미미하게 취급했는데 이제 교회의 세속적인 권력이 프랑

교황의 상징, 베드로의 열쇠_성 베드로가 주저없이 예수에 대한 바른 신앙을 고백했을 때 예수는 성 베드로에게 왕국의 문들을 열 하늘나라의 열쇠를 하사했다(마태 16,13~19). 여기서 하늘나라의 열쇠는 지상의 권한을 상징하는 수위권을 상징한다. 그리고 성 베드로의 후계자인 교황이 그 권한을 계승하고 있다. 성 베드로가 열쇠를 잡고 있는 표현은 5세기 초부터 등장했다. 그러나 열쇠만 분리해 교황의 권위를 나타내는 도구로 사용한 것은 교황 인노첸시오 3세 이후다.

이 프랑스 왕과 같은 인물조차 두려워할 만큼 어떻게 강해졌는지 의문을 품는 사람도 있을 것이다. 베네치아 공화국마저 몰락시켰기 때문이다. 물론 이 사건들은 널리 알려졌지만 기억 속에서 다시 끄집어내도 잘못된 것은 없을 것이다.

● ● ○

교황 알렉산데르 6세

1495년 프랑스 왕 샤를이 침입하기 전의 이탈리아는 교황과 베네치아, 나폴리, 밀라노, 피렌체의 지배하에 있었다. 각 세력의 권력자들은 두 가지 주요 문제에 몰두했다. 외세가 군대를 이끌고 이탈리아를 침범하면 안 되며 자신 중 아무도 더 많은 영토와 권력을 차지하면 안 된다는 것이었다. 가장 큰 걱정거리는 교황과 베네치아 공화국이었다. 베네치아를 견제하기 위해 이외 모든 세력은 페라라(베네치아는 영토 확장을 위해 1482년 페라라에 선전포고했다. 이때 베네치아에 대항하는 식스투스 4세, 나폴리, 밀라노와 플로렌스 동맹이 결성되었다) 방어를 위해 그랬듯이 동맹을 결성했고 교황을 견제하기 위해 로마 귀족을 활용했다. 로마 귀족은 오르시니와 콜론나 두 파벌로 나뉘어 항상 대립했지만 무기를 들고 교황 앞에 설 만큼 교황의 권위를 약화시켰다.

식스투스 4세(Sixtus IV, 1471년 교황에 선출되었으며 조카가 뒤를 이어 율리우

교황 식스투스 4세_프란체스코 수도회 수사를 거쳐 1464년 수도회 총회장이 되었으며 1467년 추기경, 1471년 교황에 선출되었다. 오스만투르크와의 전쟁에 힘썼으며 1474년에 덴마크 · 노르웨이 국왕 크리스티안 1세를 인견하고 1475년에 코펜하겐대학을 설립했다. 이탈리아 국내에서는 메디치가에 반대해 1478~1480년의 내란을 불러일으키기도 했다. 교황에 즉위하자 시스티나 성당을 세우고 1471년부터는 바티칸도서관을 확장하는 등 학문과 예술을 장려함으로써 문화사상 위대한 업적을 남겼다.

스 2세 교황이 되었다)와 같은 영명한 교황도 가끔 등장했지만 그의 행운이나 능력으로도 이 난관을 극복할 수 없었다. 약 10년인 교황의 짧은 재위 기간도 그 이유였다. 이 정도 기간에 한 파벌을 제거하기는 매우 어려웠기 때문이다. 어떤 교황의 콜론나파 제거가 거의 성공했더라도 그다음은 오르시니파에 적대적인 새로운 교황이 즉위해 콜론나파를 재기시키는 결과를 초래하곤 했다. 그렇다고 그 교황이 오르시니파를 제거할 만큼 충분한 시간이 있었던 것도 아니다.

그 결과, 이탈리아에서는 교황의 세속적 권력이 거의 무시되었는데 알렉산데르 6세는 교황에 즉위하자 돈과 군사력으로 얼마나 많은 것을 성취할 수 있는지를 이전 어느 교황보다 탁월하게 보여주었다. 앞에서 발렌티노 공작의 행적을 논의할 때 살펴봤듯이 공작을 앞세우고 프랑스 침입으로 제공된 기회를 충분히 활용해 많은 것을 이루었다. 그의 목적은 교회의 권력이 아닌 공작의 세력 확대였지만 그럼에도 그가 죽고 공작이 몰락한 후 교회가 그의 노력의 결실을 물려받아 교회의 권력이 강화되는 결과를 낳았다.

교황 율리우스 2세

이후 율리우스 교황이 등장했는데 당시 교회가 로마냐 전 지역을 장악했고 로마 귀족은 무력화되었고 교황 알렉산데르 6세의 과감한 조치로 파벌은 몰락해 율리우스는 강력해진 교회 국가를 물려받았다고 할 수 있다. 또한 율리우스 교황은 알렉산데르 6세나 이전 교황들이 시도하지 못한 방법으로 재산을 축적할 수 있었다. 율리우스는 자신이 상속받은 것을 유지했을 뿐만 아니라 확대해 나갔다. 그는 볼로냐를 점령하고 베네치아 세력을 파괴했으며 프랑스 군대를 이탈리아에서 몰아내려고 했다. 그의 이 모든 계획은 성공했는데 특정 개인을 위해서가 아니라 교회 세력을 신장시키기 위해 성취했다는 점에서 특별한 찬사를 받을 만하다. 또한 오르니시파와 콜론나파를 줄곧 무력한 상태로 만들었다. 그 세력들의 몇몇 지도자가 반란을 꾀했지만 그들을 압도한 강력한 교회 세력과 어느 파벌이라도 이끌 수 있는 추기경의 부재라는 두 가지 요인으로 뜻을 이룰 수 없었다.

추기경은 이 파벌들이 반목한 원인이었는데 그들은 추기경을 지도자로 삼으면 항상 분규를 일으켰다. 추기경들은 로마 안팎에서 항상 파벌을 형성했고 귀족은 자신들이 속한 파벌을 지지할 수밖에 없었고 고위 성직자들이 속한 파벌을 지지할 수밖에 없었기 때문이다. 고위

교황 율리우스 2세_로마 교황(재위: 1503~1513). 교황령 및 교황의 권력을 확대하는 데 힘썼으며 외세를 배척했다. 또한 예술을 사랑해 미켈란젤로 · 라파엘로 · 브라만테 등을 보호했으며 산 피에트로 사원을 재건해 르네상스 문화의 중심적인 역할을 했지만 교회 부패기에 교직 매매, 뇌물로 지위를 사는 등 가장 타락한 교황 중 한 명이었다.

성직자들의 야심이야말로 귀족 간 모든 알력과 분쟁의 근원이었다. 이 같은 이유로 성스러운 교황 레오 10세(조반니 데 메디치(Giovanni de Med-ici). 로렌조의 아들이므로 군주가 헌납된 남성의 삼촌이다. 그는 1513년 교황이 되었다. 마키아벨리가 감옥에서 석방된 것은 그의 당선을 축하하는 총사면이었다. 훗날 레오는 개신교 개혁가 마틴 루터를 파문했다)는 현재와 같은 강력한 교회 국가를 갖게 되었다. 전임 교황들이 무력을 통한 공적으로 위대한 국가를 만들었듯이 레오 10세도 타고난 선량함과 무한한 미덕으로 국가를 더 위대하고 존경받도록 만들길 바란다.

《군주론》 11장 분석

11장에서 마키아벨리는 다양한 국가와 그것을 획득하는 방법에 관한 토론을 마쳤는데 그는 1장에서 제시했다. 그가 말하는 교회 국가들은 이탈리아의 정치 지형, 즉 교황 국가의 독특한 특징이었다. 그가 지적했듯이 그들은 다른 종류의 공국에 적용되었을 규칙 중 아무 것도 따르지 않았다. 틀림없이 유럽에서 가장 강력한 기관이던 가톨릭 교회의 수장으로서 교황들은 항상 권력과 특권이 있었고 로마 주변의 자국을 통치했다. 그러나 이탈리아 르네상스 시대의 교황들은 군사적 정복과 공격적인 기금 모금을 추가했고 터무니없이 강력했을 뿐만 아니라 부패했다. 여러 여인이 자녀를 낳았고 퇴폐적 생활을 즐겼으며 가족 확대를 위해 군사를 일으킨 알렉산데르 6세의 야심은 개신교 종교개혁의 반발을 부르는 데 중요한 역할을 했다. 마틴 루터가 강력히 항의한 방종들의 수집은 알렉산데르 6세의 군대 팽창을 위한 주요 수입원 중 하나였다.

마키아벨리는 르네상스 시대 교황들의 철저히 세속적인 야망을 잘 알고 있었고 이탈리아 정치에 대한 그들의 영향력에 매우 분개했다. 리비우스(Livy) 관련 강연에서 그는 교회가 종교적 원칙이 부족하고 이탈리아에서 분파주의를 촉진하려는 의지가 부족해 프랑스와 에스파냐에 존재했던 것과 같은 강력하고 중앙집중화된 지도력을 박탈당한 것을 신랄히 비난했다.

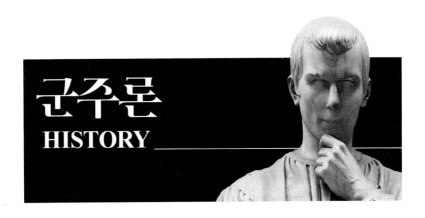

군주론
HISTORY

●●

종교개혁(Reformation)

개신교 종교개혁은 가톨릭 유럽을 분열시킨 16세기의 종교적, 정치적, 지적, 문화적 격변으로 현대의 대륙을 정의할 구조와 신념을 확립했다. 북부·중부유럽에서 마틴 루터, 존 캘빈, 헨리 8세와 같은 개혁가들은 교황의 권위에 도전하고 기독교 실천을 정의하는 가톨릭 교회의 능력에 의문을 제기했다. 그들은 종교적, 정치적으로 권력을 성경과 팜플렛을 읽는 목회자와 군주의 손에 재분배할 것을 주장했다. 이 혼란은 전쟁, 박해, 반종교개혁을 촉발했는데 이는 개신교에 대한 가톨릭 교회의 지연되었지만 강력한 대응이었다.

종교개혁 연대

역사가들은 보통 개신교 종교개혁의 시작을 마틴 루터의 '95개 테제'의 1517년 출판으로 거슬러 올라간다. 그 결말은 독일에서 가톨릭과 루터교의 공존을 허용한 1555년 아우구스부르크 평화부터 30년 전쟁을 종식시킨 1648년 웨스트팔렌 조약에 이르기까지 어디든 배치될 수 있다. 종교개혁의 핵심 사상, 즉 교회를 정화하라는 부르심과 전통이 아닌 성경이 영적 권위의 유일한 원천이 되어야 한다는 믿음 자체가 참신한 것이 아니었다. 그러나 루터와 다른 개혁가들은 인쇄기의 힘을 능숙히 사용해 그들의 사상을 광범위한 청중에게 제공한 최초의 개혁가가 되었다.

독일과 루터교

마틴 루터는 비텐베르크의 아우구스티누스 수도사이자 대학 강사로서 교황이 참회나 방종으로부터 보복을 판매하는 데 항의하는 〈95개 테제〉를 작곡했다. 그는 교회 내의 쇄신 촉진을 바랐지만 1521년 웜 다이어트 전에 소환되어 파문되었다. 작센의 선거인인 프리드리히에 의해 보호받은 루터는 성경을 독일어로 번역하고 토착 팜플렛을 계속

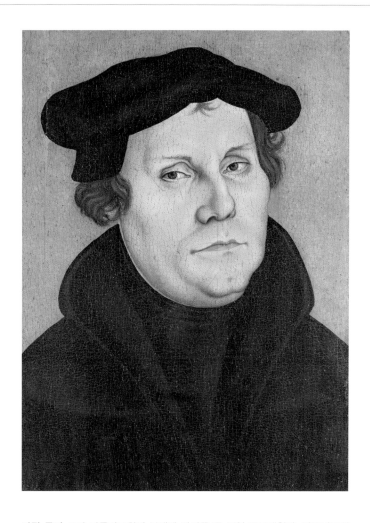

마틴 루터_로마 가톨릭교회의 부패에 반기를 든 독일 종교개혁자. 가톨릭교회의 교리와 폐쇄성에 의문을 제기하고 성경을 통한 하나님과의 직접적인 접촉과 하나님의 구원을 설파했으며 라틴어로 되어 있던 성경을 독일어로 번역해 대중화에 기여했다.

인쇄했다. 루터의 '모든 신자의 사제직'에 힘을 실어주는 데 부분적으로 영감을 받은 독일 농민들이 1524년 반란을 일으켰을 때 루터는 독일 군주들 편에 섰다. 종교개혁이 끝날 무렵 루터교는 독일, 스칸디나비아, 발트해 많은 지역에서 국가 종교가 되었다.

● ●

스위스와 칼뱅주의

스위스의 종교개혁은 1519년 울리히 츠빙글리의 설교로 시작되었는데 그의 가르침은 루터의 가르침과 무척 비슷했다. 1541년 지난 10년 동안 망명생활을 하며 《기독교 종교연구소》를 저술한 프랑스 개신교인 존 칼뱅은 제네바에 정착해 하나님의 권능과 인류의 예정된 운명을 강조하는 개혁주의 교리를 실천하도록 초청받았다. 그 결과는 강제적이고 엄격한 도덕성의 신정주의 정권이었다.

● ●

영국의 '중간 길'

영국에서 종교개혁은 헨리 8세가 남성 상속인을 찾으면서 시작되었다. 교황 클레멘트 7세가 헨리와 아라곤의 캐서린과의 결혼을 무효화해 재혼을 거부했을 때 영국 왕은 1534년 자신만 영국 교회 문제에

존 칼뱅_ 개신교의 장로교회를 창설한 프랑스 종교개혁가이자 신학자다. 프로
테스탄트 교회의 개혁자로 개혁주의 신앙과 신학을 수립했고 칼뱅주의를 이룬
인물이다.

헨리 8세_잉글랜드의 왕. 왕비 캐서린과의 사이에 아들이 없어 궁녀 앤 불린과 결혼하려고 했지만 로마 교황이 이를 인정하지 않자 가톨릭 교회와 결별하고 수장령(首長令)으로 영국 국교회를 설립해 종교개혁을 단행했다.

서 최종권위자가 되어야 한다고 선언했다. 헨리는 영국 수도원을 해산해 재산을 몰수하고 성경을 사람들 손에 맡기기 위해 일했다. 1536년부터 모든 교구에는 사본이 필요했다. 헨리가 죽은 후 영국은 에드워드 6세의 6년 통치기에 칼뱅주의가 주입된 개신교로 기울었고 메리 1세 밑에서 반동적인 가톨릭교의 5년을 견뎠다. 1559년 엘리자베스 1세는 44년 통치기 동안 영국 교회를 칼뱅교와 가톨릭 사이의 '중간 길'로 내세웠고 토착 예배와 개정된 공동기도서를 갖고 있었다.

● ●

반종교개혁

가톨릭 교회는 루터와 다른 개혁가들의 신학적, 홍보적 혁신에 체계적으로 반응하는 데 느렸다. 1545~1563년에 모인 트렌트 공의회는 종교개혁을 촉발한 문제와 개혁가들에 대한 교회의 해답을 분명히 했다. 반종교개혁 시대의 가톨릭 교회는 더 영적이고 더 문맹이고 더 교육적으로 성장했다. 새로운 종교 질서, 특히 예수회는 엄격한 영성과 전 세계적인 생각을 지닌 지성주의를 결합한 반면 아빌라의 테레사와 같은 신비주의자들은 옛 계층에 새로운 열정을 주입했다. 에스파냐와 로마에서 종교재판은 개신교 이단의 위협에 맞서기 위해 재조직되었다.

종교개혁의 유산

　종교개혁과 반종교개혁의 종교적 결과와 함께 깊고 지속적인 정치적 변화가 일어났다. 북유럽의 새로운 종교적, 정치적 자유는 수십 년간의 반란, 전쟁, 유혈 박해와 함께 큰 대가를 치렀다. 30년 전쟁만으로도 독일 인구의 40%를 차지했을 것이다. 그러나 종교개혁의 긍정적인 반향은 유럽의 강화된 대학, 바흐의 루터교 교회음악, 루벤스의 바로크 양식 제단, 심지어 네덜란드 칼뱅주의 상인의 자본주의 등 분열의 모든 면에서 영감을 얻은 지적, 문화적 번영에서 볼 수 있다.

12
CHAPTER

군대의 다양한 종류와 용병

《군주론》 12장 요약

2~11장에서 다양한 유형의 국가를 논의한 마키아벨리는 이제 그들을 공격하고 방어하는 방법을 모색한다. 군주는 좋은 기초를 놓아야 하며 그 기초에는 좋은 법과 좋은 군대가 포함된다. 좋은 군대 없이는 좋은 법이 있을 수 없고 좋은 법이 있는 곳에는 좋은 무기가 필요하므로 마키아벨리는 법이 아니라 무기만 논의할 것이라고 선언했다. 국가를 방어하는 무기는 군주 자신, 용병, 원군 또는 세 가지가 혼합되어 있다. 용병과 원군은 위험하고 신뢰할 수 없다. 용병이 재능이 있다면 그는 항상 군주의 비용으로 자신의 힘을 키우려고 노력할 것이다. 그가 무능하다면 그는 군주를 망칠 것이다. 자신의 군대를 배치할 수 있는 군주와 공화국만 성공할 수 있다. 용병은 잃을 수밖에 없기 때문이다. 잘 무장된 사람들은 자유롭게 살 수 있다.

마키아벨리는 고용주를 쳐낸 용병의 많은 예를 찾아냈다. 이 모든 것은 신성로마제국이 이탈리아에서 권력을 잃고 교황이 권력을 얻었을 때 시작되었다.

시민은 귀족을 상대로 무기를 들었고 교황은 그들을 격려했다. 시민도 교황도 싸울 줄 몰라 용병을 고용했다. 곧 용병이 이탈리아의 모든 군대를 통솔했다. 이 용병은 열심히 일하고 위험하지 않은 전략을 채택해 이탈리아의 파멸과 굴욕이 초래되었다.

● ●

국가의 토대는 법률과 군대

처음에 말했듯이 지금까지 여러 군주국의 특성을 자세히 논의했으며 이들이 번영하고 쇠퇴한 원인도 많이 다루었고 많은 사람이 군주국을 획득해 유지하는 데 활용한 방법을 검토했다. 이제 나는 군주국이 공격이나 방어를 할 때 적용할 수 있는 일반적인 방법을 설명하겠다. 앞에서 나는 군주는 권력의 토대를 확고히 다져야 한다고 역설했다. 그렇지 못한 군주는 항상 몰락하고 말 것이다. 오래된 국가든 신생국이든 복합국가든 모든 국기의 주요 토대는 훌륭한 법률과 군대다. 훌륭한 군대가 없으면 훌륭한 법률을 갖기란 불가능하고 훌륭한 군대가 있는 곳에는 훌륭한 법률이 있기 마련이므로 법률문제는 제쳐놓고 군대 문제를 논의하겠다.

용병의 무익함

군주가 자신의 국가 방어에 사용하는 무력은 자신의 군대, 용병, 외국 지원부대 또는 이 셋을 혼합한 혼성군이라고 할 수 있다. 용병과 외국의 지원부대는 아무 쓸모도 없고 위험하다. 자신의 영토를 지키기 위해 용병에 의존하는 자는 누구든 안정적이고 안전한 통치를 절대로 할 수 없다. 그 같은 군대는 통합되어 있지 않고 야심을 품고 있으며 기강이 문란하고 신의가 없기 때문이다. 그들은 아군과 함께 있을 때는 용감하지만 적과 마주치면 비겁해진다. 신을 두려워하지 않으며 사람들과의 약속도 잘 지키지 않는다. 그 같은 군대를 이끄는 군주의 파멸은 당신에 대한 적의 공격이 지연되는 만큼만 연장되는 데 불과하므로 군주는 평화로울 때는 그들에게 시달리고 전쟁이 벌어지면 적들에게 시달릴 것이다. 이 같은 일이 발생하는 것은 군주에 대한 그들의 애착이 전혀 없으며 하찮은 보수 외에는 생명을 걸고 군주를 위해 전쟁터에 나가 싸울 이유나 동기가 전혀 없기 때문이다. 군주가 전쟁을 일으키지 않는다면 그들은 기꺼이 그에게 봉사하겠지만 막상 전쟁이 터지면 그들은 도망치거나 탈영한다.

사실 최근 이탈리아가 겪은 시련은 무엇보다 오랜 세월 동안 용병에게 의존해온 것이 원인이므로 이 점을 주장하기 위해 많은 시간을 할애할 필요조차 없다. 물론 이 용병의 일부는 무력하지 않았고 다른 용병과의 전투에서 용맹함도 보였다. 그러나 외국 군대의 침공이 시작되자(1494년 이후) 그들은 단번에 진면목을 드러냈다. 그 같은 이유로 프랑스의 샤를 왕은 분필(알렉산데르 6세는 프랑스 찰스 8세가 병사 숙소로 주장하기 위해 집 문 표시만 해도 분필 조각으로 이탈리아를 정복할 수 있다고 말한 것으로 추정된다) 하나로 이탈리아를 점령할 수 있었다. 우리의 죄악 때문에 이 같은 참변을 겪었다고 말한 자는 진리를 말한 셈이지만 그가 의미한 죄악이 아니라 내가 설명한 죄악이 문제였다. 그리고 그것은 군주의 죄악이어서 그들도 자신의 죄악 때문에 재앙을 겪어야 했다.

● ●

군주는 자기 군대를 가져야 한다

이 같은 형태의 군대가 지닌 결함을 더 효과적으로 설명하겠다. 용병 대장들은 매우 훌륭한 군인이거나 전혀 그렇지 못한 인물일 수 있다. 유능한 인물이라면 당신은 그들을 믿으면 안 된다. 항상 그들이 자신들의 고용주인 군주를 공격하거나 군주의 의사에 반해 타인을 공격해 높은 지위에 오르길 열망하기 때문이다. 반면 용병들이 평범한 인물이라면 군주는 당연히 몰락할 것이다. 군대를 장악했다면 누구든 이 같은 식으로 행동할 거라고 반론을 제기한다면 나는 무력은 군주나 공화국이 통제해야 한다는 점을 들어 반박할 것이다. 전자의 경우,

군주 자신이 최고통수권자로서 군대를 직접 지휘해야 하고 후자의 경우, 공화국은 자신의 백성 중에서 지휘관을 선정해 파견해야 한다. 파견된 자의 무능이 판명되면 교체해야 하며 유능하다면 자신의 권한을 넘지 못하도록 법적 통제 수단을 확보해야 한다.

경험에 의하면 독자적인 군대를 운영한 군주나 공화국만 성공했으며 용병은 아무 것도 성취하지 못하고 손해만 끼칠 뿐이었다. 일개 시민의 권력 탈취는 외국 군대에 의존하는 국가보다 자기 군대를 가진 공화국에서 성공하기 훨씬 어렵다. 로마의 스파르타는 자력으로 무력을 갖춘 상태로 수 세기 동안 독립을 유지했다. 오늘날에는 스위스가 매우 잘 조직된 군대가 있으며 완전한 독립을 유지하고 있다.

● ●

카르타고와 밀라노의 용병들

고대 용병제로 말할 가치가 있는 예는 카르타고다. 카르타고는 용병 대장(하밀가르 바르카)을 자국민으로 임명했음에도 불구하고 로마와의 첫 번째 전쟁(기원전 346년)이 끝난 후 용병에게 거의 정복당할 공격을 받았다. 테베는 에파미논다스(Epaminondas)가 사망한 후 마케도니아의 필리포스를 자국 군대의 장군으로 삼았는데 그는 전쟁에서 승리한 후 338년 테베의 독립을 박탈해 정복하고 과두정부를 옹립했다.

에파미논다스_그리스의 장군이자 정치가로 가난한 귀족의 아들로 태어났다. 페로피다스와 함께 레오크트라 전쟁에서 스파르타 군대를 쳐부수고 테베 지배권을 손아귀에 넣었다. 이후 만치에아 전쟁에서 아테네·스파르타 연합군을 격파했지만 그 전쟁에서 전사했다. 병법가, 웅변가로 유명했고 인품도 고결했다.

필리포 공작이 사망한 후 밀라노인들은 프란체스코 스포르차를 장군으로 고용해 카라바지오에서 베네치아인들을 격파했지만 스포르차는 그들과 연합해 자신을 고용했던 밀라노를 공격했다. 나폴리의 조반나 2세(Giovanna II, 1414년부터 죽을 때까지 나폴리 여왕으로 그녀의 죽음으로 나폴리계 앙주 가문의 종가는 맥이 끊겼다)에 의해 장군으로 고용된 스포르차의 부친이 여왕의 무력을 갑자기 박탈하자 여왕은 아라곤 왕에게 도움을 요청하지 않을 수 없었다.

● ● ●

피렌체의 경험

과거 베네치아인들과 피렌체인들은 용병을 활용해 영토를 확장했지만 그 용병대장들 스스로 군주가 되려고 시도하지 않고 영토를 방어했는데 이 문제에서 피렌체의 운이 매우 좋았다고 할 수 있다. 위험할 만했던 유능한 장군 중 일부는 승리를 거두지 못했고 일부는 반대에 부딪혔고 다른 일부는 야망을 이루기 위해 다른 지역으로 갔기 때문이다. 정복하지 못한 장군은 조반니 아쿠토(Giovanni Acuto, 영국인이면서 피렌체에서 이름을 날렸고 프란체스코 스포르차는 용병대장이면서도 밀라노 참주가 되었다)였는데 그가 승리를 거두지 못해 그의 충성심을 확인할 수는 없었다. 그러나 그가 성공했다면 피렌체는 그의 지배하에 들어갔을 거라는 데 모든 사람의 의견이 일치한다. 스포르차 가문은 항상 브라치오 가문(대대로 용병대장이 많았다)과 경쟁관계여서 각 파벌은 서로 견제했다. 프란체스코는 야망을 이루기 위해 롬바르디아로 갔으며 브라치오의 목표는 교회와 나폴리 왕국이었다.

더 최근에 일어난 사건을 살펴보자. 피렌체인들은 파올로 비텔리(Paolo Vitelli)를 장군으로 고용했는데(1498년 6월) 그는 미천한 출신으로 시작해 큰 명성을 얻은 매우 유능한 인물이었다. 그가 피사를 점령했다면 피렌체가 그를 계속 고용하는 것이 당연한 것은 아무도 부인할 수 없을 것이다. 그가 적국의 장군으로 고용된다면 피렌체인들은 방어할 수단이 없어 궁지에 몰렸을 것이기 때문이다. 하지만 그를 계속 고용했다면 그는 피렌체인 위에 군림하는 지위에 올랐을 것이다.

● ●

용병으로부터 수난을 당한 베네치아인들

베네치아인들이 이룬 업적을 살펴보면 그들은 이탈리아 내륙에서 전쟁을 치르기 전에는 자국 군대만으로 능숙하고 용맹하게 전쟁에 임해 나라는 안전했고 영광을 누렸다. 그런데 본토에서 전쟁을 치르게 되자 효과적인 정책을 포기하고 이탈리아의 관례를 따르기 시작했다. 그들이 처음에 내륙 영토를 확장해나갈 무렵 병합된 영토가 별로 많지 않았고 베네치아인들의 명성도 높아 용병 장군들을 두려워하지 않았다. 그러나 그들이 카르마뇰라(Camagnola, 1425년 베네치아 용병으로 채용되었고 한동안 베네치아와 플로렌스 연합군 사령관을 지냈다. 1432년 배신행위를 의심받아 베네치아에 의해 처형당했다) 지휘하에 영토를 확장해가면서 그들의 과오는 명백해졌다. 그들은 그의 지휘하에 밀라노 대공을 무찔러 그의 유능함을 알게 된 반면 그가 마지못해 전쟁을 수행하고 있음을 깨달았다. 그들은 전쟁 의욕이 없는 그를 이용해 정복을 계속할 수 없다고 판단했지만 그동안 차지한 영토를 다시 빼앗기지 않으려면 그를 해고할 수도 없어 베네치아인들은 자신들을 안전하게 지키기 위해 그를 암살할 수밖에 없었다.

이후 베네치아인들은 베르가모의 바르톨로메오 콜레오니, 산 세베리노의 로베르토 세베리노, 피틸리아노 백작 등 다른 인물들을 기용했는데 베네치아인들이 우려한 것은 이 장군들이 승리함으로써 반란을 일으킬 위험이 아니라 그들이 패하는 것이었다. 실제로 그 같은 우려는 단 한 번의 전투로 그들이 800여 년 동안 심혈을 기울여 얻은 것을 잃은 바일라 전투(1509년 5월 4일)에서 현실이 되었다. 용병을 활용할 때는 매우 느린 속도로 별로 중요하지도 않은 영토를 얻을 수 있지만 돌발적이고 놀라운 손실을 부르기 때문이다.

이탈리아 용병사

이 예들은 오랫동안 용병에게 약탈당한 이탈리아에서 끌어와 나는 이 용병제도를 더 상세히 논의하려고 한다. 용병제 발생과 발전 과정을 제대로 파악하면 해결책을 쉽게 구하기 때문이다. 그렇다면 근래 이탈리아에서 교황의 세속적 권력이 강해지고 이탈리아가 많은 국가로 분열된 원인을 알아야 한다. 많은 대도시에서 황제의 지원을 받는 귀족의 통제하에 있던 백성이 반란을 일으켰고 교회가 세속적 권력을 확장하기 위해 이 같은 반란을 조장했기 때문이다. 그리고 그 외 많은 도시에서 시민이 군주가 되었다. 그로 인해 이탈리아는 주로 교회와 몇몇 공화국의 영향권에 속했으며 군대를 지휘해본 경험이 거의 없는 성직자와 새 군주들은 외국 용병을 고용해 전투를 치렀다.

로마냐인인 알베리고 다 고니오(Alberigo da Conio)가 최초로 이 용병제의 중요성을 널리 알렸고 당대 실력자인 브라치오와 스포르차의 용병을 포함한 다른 용병 세력이 전면에 부상했다. 그들의 뒤를 이어 오늘날까지 용병을 지휘하는 수많은 장군이 배출되었고 그들의 혁혁한 전공 결과, 이탈리아는 샤를 왕에게 공략당하고 루이 왕에게 약탈당하고 페르난도 5세에게 유린당하고 스위스인들로부터 수모를 당했다.

알베리고 다 코니오_로마냐의 쿤이오에서 백작을 지냈다. 14세기 말 이탈리아 용병으로 맹활약한 그는 '성(聖) 조지'라는 용병회사를 설립했으며 오직 이탈리아만 도왔다. 1409년 사망했다.

● ●

안이한 전쟁 수행

용병 대장들은 자기 군대의 명성을 높이기 위해 보병부대의 명성을 떨어뜨리는 책략을 서슴없이 썼다. 그들은 자신의 영토가 없어 고용되어야만 먹고 살 수 있었는데 그렇다고 대규모 보병을 유지할 수도 없었기 때문이다. 그 같은 이유로 자신들의 지위를 유지하고 지위를 성취하는 데 충분한 규모의 기병에 의존했다. 그로 인해 2만 명의 보병 규모는 2천 명도 안 되는 지경이 되었다. 나아가 그들은 가능한 수단을 총동원해 자신과 병사들에게 닥칠 고난과 위험을 줄이려고 했다. 그들은 전투에서 서로 죽이지 않고 생포했으며 몸값을 요구하지도 않았다. 야간에는 도성을 공격하지 않았고 도성을 방어하던 용병들도 포위군에 대한 공격을 망설였다. 야영할 때도 그들은 방책을 쌓거나 외호를 만들어 방비하지 않았으며 겨울에는 전투를 하지 않았다. 이미 설명했듯이 이 같은 관행들은 자신의 고통과 위험을 회피하기 위한 불문율로 허용되어 채택되었다. 따라서 바로 그들이 이탈리아를 노예 상태에 빠뜨리고 수모를 겪게 만든 것이다.

《군주론》 12장 분석

12~14장은 무기와 군대에 관한 것이다. 마키아벨리의 인용 가능한 노선은 좋

은 무기 없이는 좋은 법이 없음을 단지 '옳게 만들 수 있다'라는 변형으로 해석하고 싶지만 그의 의도가 아니었을 것이다. 무력과 국가는 불가분의 관계이므로 잘 통치된 국가는 훌륭한 군대가 필요하다. 독자가 '좋은 법'을 엄격한 법적 의미에서가 아니라 사회에서 질서정연한 삶을 만드는 조건으로 해석한다면 마키아벨리의 관찰은 급진적인 가장자리의 일부를 잃는다. 현대 사회에서도 질서를 유지하고 시민을 보호하기 위해 경찰이나 군대에 의존하지 않는 국가는 실제로 드물다. 또한 마키아벨리는 좋은 무기가 있는 곳에는 좋은 법이 있어야 하며 이는 훈련된 군대를 일으키고 지휘할 유능한 통치자도 자신의 국가를 질서정연하게 유지할 능력이 충분해야 한다는 의미다. 마키아벨리가 논의하지 않기로 선택한 것도 똑같이 중요하다. 그가 공화국 논의를 거부한 1장에서처럼 여기서 그는 법 논의를 거부하고 군주의 군대 지휘에 국한된다. 그러나 그가 묘사하는 세계는 분명히 치열한 경쟁과 폭력 중 하나이며 잘 무장된 자들만 자유롭게 살 수 있다. 그 같은 세상에서 약자가 자신을 방어할 수 없다면 강자에 의해 금방 착취당할 것이다.

마키아벨리의 관점에서 '좋은 무기'는 오직 국가 자체의 군대일 뿐이다. 즉, 외부인이 아닌 자체 시민이다. 마키아벨리는 독립과 자급자족만 유일한 안보라는 의견을 고수하면서 외국 군대에 대한 의존은 군주의 권력에 대한 죽음의 키스라고 주장한다. 그는 이탈리아에서 외국 용병이 널리 사용되는 것을 관찰하고 비참한 결과라고 느낀 것을 관찰하면서 그렇게 생각할 충분한 이유가 있었다. 그는 자신의 땅과 집을 지키는 용병들의 정신력 부족을 비난했다. 그의 의견에 의하면 용병은 게으르고 이것이 그들을 고용한 국가에 이익이 되는지 여부와 상관없이 돈을 버는 가장 쉬운 방법만 찾고 있었다. 또한 그들을 신뢰할 수도 없었다. 그들이 군주의 돈을 위해 일한다면 군주의 상대방을 위해 기꺼이 일할 의향이 있었기 때문이다. 또한 마키아벨리의 인간의 이기심에 대한 특징적 평가에 주목하라. 당신이 성공한 유능한 용병을 고용한다면 그가 당신의 지위를 차지하길 원하므로 당신은 결코 안전하지 않을 것이다. 용병은 르네상스 시대에 흔했다. 아이러니하게도 가장 유명한 것은 다양한 고용주에게 봉사하는 데 일생을 바친 이탈리아 콘도티에리(용병대장), 정교한 전문 군인이었다. 그들에 대한 비판은 평범했고 그들 중 다수가 고용주의 이익에 크게 기여하고 충성해 항상 그럴 자격이 있는 것은 아니다. 외국과 이탈리아 용병 모두 이탈리아 전쟁에 참여했다.

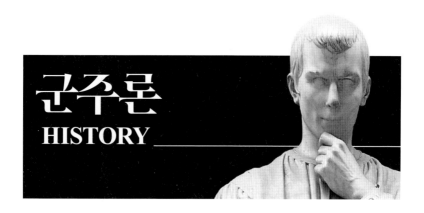

군주론 HISTORY

● ●

샤를 8세의 이탈리아 침공

15~16세기 유럽 전쟁사에서 주도적 역할을 한 나라는 영국, 프랑스, 에스파냐로 이 3국은 유럽 내에서 일어난 민족 간, 왕조 간 주요 전쟁에 대부분 개입했다. 부유한 이탈리아는 나폴리, 베네치아, 밀라노, 피렌체, 교황령(로마) 다섯 군소국으로 분할되어 있었다. 그러나 15세기 말 내전으로 혼란에 빠지자 각각 복잡한 동맹관계의 인접국 군대를 불러들이는 바람에 1494~1559년 이탈리아 전쟁의 소용돌이에 휘말렸다. 이 전쟁에서 각축전을 벌인 주요 강대국은 프랑스와 에스파냐였다.

1494년 프랑스 왕 샤를 8세는 약 6만 5천 명의 대군(보병 4만 명)을 거느

피렌체에 입성하는 샤를 8세_프랑스의 왕(재위 1483~1498). 브르타뉴와 정략결혼해 그 영토를 확보했고 루이 11세의 부르고뉴와의 결혼정책 파기로 빚은 오스트리아와의 불화를 해결했다. 1494년 나폴리 왕이 죽었다는 소식을 듣고 이탈리아 원정을 결심하고 알프스를 넘어 피렌체에 입성했고 이어서 나폴리를 무혈점령했지만 신성로마제국의 방해를 받고 철수해 원정의 효과는 없었다. 그러나 이탈리아의 도시문화와 르네상스 문명에 매료되어 프랑스에 인문주의운동이 일어날 소지를 만들었다.

리고 알프스산맥을 넘어 이탈리아를 침공했다. 그는 저항을 거의 받지 않고 피렌체를 점령하고 로마로 진격해 이듬해 나폴리까지 함락시키고 베네치아와 밀라노 연합군에 승리를 거둬 이탈리아 전체를 수중에 넣었다. 그러나 이 침략은 모든 이탈리아 군소국뿐만 아니라 나폴리를 자신의 소유라고 주장하는 에스파냐 왕, 북부 이탈리아와 알프스 무역로의 안전에 관심이 컸던 신성로마제국 황제 등을 자극해 전쟁에 끌어들임으로써 전쟁은 확대되었다.

한편 스위스 용병들은 이 전쟁을 돈을 벌 기회로 반기고 이편저편에 가담하면서 무차별 전투를 벌였다. 초기에 샤를 8세의 혁혁한 승리는 소위 '콘도티에레(용병대장) 전쟁 시대'의 막을 내렸다는 점에서 큰 의의가 있었다. 이탈리아의 각 군주는 용병대장과 계약을 맺고 그에게 전쟁을 맡겼는데 일반적으로 용병대장은 전투를 피하고 기동훈련을 하는 식의 부드러운 전쟁을 진행했다. 그러나 샤를 8세의 군대는 질풍처럼 몰아치고 살육전을 전개해 콘도티에레 군대를 격멸해 이탈리아인들은 큰 충격을 받았다. 마키아벨리는 불후의 저서 《군주론》과 《전술론》에서 국가안보를 위해서는 군사력 육성과 군사개혁에 소홀하면 안 된다는 교훈을 후세 정치인과 군인들에게 강조했다. 특히 용병이나 원병이 아닌 국민군대의 필요성, 보병·포병 위주의 군사력, 결전을 통한 승리 추구 등을 역설했다.

프란체스코 스포르차와 밀라노

 밀라노 공국 창립 세력인 비스콘티 가문은 1277년 이후 밀라노 지역을 다스려온 유서깊은 명문 귀족가문이었다. 밀라노 공국은 15세기 들어 이탈리아 북부 통일을 목표로 다른 도시들을 위협했다. 1440년 베네치아, 피렌체, 교황령 연합군과 밀라노군은 앙기아리에서 격돌했다. 레오나르도 다 빈치가 묘사해 유명해진 이 전투에서 연합군이 승리해 피렌체는 이탈리아 중·북부에서의 패권을 지킬 수 있었다. 이후 비스콘티 가문의 남계(男系) 직계가 끊기자 비스콘티 가문의 용병대장에 불과했던 프란체스코 스포르차가 비스콘티 가문의 상속녀와 결혼해 밀라노를 지배하기 시작했다. 스포르차 가문 시대의 밀라노 공국은 중계무역을 틀어쥐고 나날이 부유해졌고 강력한 경제력을 바탕으로 북부 이탈리아 통일 야심을 드러냈다. 특히 1450~1535년 지속된 스포르차 가문 시대의 밀라노 공국은 비단무역 등으로 당대 르네상스 유럽 전체에서 가장 부유한 국가 중 하나가 되었고 수많은 예술가를 후원하며 르네상스 예술 발전에 지대한 영향을 미쳤다. 그러나 프랑스 왕국의 발루아 왕조와 에스파냐 합스부르크 왕조 간의 이탈리아 전쟁에 휘말려 네 번이나 약탈을 당해야 했다. 결국 1535년 에스파냐의 지배를 받았고 에스파냐 왕위계승 전쟁 이후 오스트리아 합스부르크 제국의 영토가 되었다. 지배 기간에도 공작 지위는 있었지만 공국

앙기아리 전투의 미스터리_레오나르도 다 빈치의 〈앙기아리 전투〉 그림은 사라졌으며 어디서도 찾을 수 없다. 위의 그림은 〈카시나의 전투〉를 묘사한 벽화다. 가로 6m, 세로 3m로 추정되는 이 벽화는 이탈리아 베키오 궁전에 있는 르네상스 미술의 거장 조르조 바사리의 프레스코 벽화로 뒷벽에 다 빈치의 앙기아리 전투 벽화가 그려져 있다. 1494년 피렌체는 시민들에 의해 메디치가를 쫓아내고 시의회를 조직하고 공화국을 세웠는데 이때 다 빈치와 미켈란젤로에게 베키오 궁전 대회의장 장식을 위한 〈앙기아리 전투〉와 〈카시나의 전투〉를 의뢰했다. 그후 다시 피렌체를 지배하게 된 메디치가는 조르조 바사리에게 베키오 궁전의 그림을 다시 그리도록 의뢰했다. "앙기아리 전투 그림을 지우고 그 위에 메디치 가문이 승리한 마르시아노 전투를 그려라." 바사리는 다 빈치를 존경해 그의 벽화를 살리기 위해 벽화 뒤에 3㎝의 틈을 두고 벽을 하나 더 만들어 자신의 그림 속에 암호 문자를 새겨넣어 후대 사람들에게 암시했다.

은 멸망한 것과 다름없었다.

● ●

바르톨로메오 콜레오니(Bartolomeo Colleoni, 1400~1475)

베네치아 공화국 총사령관이 된 이탈리아 출신 용병대장이다. 1454
년부터 베네치아 공화국의 수장으로 평생 현장 포병 전술의 선구자
로 '15세기 가장 앞선 전략가'라는 명성을 얻었다. 콜레오니 가문은 밀
라노 공국의 비스콘티 가문에 의해 추방당한 구엘프 자존 귀족 중 하
나였다. 어린 시절 그는 새로운 피아첸차의 통치자 필리포 다르첼로
(Filippo d'Arcello)의 수행원으로 첫 수련을 받은 이후 다양한 용병생활을
했는데 베네치아의 용병 장군인 카르마뇰라의 부관을 지내며 두각을
나타내기 시작했다.

1432년 베네치아에서 카르마뇰라가 사망한 후 콜레오니는 자신의
생애의 가장 큰 부분인 베네치아 공화국에서 복무했다. 프란체스코 1
세 곤차가가 명목상 총사령관이었음에도 콜레오니가 사실상 베네치
아군의 진정한 지도자였다. 그는 밀라노로부터 많은 도시와 지구를
탈환했고 곤차가가 적군에 넘어가게 되자 브레시아, 베로나, 가르다
호에서 승리를 거둔 에라스모 다 나르니와 프란체스코 스포르차 지도
하에 베네치아 군대에서 복무했다.

콜레오니의 기마상_바르톨로메오 콜레오니 용병대장을 기리는 기마상으로 1488년 베로키오가 사망할 당시는 원형밖에 완성되지 않았지만 이후 알렉산드로 레오파르디에 의해 주조되었다. 파도바에 있는 도나텔로의 가타멜라타 기마상과 함께 이탈리아 · 르네상스의 2대 기마상으로 유명하다.

1441년 밀라노와 베네치아 간에 평화가 이뤄지자 1443년 콜레오니는 스포르차와 함께 밀라노로 건너갔다. 그리고 1448년 콜레오니는 스포르차 곁을 떠나 베네치아로 돌아갔다. 베네치아 총사령관으로 선출되지 않은 데 실망한 그는 다시 한 번 스포르차 세력으로 등을 돌렸지만 베네치아는 그가 없으면 작전 수행을 할 수 없어 인상된 보수를 그에게 제시해 그를 돌아오게 했고 1455년 그는 베네치아 공화국 총사령관에 임명되었다. 베네치아는 평화기에도 가끔 그의 재산문제로 분쟁이 일어났으며 그가 죽을 때까지 공화국의 전쟁 처리를 맡았다. 그를 기리는 베네치아의 산티 조반니 파올로 광장에 있는 르네상스 기마상은 세계에서 가장 아름답고 큰 기마 동상 중 하나다.

● ●

스위스 용병 라이슬로이퍼(Reisläufer)

라이슬로이퍼는 '전쟁에 나가는 자'라는 뜻으로 스위스 용병을 가리킨다. 정확한 유래는 알 수 없지만 내륙국이고 국토의 70%가 산악지대여서 무역과 산업 발달의 기틀이 빈약했던 스위스에서 용병은 하나의 산업으로 발전했다. 13세기 말부터 스위스 농민들은 오스트리아 합스부르크 왕가의 압제에 맞서 싸웠으며 농민 장창대(長槍隊)가 제국의 귀족 기병대를 무찔러 명성을 떨쳤다.

당시 스위스는 각 주의 지방정부에서 민병대를 운영했으며 전란을 겪는 지역에서는 돈을 주고 전투력이 증명된 스위스 민병대를 고용해 전투 현장에 투입했다. 스위스 용병의 출중한 전투력은 물론 다른 용병에서는 찾아보기 힘든 엄격한 규율과 투철한 충성심으로 무장해 14~16세기 르네상스 시대에 두각을 나타냈다. 스위스 용병은 알프스 산악지대를 근거로 보병으로 구성되었고 장창과 미늘창으로 무장한 밀집방진(密集方陣)을 펼쳐 적 기병부대를 무력화시켰다. 이들은 전사(戰死)를 명예롭게 생각해 전장의 위태로운 상황에서도 결코 진형을 흐트러뜨리지 않았고 포로를 생포하지 않고 전멸시키는 전술로 적에게 공포감을 주었다. 독일에서는 이들의 활약을 보고 란츠크네흐트(Landsknecht)라는 독일 용병을 육성했으며 니콜로 마키아벨리도《군주론》에서 이들의 탁월한 전투력을 언급했다. 화기(火器)가 본격적으로 등장하기 전까지 이들은 유럽 최강 전력으로 프랑스, 이탈리아, 스페인 등의 전장에서 활약했다. 스위스 용병은 영국과 프랑스의 백년전쟁, 부르고뉴 공국과 프랑스의 부르고뉴 전쟁, 스페인 왕위계승 전쟁(스페인 계승 전쟁), 폴란드 왕위계승 전쟁, 오스트리아 왕위계승 전쟁(오스트리아 계승 전쟁), 나폴레옹 전쟁 등 역사적인 전쟁에 참여했다. 특히 프랑스는 스위스 용병을 고용해 핵심 전력으로 삼았고 루이 13세(재위 1610~1643)가 궁전 경호를 맡겨 프랑스 혁명 때까지 스위스 근위대로서 왕실을 호위했다.

빈사의 사자상_1792년 프랑스 혁명 당시 마지막까지 루이 16세를 지킨 786명의 스위스 용병을 기리는 작품으로 덴마크 조각가 토르 빌센에 의해 만들어졌다. 조각상은 작은 연못을 사이에 두고 커다란 바위를 깎아 만들었다. 사자의 등에 꽂힌 부러진 창과 방패를 베고 잠든 사자의 모습에서 스위스 용병들의 용맹함과 쓸쓸했던 최후를 상상할 수 있다. 그리고 사자상 아래쪽에는 당시 전사한 용병들의 이름이 새겨져 있다.

프랑스 혁명이 한창이던 1792년 8월 10일 성난 군중이 궁전으로 몰려오자 루이 16세와 왕비 마리 앙투아네트는 피신했지만 스위스 근위대는 피하지 않고 끝까지 남아 궁전을 지키다가 786명이 전멸했다. 프랑스 화가 장 뒤플레시 베르토(Jean Duplessis-Bertaux)는 1793년 《스위스 근위대 학살(Massacre of Swiss Guards)》을 그려 당시 상황을 묘사했다. 또한 1821년 스위스 루체른에는 '빈사(瀕死)의 사자상'이라는 〈사자 기념비〉가 세워져 스위스 용병의 충성심과 용기를 기리고 있다.

13
CHAPTER

원군과 혼성군, 자국군에 대하여

《군주론》13장 요약

원군은 당신을 돕기 위해 다른 통치자가 보낸 군대다. 용병과 마찬가지로 그들이 패하면 당신은 망가뜨리고 그들이 이기면 당신은 그들의 힘에 제압당한다. 원군은 다른 사람들에게 순종하도록 훈련받고 연합된 몸으로 당신에게 온다. 용병은 지도자 뒤에 단결하지 않아 덜 위험하다. 현명한 군주는 원군의 승리가 실제 승리가 아니므로 자신의 군대를 잃을 것이다. 자체 군대가 없는 공국은 자신의 힘이 아닌 재산에 달려 있어 실제로 안전하지 않다. 자신의 힘에 근거하지 않은 권력의 명성보다 약한 것은 없다.

● ●

원군으로부터 겪은 근래의 위험한 예들

원군이란 군주가 외부의 강력한 통치자에게 도움을 요청했을 때 그를 돕고 방어하기 위해 파견된 군대로 이것도 용병처럼 쓸모없는 군대라고 할 수 있다. 최근 교황 율리우스는 자신의 용병부대가 페라라 전투에서 별다른 전과를 못 올리자 에스파냐의 왕 페르난도로 하여금 자신을 도와줄 군대를 파견시켜 원군을 이용했다. 원군 자체는 유용하고 쓸모 있겠지만 원군을 요청하는 자에게 거의 항상 해를 끼친다. 원군이 패하면 군주는 몰락하고 승리하면 그들의 볼모가 되어야 하기 때문이다.

고대사에도 수많은 예가 있지만 나는 최근 교황 율리우스 2세의 예를 논하겠다. 그의 결정은 너무 성급했다고 평가할 수밖에 없다. 그는 페라라를 얻기 위해 자신을 외국인의 손아귀에 완전히 내맡겼다. 운이 좋았던 그는 그릇된 선택의 결과를 감당하지 않을 수 있었다. 원군이 라벤나에서 패주했지만(1512년 4월 11일) 율리우스 교황은 물론 모든 사람의 예상을 뒤엎고 스위스가 거병해(1512년 5월 말) 정복자(프랑스 군대)를 몰아내 교황은 패주한 적군의 포로가 되지 않았고 자신의 원군이 승리한 것도 아니어서 그들의 손아귀에 빠지지도 않았다. 또한 비무장 상태이던 피렌체는 피사를 차지하기 위해 1만 명의 프랑스 병력을 끌어들였다. 이 정책으로 피렌체는 역사상 그 어떤 고난보다 힘든 시련을 맞아야 했다.

마찬가지로 콘스탄티노플의 황제(요하네스 6세. 1347년 투르크의 도움으로

콘스탄티노플의 함락_'세계가 열망하는 도시'라고 불렸던 콘스탄티노플은 1453년 5월 29일 오후, 술탄 메메드 2세에 의해 점령되었다. 1453년 4월 메메드의 병사들이 포위했을 때만 해도 천 년을 버텨온 성벽이 도시를 지키고 있었다. 그러나 콘스탄티노플을 공격하기 위해 메메드가 투르크와 세르비아 군대 8만 명과 강력한 함대를 결집한 반면, 비잔틴 황제 콘스탄티누스 11세는 방어를 위해 고작 7천 명밖에 모을 수 없었다. 메메드는 헝가리의 포병 전문가가 주조한 육중한 대포를 이용해 성벽을 때려 부수었는데 이는 비잔틴인이 도저히 당해낼 수 없는 최첨단 기술이었다.

콘스탄티노플을 차지했고 전쟁은 1352년 재발해 요하네스 6세가 다시 투르크의 도움을 받았지만 끝내 퇴위했다)는 동족인 그리스 세력과 싸우기 위해 1만 명의 투르크 병력을 유치했는데 전쟁이 끝난 후 투르크 군대가 돌아가려고 하지 않은 것이 발단이 되어 그리스에 대한 이교도의 지배가 시작되었다(콘스탄티노플이 함락된 1453년 완성되었다).

● ●

원군으로 진정한 승리를 얻을 수 없다

그러므로 정복을 원하지 않는 군주만 원군을 이용해야 한다. 원군은 용병보다 훨씬 위험하므로 지원군을 끌어들이는 것은 파멸을 자초할 것이 확실하다. 원군은 결속된 세력이며 요청한 군주가 아닌 타인의 명령에만 복종한다. 그러나 용병은 승리를 거둔 후에도 군주를 해치는 상황에 이를 때까지 꽤 오래 걸리고 더 좋은 기회도 필요하다. 용병은 군주가 고용해 보수를 주므로 결속력을 보이지 못하며 군주가 그들의 지도자로 임명한 외부 인물은 군주에게 해를 끼칠 만한 권위를 단시간에 구축할 수 없다. 간단히 말해 용병은 그들의 비겁함이나 전투를 기피하는 태도가 위험하고 원군은 그들의 능숙함과 용기가 위험하다.

자신의 군대를 완벽히 장악한 체사레 보르자

현명한 군주는 항상 이 같은 형태의 군대를 이용하는 것을 피하고 자신의 백성으로 구성된 군대를 양성한다. 그들은 외국 군대를 이용해 정복하는 것보다 차라리 자신의 군대로 패하는 것을 택한다. 외국 군대를 이용해 얻은 승리는 진정한 승리가 아니라고 생각하기 때문이다. 그 좋은 예로 나는 주저없이 체사레 보르자의 업적을 추천한다. 공작은 프랑스 병사들로만 구성된 원군을 끌어들여 로마냐를 침공했으며 그들과 함께 이몰라와 포를리를 점령했지만(1499년 11월과 1500년 1월 사이) 용병을 뒤늦게 기용했다. 용병이 덜 위험하다고 판단해 오르시니파와 비텔리파 용병을 고용했다. 그러나 그들의 가치나 충성심이 의심되자 그들을 해체하고 자신의 백성들로 군대를 편성했다. 이 세 가지 군대의 차이는 공작이 프랑스 군대를 사용했을 때와 오르시니파와 비텔리파 군대를 사용했을 때와 자신의 군대를 육성해 군사적으로 자립했을 때 그가 누린 명성을 비교하면 명백히 드러난다. 그가 자신의 군대를 완벽히 장악했음을 봤을 때 그는 더 높은 명성을 떨쳤고 어느 때보다 존경받았다.

히에론과 다윗의 예들

나는 최근 이탈리아에서 일어난 예만 인용하려고 했음에도 시라쿠사 히에론의 경우를 앞에서 이미 말해 그의 일화를 빼놓을 수가 없다. 그는 앞에서 말했듯이 시라쿠사인들이 그를 장군으로 임명한 후 그 용병들이 이탈리아 용병과 비슷한 부류의 쓸모없는 부대임을 즉시 깨달았고 그로서는 부대를 유지하거나 해체할 수도 없어 그들을 모두 참살하고 나서 외국군의 지원 없이 자신의 병력만으로 전쟁을 수행했다.

또한 나는 이 같은 문제에 적용할 수 있는 적절한 예를 《구약성서》〈사무엘 상〉에서 살펴보겠다. 다윗(이스라엘 백성의 위대한 왕 다윗은 사울 왕을 위해 블레셋의 거인 골리앗과 싸울 당시 어린 목자 소년이었다. 다윗이 사울의 갑옷을 거부한 것은 《구약성서》〈사무엘 상〉 17:38-40에 나와 있다)이 팔레스타인 용사 골리앗과 싸울 것을 제안했을 때 사울은 용기를 북돋아주기 위해 다윗에게 자신의 무기와 갑옷을 내줬다. 그러나 그것을 한 번 사용해본 다윗은 제대로 사용할 수 없어 자신의 투석기와 단검으로 상대하겠다며 사양했다. 간단히 말해 남이 쓰던 무기와 갑옷은 자신에게 잘 맞지 않거나 부담이 되거나 움직임을 제약할 뿐이다.

용병을 쓰면서 프랑스가 저지른 어리석음

루이 11세의 부친 샤를 7세는 자신의 행운과 용맹함으로 프랑스를 영국으로부터 해방시킨 후 자신의 군대를 육성할 필요성을 느껴 기병과 보병 징병법령을 확인했다. 훗날 그의 아들 루이 왕은 보병을 폐지하고 스위스군을 고용하기 시작했다. 이 크나큰 실수는 이제 와 명백해진 또 다른 실수들과 결부되어 프랑스 왕국을 현재와 같은 위기 상황으로 몰아넣었다. 스위스 군대의 입장을 강화시킨 결과, 그는 나머지 군대의 사기를 저하시켰다. 보병을 해체하고 기병을 외국 군대에 의존하도록 만들었기 때문이다. 스위스 보병과 연합해 싸우는 데 익숙해진 기병들은 그들 없이는 정복도 할 수 없다고 생각하는 지경이 되었기 때문이다. 그 결과, 프랑스군은 스위스군보다 열등한 지위에 놓였고 스위스군 없이는 적 앞에 허약한 모습으로 나타나는 지경이 되었다.

이같이 프랑스 군대는 용병과 자국군이 섞인 혼성군이 되었다. 그 같은 방식으로 구성된 혼성군은 순수한 원군이나 용병 부대보다는 훨씬 낫지만 순수한 자국군에는 비할 바가 아니었다. 이 같은 예에서 알수 있듯이 샤를 왕이 제정한 모병제를 발전시켰거나 적어도 유지만 했다면 프랑스 왕국은 무적이 되었을 것이다. 그러나 인간이란 판단력이나 선견지명이 부족해 내가 앞에서 소모성 열병을 말했듯이 보이는 정책과 그 속에 감춘 독성(숨긴 결함)을 구분하지 못하고 실행에 옮겼다. 따라서 독성이 퍼지기 전인 초기 단계에 그것을 간파하지 못하는 군주는 현명하다고 할 수 없으며 이 같은 재능은 소수만 가졌을 뿐이다. 로마 제국의 초기 쇠퇴 원인을 살펴보면 고트족(스칸디나비아반도에서 기원한 동게르만족의 일파로 서로마제국의 붕괴와 뒤따른 중세 시대의 도래를 촉발하는 데 큰 역할을 한 민족이다. 최초 거주지는 동부 스웨덴 지역이었는데 1세기경 발트해 연안과 비스와강 유역으로 옮겨 왔다. 스칸디나비아에 남은 일파는 기트족으로 불렸고 남하한 고트족은 슬라브족과 바스타르네인들의 뒤를 따라 로마 제국의 변경(邊境)에까지 이르러 로마 제국의 일부를 점령했다. 3세기경 동고트족과 서고트족으로 나뉘었다)을 용병으로 활용하면서 비롯되었음을 알 수 있다. 그 정책이 로마 제국의 힘을 약화시키기 시작했고 거기서 유출된 모든 활력을 고트족이 흡수했다.

● ○

자신의 군대가 없는 군주는 절대로 안전하지 않다

결론적으로 자신의 군대가 없으면 어떤 군주국이든 절대로 안전하지 않다. 위기가 닥쳤을 때 자신을 방어할 힘이 없어 행운에만 의존해야 한다. '자신의 힘에 기반하지 않은 권력의 명성만큼 취약하고 불안정한 것도 없다'라는 것이 현명한 사람들의 판단이자 믿음이다. 자신의 군대란 자신이 통치하는 국가의 백성, 시민, 부하로 구성된 군대이며 그 외는 모두 용병이나 원군이다. 자신만의 무력을 조직하는 올바른 방법은 앞에서 인용한 네 명(체사레 보르자, 히에론, 샤를 7세, 다윗)의 경우를 살펴보고 알렉산더 대왕의 부친인 필리포스를 비롯한 수많은 통치자와 공화국이 자신의 국가를 무장하고 조직한 방법을 이해하면 쉽게 알 수 있다. 나는 다른 세력의 군대를 이용하지 않고 자신의 군대를 가졌던 군주의 지혜에 전적으로 동감한다.

《군주론》 13장 분석

마키아벨리는 다른 통치자가 빌려준 부대인 원군이 용병보다 훨씬 파괴적이라고 생각했다. 용병은 사리사욕에 불과하지만 원군은 실제로 다른 사람, 즉 당신을 정복하기 위해 그들을 사용할 수 있는 원군의 군주에게 충성을 바친다. 다른 사람에게 속한 힘을 사용하면 그의 힘에 빠진다. 유일한 진정한 힘은 '자급지족'이라는 주제로 되돌아가 마키아벨리는 그 승리가 그들에게 속하기 때문에 다른 세력의 힘으로 승리하는 것보다 자신의 군대로 패하는 것이 낫다고 주장했다. 군주가 자신의 시민이나 피험자의 군대를 배치할 수 없다면 진정한 힘이 없는 것이다. 왕자 자신의 힘인 비르투(virtù, 능력)는 행운이나 호의에 의존하는 것보다 항상 바람직하다.

14
CHAPTER

군주는 병사에 관해
어떻게 처신해야 하는가

《군주론》 14장 요약

전쟁 연구는 군주의 주요 목표가 되어야 한다. 전쟁은 통치자의 유일한 예술이기 때문이다. 전쟁 관련 지식은 매우 중요해 군주가 권력을 유지할 수 있을 뿐만 아니라 시민으로부터 군주를 만들 수 있다. 군주가 이 예술을 연구하기에 너무 세련되면 상태를 잃는다. 비무장 상태가 되면 다른 사람들이 당신을 경멸하게 된다. 무장하지 않은 자가 비무장한 자에게 복종하길 기대할 수는 없으므로 군사문제를 이해하지 못하는 군주는 병사들과 잘 일할 수 없다. 평시에도 군주는 연습과 공부로 전쟁에 집중해야 한다. 사냥은 군주의 신체를 단련시키고 주변 지형에 더 익숙해지도록 해주는 훌륭한 운동이다. 군주는 항상 지리의 군사적 이점을 최대한 활용하는 방법을 자신에게 물어야 한다. 또한 위인의 역사와 그들이 전쟁을 어떻게 벌였는지 읽어 결정을 내려야 한다. 위대한 지도자들은 항상 그들 앞에 있었던 합당한 모범의 자질을 모방하기 위해 노력했다. 좋은 시기에 그들의 교훈을 연구함으로써 군주는 행운이 바뀔 때 준비될 것이다.

전쟁은 군주의 직업이다

군주는 전쟁 관련 전술과 군사훈련 외에도 어떤 일이든 목표로 삼거나 관심을 가지거나 몰두하면 안 된다. 전쟁 관련 업무는 통치자에게 어울리는 유일한 예다. 이 같은 예는 세습 군주가 그 지위를 보존하도록 해줄 뿐만 아니라 종종 일개 시민을 군주로 만들어줄 만큼 효과적이다. 반면 군주가 군대 관련 업무보다 사치스러운 일에 몰두하면 그 지위를 잃을 것은 명백하다. 그 주요 원인은 군사문제에 대한 무관심이며 권력을 얻는 이유는 군사문제에 정통하기 때문이다.

프란체스코 스포르차는 자신이 유능한 무인인 덕분에 평범한 시민 출신으로 밀라노 공작 지위에 올랐다. 그의 아들들은 힘든 군대생활에서 도망쳐 군주의 지위에서 평민의 지위로 다시 전락했다. 군주는 이떤 나쁜 요인보다 무력을 제대로 갖추지 못했을 때 경멸당한다. 앞으로 말하겠지만 이 같은 상황은 군주 스스로 경계해야 할 수치스러운 상황 중 하나다. 무력(군사력)을 갖춘 자와 갖추지 못한 자 사이에는 엄청난 차이가 존재하므로 무력을 갖춘 자가 갖추지 못한 자에게 복종하거나 무력을 갖추지 못한 자가 무력을 갖춘 군인들 사이에서 안전을 기대할 수는 없다. 무력이 없는 자는 줄곧 의심을 품고 두려워할 것이고 무력을 갖춘 자는 줄곧 경멸하므로 함께 일을 잘해나갈 수 없다. 따라서 이미 말한 다른 불리한 점 외에도 군사업무에 정통하지 못한 군주는 병사들의 존경을 받지 못하고 그도 신뢰하지 못하게 된다.

● ●

평화기에 준비해야 할 일들

행동에 관해 군주는 무엇보다 군사에 관심을 가져야 하며 평화로울 때도 전시보다 더 관심을 가져야 한다. 이 준비에는 실제 훈련과 연구 두 가지 방법이 있다. 훈련을 말하자면 군대 기강을 잡고 훈련시키는 것 외에도 군주는 평소 자주 사냥을 나서 신체를 단련하는 동시에 지형도 익혀야 한다. 즉, 강과 늪의 특징은 물론 산은 어떻게 솟아 있고 계곡은 어떻게 전개되며 평원은 어떻게 펼쳐져 있는지 알아야 한다. 군주는 이 같은 사안에 많은 관심을 기울여야 한다. 이 같은 일에는 큰 고통이 따르겠지만 지형을 익혀두어야 후환이 없다. 이 같은 지식을 갖추면 두 가지 이점이 있다.

군주가 국토의 산간벽지까지 지형에 통달했다면 유사시 병력을 어떻게 배치할지 명확한 답을 얻을 수 있고 자기 나라 각 지방 지형의 특색에 익숙해지면 전시에 자신이 다른 지방을 정찰해야 할 때 쉽게 파악할 수 있다. 예를 들어, 토스카나의 언덕, 계곡, 평원, 강과 습지는 다른 나라의 언덕과 비슷해 한 나라의 측면 지식으로 다른 나라의 지식에 쉽게 도달할 수 있다. 지리적 요인 파악 능력이 부족한 군주는 훌륭한 지휘자의 자질인 첫 번째 조건이 없는 것이다. 이 같은 지형 파악 능력은 전시에 군주가 적이 어디에 어떻게 숨어 있는지 쉽게 알게 해주고 아군의 야영지를 어디에 정하고 병력을 어떻게 기동시켜 전투에 투입할지 쉽게 풀어준다.

아카이아인들의 군주였던 필로포멘(기원전 253~184년, 아카이아 연맹의 명장으로 강력한 군사적 기반을 닦고 아카이아 독립을 위해 노력했다. 기원전 208년 초대 장군으로 선출되어 스파르타 나비스를 여러 번 격파했다)은 평화기에도 전투 전략 외에는 아무 것에도 관심이 없어 역사가들의 칭찬이 자자하다. 그는 산골짜기를 친구들과 함께 걷다가도 갑자기 걸음을 멈추고 그들과 추론했다. "적이 저 산 언덕에 있고 우리가 아군과 함께 이 산 아래에 있다면 어느 편이 유리할까? 대열을 흐트리지 않고 작전을 어떻게 수행할 수 있을까? 아군이 후퇴하려면 병력을 어디로 어떻게 이동시켜야 할까? 적이 이곳에서 후퇴한다면 아군은 어떤 작전이 최선의 추격 방법일까?"

필로포멘은 항상 이 같은 식으로 지형을 익혔다. 그는 친구들과 다니며 그의 군대에서 일어날 모든 사건을 이야기해주면서 친구들의 의견을 물었다. 그는 친구들의 의견을 듣고 여러 근거를 대가며 자신의 의견을 입증했다. 항상 쉬지 않고 특수한 상황을 연구한 결과, 예상하지 못한 비상사태에서도 그의 군대를 훌륭하게 지휘할 수 있었다. 탁월한 훈련을 시키려면 군주는 역사를 읽고 위인들이 어디에 있었는지 연구해 승리는 모방하고 패배는 피해야 한다. 군주는 역사에 밝아야 하며 위인들의 행적을 본받아야 한다. 칭찬받고 명성이 높은 역사적 인물들을 지표 삼아 항상 그들의 행동과 업적을 마음 깊이 새겨야 한다.

알렉산더 대왕은 아킬레스(Achilles, 《일리아드》에 나오는 영웅이다)를 흠모했고 시저(Caesar)는 알렉산더를, 스키피오(Scipio, 기원전 234~183년. 위대한 로마의 장군으로 스페인과 아프리카를 석권했다)는 키루스(Cyrus, 페르시아 제국의 창설자로 기원전 529년 전사했다)를 모방했다고 전해진다. 크세노폰(Xenophon, 아테네인으로 기원전 401년 키루스 휘하의 그리스 군대와 연합해 아르탁서세스에 맞서 싸웠다)이 쓴 《키루스 전기》를 읽는 자는 누구나 스키피오의 영광스러운 승리가 키루스의 행적을 얼마나 많이 본받았고 스키피오의 고고한 도덕성과 예의범절, 인간성과 관용이 크세노폰이 묘사한 키루스와 얼마나 비슷한지 알게 될 것이다. 현명한 군주라면 이 방법을 따라야 한다. 군주는 평화기에 안일한 생활을 하면 절대로 안 된다. 역경에 처했을 때 오히려 유리한 결과를 가져오도록 끊임없이 연구해야 한다. 그래서 행운의 여신이 자신의 곁을 떠나더라도 곧 불운에 저항할 의기(意氣)를 길러야 한다.

《군주론》 14장 분석

14장은 마키아벨리의 군대에 대한 논의의 끝과 군주의 성격에 대한 그의 탐구의 시작이다. 군대라는 주제를 떠나기 전 마키아벨리는 군사문제에 너무 부드러워지는 군주들과 이별할 생각이 있었다. 스포르차는 이런 점에서 마키아벨리의 마음에서 가장 중요한 인물이었고 용병으로서의 기술 때문에 오직 한 세대에 평민에서 공작으로 옮겨갔고 다음 세대에는 공작에서 평민으로 전락했다. 이 관찰은 때때로 군사지도력이 부족하다는 이유로 주목할 만한 메디치 가문에 대한 경고로 해석된다. 당시 대부분의 이탈리아 군주들과 달리 그들은 권력 확보를 위해 무기보다 부와 외교술에 의존했다. 군사력은 마키아벨리 시대에 정상에 오르는 지극히 현실적인 방법이었다. 치열한 이탈리아 정계에서 비무장한 군주는 그의 더 격렬한 이웃에 의해 금방 박탈당할 것이다. 더 중요한 것은 마키아벨리가 큰 막대를 들고 있다고 주장한 것이다. 무장하지 않은 자가 무장한 자를 지휘하길 아무도 기대할 수 없기 때문이다.

마키아벨리는 군주를 날카롭게 유지하기 위해 신체적, 정신적 훈련을 모두 권했다. 사냥은 중세와 르네상스 시대에 가장 좋아하는 취미 중 하나로 훌륭한 운동으로 널리 추천되었고 마키아벨리는 사냥을 정찰할 기회로도 생각했다. 그는 다소 과장일지 모르지만 군주는 항상 앞날의 사건을 생각하고 잠재적 문제에 대비해야 한다고 3장에서 처음 지적했다. 정신운동은 역사 연구와 관련 있다. 르네상스 시대 인본주의 학자들은 역사, 특히 고전 그리스와 로마의 역사와 그들의 교훈 모방 연구를 높이 평가했다. 이 인본주의 전통에서 마키아벨리는 고전 역사에서 많은 예를 그려 현대 사건의 교훈과 혼합했다. 그는 위대한 역사

지도자들의 개인적 자질에 대한 토론으로 장을 마쳤고 이것은 책의 다음 부분인 군주의 행동과 성격이라는 주제로 그를 안내한다.

군주론
HISTORY

● ●

스키피오 아프리카누스(Scipio Africanus, 기원전 235~183년)

스키피오 명문가에서 출생한 아프리카누스는 기원전 204~202년 2차 포에니 전쟁 중 한니발의 군대를 아프리카 자마 전투에서 격파해 유명해졌고 '아프리카누스'라는 칭호는 이것을 기념한 것이다. 그는 한니발을 격파하기 전인 17살 때 티키누스 전투와 트레비아강 전투에서 아버지를 구출했고 기원전 211년 24살의 나이로 라일리우스와 함께 히스파니아 방면 지휘관으로 2만 5천 명과 파견되어 도주병을 수습해 바이쿨라 전투에서 승리를 거뒀다.

이후 히스파니아의 한니발 군대를 여러 번 물리치고 일리파 전투에서 히스파니아 총독 마고 휘하의 7만 4천 명의 대군을 5만 8천 명의 병력으로 격파해 완전히 정복하고 기원전 206년 귀국해 이듬해 불과 30세의 나이에 집정관에 올라 기원전 204년 3만 8천 명의 병력으로 아프리카로 진군해 자마 전투에서 대승을 거두고 카르타고의 항복조약을 이끌어냈다. 귀국한 스키피오는 기원전 199년 감찰관에 선출되어 기원전 195년까지 감찰관으로 지냈다.

기원전 194년과 기원전 190년 실질적인 집정관이 되어 안티오코스 군대를 마그네시아 전투에서 물리쳤다. 기원전 190년 시리아 원정에서도 공을 세워 '노(老) 스키피오'로 유명하다. 그는 새로운 전술 채용, 무기 개량 등으로 기존 로마 전법을 바꾸었다. 싸움에서 늘 승리해 알렉산더의 재현이라는 존경을 받았다. 스키피오 아프리카누스는 자마 전투에서 한니발을 물리친 후 로마 원로원의 1인자 '프린켑스'를 15년 동안 지냈다.

기원전 184년 자신을 제거하려는 정적 대 카토의 음모로 동생이 쓴 500달런트의 사용처를 추궁받아 고발되었다가 결국 원로원에서 물러나 이듬해 52세의 나이에 죽었다. 자신이 살린 조국에 의해 고발당하자 화가 난 스키피오 아프리카누스는 "배은망덕한 조국이여, 그대는 내 뼈를 갖지 못할 것이다."라며 가족묘에 묻히길 거부하는 유언을 남겼다.

스키피오 아프리카누스의 흉상_로마의 정치가 · 장군. 대(大) 아프리카누스라고
도 부른다. 새 전술 채용, 무기 개량 등 기존 로마 전법을 일신했다. 기원전 203년
카르타고 군대를 섬멸하고 202년경에는 한니발을 자마 전투에서 크게 물리치는
등 여러 싸움에서 항상 승리해 알렉산더의 재현이라는 존경을 받았다.

스키피오의 관용

스키피오는 무척 신사적이고 자비로웠던 것 같고 이를 뒷받침하는 기록도 많이 남아 있다. 스키피오가 카르타고를 점령하고 로마 병사들은 셀티베리안 지역의 공주를 포로로 잡아 왔다. 당시 포로는 전리품으로 특히 아름다운 여인은 최고사령관의 노예나 첩으로 삼았다. 그녀의 고향과 가문을 알아내던 중 스키피오는 그녀가 알루키우스라는 젊은 갈리아 귀족의 약혼자임을 알게 되었다. 그는 즉시 그녀의 부모와 그녀를 죽을 만큼 사랑하는 약혼자를 불렀다. 약혼자가 도착하자 스키피오는 흔히 아버지들이 쓰는 말투보다 더 사려 깊게 말했다. "나도 젊습니다. 그런 제가 그대에게 나 자신의 이야기를 하려고 하니 모든 겸양은 제쳐두고 편히 이야기합시다. 그대의 약혼녀께서 병사들에게 끌려왔을 때 나는 그대가 그녀를 무척 사랑한다는 것을 알았습니다. 그녀의 미모를 보면 알 수 있죠. 내 나이에 어울릴 만한 즐거움을 누리는 것이 허락되는 지위에 내가 있었다면 나랏일에 몰두하는 대신 그녀를 열렬히 사랑했을 겁니다. 순수하고 정당한 사랑에 빠지는 것 말입니다. 지금 내게는 다른 사람의 사랑, 바로 그대의 사랑을 빼앗을 힘이 있지만 그대의 약혼녀는 내 보호하에 들어온 후 부모의 보살핌과 같은 보살핌을 받아 왔습니다. 그녀는 우리 둘 모두에게 가치가 있는, 더럽혀지지 않은 선물로 그대에게 선사되기 위해 남았습니다.

그 보답으로 나는 그대에게 로마의 친구가 되어 줄 것을 요구합니다. 이곳 민족들이 내 아버지와 숙부의 고결함과 정직을 경험했듯이 그대도 나를 그와 같다고 믿어주신다면 로마에는 그런 사람이 많고 세상 어디에도 그대의 부족에게 우리 로마와 같은 친구가 없다는 것을 알아주십시오." 처녀의 약혼자는 부끄럽고도 기쁨에 겨웠다. 그는 스키피오의 손을 잡았다. 스키피오가 보여준 친절함에 상응하거나 자신의 마음에 차는 보답을 하기란 사실상 불가능해 그는 스키피오에게 보답할 수 있게 해달라며 모든 신에게 기도했다.

잠시 후 처녀의 부모와 친척이 불려왔다. 그들은 그녀의 몸값으로 막대한 양의 금을 가져왔는데 그녀가 몸값을 내지도 않고 자유롭게 풀려나자 스키피오에게 황금을 선물로 받아달라고 간청했다. 그들은 그가 선물을 받아주는 것이 그녀가 상처 하나 없이 무사히 반환된 데 대한 큰 감사의 의미로 기억될 거라고 말했다. 그들이 선물을 받으라고 집요하게 재촉하자 스키피오는 선물을 받겠다고 말하고 그것을 자기 발밑에 두라고 명령했다. 그리고 알루키우스를 불러 "그대는 미래의 장인어른에게서 받을 결혼지참금 외에도 제 결혼선물로 이 황금도 받을 겁니다."라고 말했다. 그러자 알루키우스는 그 금을 받아 소중히 보관하겠다고 말했다. 그는 스키피오에게서 받은 선물과 명예로운 대접에 매우 기뻐하며 집으로 돌아갔고 고향사람들의 귀를 스키피오가 받아 마땅한 찬양으로 채우고 그를 따르는 자 중에서 병사들을 모

스키피오의 관용_안드레아 카살리의 그림은 기원전 209년경 에스파냐에서 일어났다고 전해지는 전설에서 영감을 얻었다. 그림은 스키피오가 재결합한 것으로 추정되는 사람의 가족 중 한 명의 이야기를 담고 있다. 스키피오가 자신에게 바쳐진 여성을 가족에게 돌려보내는 관용을 보여주는 장면을 묘사하고 있다.

으기 시작했고 며칠 후 1,400명의 정예 기병대를 이끌고 스키피오 진영으로 돌아왔다.

　이 이야기는 리비우스의 《로마사》에 수록되어 있는데 훗날 마키아벨리는 그의 역작 《로마사 논고》에서 이 일화를 인용해 한니발은 '두려움을 얻는 장군'이었고 스키피오는 '사랑을 받는 장군'이었으며 두 명장은 정반대 방식으로 승리와 명예를 얻었다고 평했다.

15
CHAPTER

인간, 특히 군주가 칭송이나
비난을 받을 일들

《군주론》15장 요약

사람들의 행동방식은 너무 달라 마땅히 해야 할 일을 하려는 군주는 자신을 망칠 것이다. 군주는 언제 부도덕하게 행동해야 하는지 알아야 한다. 모든 사람은 군주가 모든 훌륭한 자질을 갖춰야 한다는 데 동의하지만 그것은 불가능하므로 현명한 군주는 자신의 힘을 파괴하고 나머지는 걱정하지 않을 악덕을 피할 것이다. 유덕하게 보이는 행동은 군주를 망치고 악덕으로 보이는 행동은 군주를 번영시킬 것이다.

● ● ●

윤리적 공상과 엄연한 현실

이제 군주가 자신의 백성과 동맹관계인 사람들에게 어떻게 행동해야 하는지 논의하겠다. 나는 많은 사람이 이 문제에 관한 글을 남겼음을 잘 안다. 내 주장이 그들이 제안한 원칙과 많이 달라 나를 건방지다고 생각할지 걱정이다. 하지만 이 문제를 적절히 이해할 수 있는 모든 사람에게 도움이 되도록 하려는 것이 내 의도이므로 이론이나 사변보다 사물의 실체적 진실을 추구하는 것이 낫다고 생각한다. 그동안 많은 사람이 현실에서 존재했다고 알려지거나 목격된 적이 전혀 없는 공화국이나 군주국을 상상해왔기 때문이다(플라톤의《국가》및 지배자의 이상과 의무를 강조한 고대 저술가를 지칭한다). 그러나 '인간이 어떻게 사는가'와 '인간이 어떻게 살아야 하는가'는 전혀 다른 문제이므로 일반적으로 해야 하기 때문에 해야 되는 일을 등한시하는 군주는 권력을 보존하기보다 잃기 쉽다. 늘 선한 행동을 해야 한다고 주장하는 사람이 무자비한 군중 속에 둘러싸여 있다면 그의 몰락은 불가피하므로 자신의 지위를 유지하려는 군주는 필요하다면 부도덕한 행동을 할 태세가 되어 있어야 한다.

● ●

군주가 추구해야 할 성품과 피해야 할 평판

그러므로 나는 군주의 처신에서 일어날 수 있는 것을 제쳐두고 현실에서 일어나는 것을 논의하겠다. 특히 사람들 눈에 띄는 군주와 같이 직위가 높은 사람은 찬양이나 비난을 받을 여러 자질이 있으므로 이에 충분한 주의를 기울여야 한다. 'ㅇㅇ는 관대하다' 또는 'ㅇㅇ는 인색하다'라는 말을 예로 들 수 있다. 흔히 사용하는 말 중 자신이 가진 것을 너무 아끼는 사람을 '인색하다'라고 말하고 남의 것까지 탐내는 사람을 '탐욕스럽다'라고 말한다. 어떤 사람은 선심을 잘 쓴다고 말하고 다른 사람은 탐욕스럽다고 말한다. 어떤 군주는 잔인하다는 평을 듣고 어떤 군주는 동정심이 많다는 평을 듣는다. 어떤 사람은 충성심이 강하고 다른 사람은 충성심이 없다고 말한다. 어떤 사람은 나약하다고 하고 다른 사람은 비겁하다고 하며 또 어떤 사람은 강하고 용기가 있다고 한다. 어떤 사람은 공손하다고 하고 다른 사람은 건방지다고 한다. 어떤 사람은 음탕하다고 하고 다른 사람은 순결하다고 한다. 어떤 사람은 거짓이 없다고 하고 다른 사람은 교활하다고 말한다. 어떤 사람은 경솔하다고 하고 다른 사람은 근엄하다고 한다. 어떤 사람은 신앙심이 깊다고 하고 다른 사람은 미신적이라고 한다.

　이 같은 말은 한도 끝도 없다. 위에 열거한 모든 사항 중 좋은 일만 골라 할 수 있는 자질의 군주가 있다면 그 군주에게 모든 백성은 찬사를 보낼 것이다. 그러나 인간은 어떤 존재인가? 군주도 인간이므로 이 모든 자질을 갖출 수는 없으며 항상 미덕만 골라 실천하기도 어렵다. 군주는 나라를 잃자마자 세인의 입에 오르내릴지도 모를 악덕의 오명에서 어떻게 벗어날지를 생각하며 신중히 행동해야 한다. 군주가 나라를 지키기 위해서는 피치 못할 사정이 있겠지만 위험한 사태가 아니라면 만사에 신중히 행동해야 한다. 그러나 군주의 성격이 세밀하지 못하고 대범하다면 사소한 위험은 걱정하지 않아도 되므로 군주는 국가안보를 위해 필요하다면 악평 정도는 감수해야 한다. 군주는 칭찬받는 일이든 악평받는 일이든 필요하다면 과감히 행동해야 한다. 미덕으로 보이는 것을 군주가 실행하다 보면 국가가 망하고 겉보기에는 사악하지만 그 사악함이 자신을 안정과 번영으로 이끈다는 사실을 알아야 한다.

《군주론》 15장 분석

15장에서 마키아벨리는 책의 나머지 부분을 차지할 주제, 즉 군주가 어떻게 행동해야 하는지를 소개한다. 그는 군주가 좋기보다 나쁘다고 권고해 독자의 기대를 뒤집으려는 의도를 발표한다. 그는 의식적으로 통치자를 위한 조언 책의 오랜 전통, 즉 '군주를 위한 거울' 장르에 반대했는데 이는 지도자가 미덕의 모델이 되고 항상 가장 높은 도덕적 기준을 지키고 정직하고 신뢰할 수 있고 관대하고 자비로운 자라고 예측 가능하게 권고했다. 마키아벨리는 당신이 완벽한 세계에서 사는 상상 속의 모델 군주라면 괜찮다고 선언하지만 현실 세계에서는 군주가 파렴치한 인간들에게 둘러싸여 있고 살아남으려면 그들과 경쟁해야 한다. 현대적 표현으로 상어와 함께 수영하는 법을 배워야 한다. 그러므로 군주는 나쁜 행동법을 알아야 하고 이 지식을 자신의 힘을 유지하는 도구로 사용해야 한다.

마키아벨리는 군주들이 항상 대중의 눈에 들어온다는 것을 알았다. 그들의 행동은 공공의 이미지에 영향을 미치고 그들의 명성은 권력을 유지하는 능력에 영향을 미칠 것이다. 이를 염두에 두고 마키아벨리는 악덕을 피하는 것이 좋지만 아무도 그 모든 것을 피할 수는 없으므로 군주는 자신의 명성과 권력을 가장 심각하게 손상시킬 수 있는 것을 피하기 위해 조심해야 한다고 권고했다. 자신의 공공 이미지 통제의 필요성에 대한 군주의 의식은 홍보 전문가들이 정치인을 신중히 손질하고 대중의 소비를 준비시키는 미디어 시대에는 부적절해 보일 것이다. 전통적인 모든 도덕적 충고를 과시하면서 그는 선해 보이는 많은 것이 왕자의 힘을 분명히 손상시키고 나쁘게 보이는 것은 힘을 증가시킬 거라고 말한다. 미덕의 상상 속 세계와 악덕의 현실 세계 사이의 대조는 더이상 명백할 수 없다. 이제 그는 모든 사람의 관심을 끌었으니 16~18장에서 미덕을 해부하자.

16

관대함과 인색함에 대하여

《군주론》 16장 요약

　관대함의 명성은 바람직한 것으로 생각되지만 그것을 개발하는 것은 위험할 수 있다. 진정으로 유덕한 방식으로 행사되는 관대함은 다른 사람들이 결코 볼 수 없으므로 관대한 통치자로 생각되고 싶다면 호화로운 대중 전시를 유지해야 한다. 이 습관을 뒷받침하기 위해 군주는 세금을 인상하고 신하들로부터 돈을 짜내야 한다. 이 같은 종류의 관대함은 거의 이익이 되지 않으며 많은 사람에게 해를 끼친다. 군주의 신하들은 그를 미워하고 가난한 그를 존경하지 않을 것이므로 지혜로운 군주는 인색함이 그를 통치하게 해주는 악덕이므로 비참한 사람으로 불리는 것을 꺼리지 않을 것이다. 군주가 다른 사람들의 재산을 나눠주면 관대할 여유가 있지만 자신의 자원을 포기하면 그는 붙잡고 미워하거나 가난하고 멸시받을 것이다.

관대하다는 평판 추구에 따르는 위험

앞에서 말한 성품 중 첫 번째 것을 논한다면 나는 관대하다고 생각되는 것이 바람직함에도 관대한 처신으로 훌륭한 평판이 생기지 않는다면 그 덕을 있는 그대로 실천한다는 비난을 면치 못할 것이기 때문이다. 반대로 관대하다는 평판을 얻으려면 사치스럽고 과시적으로 돈을 써야겠지만 군주는 그렇게 함으로써 불가피하게 자기 과시를 위해 자신의 모든 자원을 써버릴 것이므로 관대하다는 명성을 계속 유지하고 싶은 군주는 결국 과도한 세금과 자금 축적을 위해 수단을 총동원해 백성에게 부담을 줄 것이며 이 같은 일들로 백성의 미움을 받게 되는데 그렇다고 군주가 가난해지면 아무도 그를 거들떠보지 않을 것이다. 따라서 자신의 관대함 때문에 피해자가 많고 이익을 얻는 자가 거의 없어 군주는 사소한 곤경에도 흔들리며 작은 위험에도 위기를 겪을 것이며 이 점을 깨달은 군주가 처신을 바꾸자마자 인색하다는 비난을 받을 것이다.

적을 방어할 수 있다면 인색하다는 평판을 두려워하지 말라

그러므로 군주는 자신에게 해를 끼치지 않으면서 관대함이라는 미덕을 정직하게 실천하는 것은 불가능하므로 그가 사려가 깊다면 인색하다는 평판을 얻더라도 신경쓰지 않을 것이다. 시간이 흐르면서 점점 더 그는 관대하다는 인상을 받을 것이다. 그동안 군주가 근검절약한 덕분에 그의 수입만으로도 자조하기에 충분하고 도전해오는 무리로부터 자신을 보호할 수 있을 뿐만 아니라 과도한 부담을 백성에게 안기지 않고도 자신의 과업을 수행할 수 있음을 백성이 알아줄 것이기 때문이다. 그로 인해 군주는 재산을 보존한 수많은 백성으로부터 관대하다는 평을 듣고 아무 것도 베풀지 않은 소수로부터는 인색하다는 평을 듣는다. 우리 시대에 이같이 위대한 업적을 남긴 자들은 모두 인색하다는 평을 들었고 그렇지 않은 사람은 모두 실패했다.

교황 율리우스 2세는 교황 자리에 오르기 위해 관대하다는 평을 키웠지만 교황이 된 후 전쟁 준비를 하느라 그 같은 평판 유지에 더 이상 애쓰지 않았다. 오늘날의 프랑스 왕 루이 12세는 오랫동안 검소한 생활로 추가되는 전쟁 비용을 충당할 수 있어 백성에게 특별세를 부과하지 않고 많은 전쟁을 수행했다. 오늘날의 에스파냐 왕이 관대하다는 평을 받았다면 그같이 수많은 전투를 성공적으로 수행하지 못했을 것이다.

관대함을 드러내는 현명한 방법

그러므로 현명한 군주는 백성의 재산을 빼앗지 않고 자신을 지키고 가난으로 멸시당하지 않고 탐욕스러워지지 않기 위해 인색하다는 평을 대수롭지 않게 생각한다. 인색함이야말로 그가 통치하게 해주는 악덕이기 때문이다. 카이사르는 관대함으로 권력을 얻었고 그 외 많은 사람도 관대했거나 관대하다는 평을 받아 높은 지위에 올랐다고 반박하는 사람이 있을 수 있다. 그것에 대해 나는 이미 군주가 된 경우와 군주가 되기 위해 노력 중인 경우는 다르다고 대답할 것이다. 전자는 관대함은 해롭고 후자는 관대하다는 평을 받는 것이 매우 필요하다.

카이사르(줄리어스 카이사르는 그의 인기에 기여한 관대함의 명성을 얻었다. 그는 여러 군사적 승리를 거두고 로마로 돌아온 지 불과 1년 후인 기원전 44년 암살당했다)는 로마에서 권력을 추구했지만 군주가 된 후 그가 생존했더라도 소비를 절제하지 않았다면 권력을 잃었을 것이고 관대하다는 평을 받은 군주들이 군대를 거느리며 위대한 업적을 남긴 경우가 많았다고 재반박하는 사람이 있다면 나는 군주가 자신과 백성의 재산을 쓰는 경우와 남의 재산을 쓰는 경우는 다르다고 대답할 것이다. 자신과 백성의 재산을 쓰는 경우라면 인색해야 하고 남의 재산을 쓰는 경우라면 자

카이사르의 관용_루비콘강을 건넌 카이사르는 관용정신을 철저히 실천에 옮겼다. 그는 자신에게 칼을 겨눈 자들을 용서하고 관직을 맡길 만큼 배포가 컸다. 부하의 잘못도 용서하지 않고 가차 없이 처벌한 폼페이우스와 달리 카이사르는 항복한 적은 물론이고 포로로 잡힌 적에게도 관용을 베풀었다. 그의 관용정책이 같은 민족에게만 적용된 것은 아니다. 카틸리나 같은 속국의 반란군까지 용서했다. 그림은 갈리아 추장 베르신게톡스가 줄리어스 카이사르 앞에서 항복하는 장면으로 카이사르는 그에게 관용을 베풀었다.

신의 관대함을 주저없이 드러내야 한다. 군주는 전리품과 약탈품, 포로배상금 등 남의 재물로 군대를 유지하므로 넉넉한 씀씀이가 필요하다. 그러지 않으면 병사들이 따르지 않을 것이기 때문이다. 군주는 키루스, 카이사르, 알렉산더가 그랬듯이 자신이나 백성 것이 아닌 재물은 마음대로 베풀어도 된다. 남의 재물을 후하게 주는 것은 군주의 평판을 추락시키는 것이 아니라 높이는 것이기 때문이다. 자기 재산을 함부로 주는 경우만 군주에게 해악을 끼치는 것이다.

● ●

관대함은 자기소모적이다

관대함만큼 자기소모적인 것도 없다. 관대함을 실천하면 그것을 실행할 능력을 잃는다. 그것을 실천하면 군주는 가난해지거나 경멸당하거나 가난을 피하기 위해 탐욕스러워지고 미움을 받을 것이다. 군주는 무엇보다 경멸이나 미움을 경계해야 하는데 관대함은 군주를 이 두 개의 길로 이끌 것이므로 비난은 받겠지만 미움이 섞이지 않은 인색하다는 평을 받는 것이 더 현명한 방책이다. 그것이 관대하다고 생각되려면 결국 비난은 물론 미움까지 받는 탐욕스럽다는 평을 받는 것보다 낫다.

《군주론》 16장 분석

15장에서 충격적인 계시로 독자를 괴롭힌 후 마키아벨리는 16장에서 철저히 보수적인 목소리를 내며 관대함의 미덕을 논한다. 그의 초점은 관대함의 출현과 대중의 이미지를 발전시키기 위해 해야 할 일이 있다. 진정한 관대함은 아무도 그것을 못하므로 군주에게 관대하다는 평을 얻지 못할 거라고 지적했다. 이것은 중요한 구별이다. 마키아벨리는 진정한 관대함이 나쁘다고 말하지 않는다. 그에게 우려되는 것은 군주가 관대한 자로 대중의 이미지를 개발하기 위해 입어야 할 일종의 강제 전시다. 호화로운 전시물을 지원하는 것은 결국 군주를 가난하게 만들고 그의 피험자의 자원을 착취할 것을 강요한다. 이것은 군주를 포함한 모든 사람에게 실질적으로 해를 끼치므로 가정된 미덕은 전혀 미덕이 아니다. 그는 권력을 얻으려는 새로운 군주들이 관대하다고 봐야 하지만 권력을 얻자마자 지출을 줄여야 한다고 말함으로써 이 관찰의 자격을 부여한다. 그는 좋은 예를 보여준다. 프랑스 루이 12세와 에스파냐의 페르디난트 둘 다 정력적인 정복자로 검소한 습관으로 유명했다. 정복자의 주제에 관해 마키아벨리는 군대가 약탈과 강탈을 막기 때문에 군지휘관이 관대하거나 병사들이 떠나기로 결정할 수 있다는 흥미로운 관찰을 했다. 마키아벨리에 따르면 관련 재산은 군주나 신하 것이 아니어서 바람직하다. 국가의 완전성이 해를 끼치지 않기 때문이다.

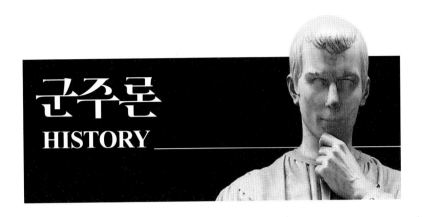

군주론
HISTORY

●●

율리우스 2세(Julius II, 1503~1513년)

제216대 가톨릭 교회 교황인 율리우스 2세는 16세기 초 이탈리아 도시국가들의 경쟁이 치열한 시기에 교황령의 영토 확장을 위해 '전사 교황'으로 불릴 정도로 전쟁을 많이 일으킨 전쟁광으로 미켈란젤로가 율리우스 2세의 동상을 제작하면서 손에 성경을 든 모습으로 묘사하자 성경 대신 칼을 쥔 모습으로 바꾸라고 명령했다는 일화가 전해져 온다. 그는 가난한 양치기 집안에서 태어났지만 추기경이던 숙부(식스토 4세)의 도움으로 신부가 되었고 1471년 식스토 4세가 교황에 선출되자 추기경으로 서임되었다. 하지만 교황 식스토 4세가 임명한 34명의 추기경 중 여섯 명의 조카가 포함되어 있었는데 그 여섯 명은 추기경

직분에 걸맞지 않았다. 게다가 교황청도 점점 세속화되어 갔다. 사치 생활, 예술과 가족을 위한 지출은 엄청난 재정 경비를 요구했다. 교황 식스토 4세는 로마를 르네상스 도시로 변모시켰다. 시스티나 성당도 그의 작품이었다. 식스토 4세는 1484년 8월 12일 서거했고 후임자에 게는 엄청난 부담감을 유산으로 물려줬다.

식스토 4세가 서거한 후 로마에서 소요가 발생해 교황 선거는 1484 년 8월 26일 시작되었다. 8월 29일 추기경 조반니(Giovanni Battista Cibo)가 인노첸시오 8세(Innocenz VIII)라는 이름으로 교황에 선출되었다. 인노첸시 오 8세의 교황 선거는 성직 매매로 얼룩졌다. 아울러 인노첸시오 8세는 추기경 줄리아노(Giuliano della Rovere, 훗날 율리우스 2세) 덕분에 교황에 선출 되었다. 줄리아노는 교황 인노첸시오 8세의 재임 기간 큰 영향력을 행 사했다. 인노첸시오 8세는 대 터키 항전과 관련해 매우 우유부단한 태 도를 견지했지만 콘스탄티노폴리스와의 관계 개선에는 관심을 보였 다. 1484년 인노첸시오 8세는 종교재판과 마녀 화형을 정당화하는 직서 를 반포했고 교황권이 실추된 시기를 거쳐 1492년 7월 25일 서거했다.

이후 알렉산데르 6세가 교황에 선출되면서 줄리아노는 교황 알렉산 데르 6세의 보르자 가문과 대립했다. 알렉산데르 6세의 통치 기간 줄 리아노는 이탈리아에서의 아라곤의 페르디난트 혈통인 알렉산데르 6 세의 네포티즘(Nepotism, 조카 정치) 정책에 분개했다. 외국 교황에 대한

인노첸시오 8세_우유부단하고 단정치 못하고 지병이 있던 인노첸시오의 재위 기간 교회 쇄신은 이루어질 수 없었다. 교황청의 재정 상태는 날로 악화되었다. 인노첸시오는 이를 해결하기 위해 교황청 직무와 교회 관리직을 수없이 만들어 가장 높은 가격을 제시하는 사람에게 팔았다. 독일에서는 소위 마녀 재판을 적극 추진한 칙서를 발표했다. 교황으로서 그는 로마를 확고히 통치하지 못했고 교황령을 무정부나 다름없는 상태로 방치했다. 그리고 그의 사망과 함께 전례 없는 폭동과 혼란이 일어났다.

반대로 줄리아노는 큰 어려움을 겪었다. 암살 위험을 느낀 그는 1494년 로마를 탈출했다. 1503년 8월 18일 알렉산데르 6세가 죽자 비오 3세(Pius Ⅲ)는 군대를 보내 바티칸을 포위하고 추기경들의 교황 선거를 장악했다. 1503년 9월 22일 교황에 선출되었지만 즉위한 지 1개월도 못 채우고 세상을 떠났다.

이후 교황 선거가 시작된 지 하루 만인 1503년 11월 1일 추기경들은 교황 비오 3세의 후임으로 줄리아노를 교황에 선출했다. 이때도 성직 매매로 줄리아노가 교황에 선출되었고 그에게 율리우스 2세라는 이름이 선택되었다. 율리우스 2세는 재위 초기부터 교황청을 둘러싼 복잡한 권력관계나 강대국의 영향력을 일소하려고 했다. 맨 먼저 추진한 것은 교황령을 독점한 보르자 가문(알렉산데르 6세)의 영향력을 없애는 것이었다. 실제로 그는 교황 선출 당일 다음과 같이 선언했다.

"나는 보르자처럼 살지는 않을 것이다. 그는 거룩한 교회를 더럽혔고 악마의 도움으로 교황권을 탈취했다. 앞으로 누구든 보르자를 두 번 다시 언급하거나 생각하는 것을 금하며 이를 어기면 파문하겠다. 보르자의 이름과 그에 대한 기억을 영원히 지워야 할 것이다. 그가 교황에 재임한 사실 자체를 부정하도록 모든 문서와 기념비에서 그의 이름을 지우고 보르자 일족을 그린 모든 그림도 검은색으로 덧칠해 지워야 할 것이다. 보르자 일족의 모든 관 뚜껑을 열어 시신을 당장 에스파냐로 돌려보내야 한다."

율리우스 2세는 교황으로서 자신의 영향력을 행사해 당시 로마에서 세력이 강했던 두 귀족 가문인 오르시니 가문과 콜론나 가문을 화해 시켰고 그들의 이익을 위한 법령을 포고해 우호관계 개선을 위해 노력했고 로마의 나머지 귀족도 자신에게 복종하도록 만들었다. 그 결과, 로마와 인근 지역의 확실한 안전을 위해 알렉산데르 6세 사후 그는 베네치아 공화국이 점령한 파엔차, 리미니, 기타 소도시와 요새를 탈환하기 시작했다. 이에 베네치아 공화국이 완강히 저항하자 율리우스 2세는 프랑스와 신성로마제국과 군사동맹을 맺고 그들의 힘을 빌려 베네치아 공화국에 맞섰다.

율리우스 2세는 잉글랜드 국왕 헨리 8세가 아라곤의 캐서린 공주와 결혼하는 것을 특별히 허락했다. 캐서린 공주는 원래 헨리 8세의 형 아서 튜더와 결혼했지만 곧 아서가 사망해 미망인이 되었다. 캐서린 공주는 아서 왕자와 결혼한 후에도 그가 사망할 때까지 6개월 동안 처녀로 있었다. 그러나 20년 후 헨리 8세는 앤 불린과 사랑에 빠져 그녀와 결혼하기 위해 캐서린과의 결혼 무효화를 시도했다. 교황 클레멘스 7세가 이를 거절하자 헨리 8세는 가톨릭 교회를 배척하고 영국 성공회를 창립했다.

성 베드로 대성전의 설계도를 보는 율리우스 2세_율리우스 2세는 특별히 영적인 사람은 아니었지만 교황권과 교회 전체의 확대에 관심이 많았다. 이런 점에서 예술에 대한 그의 관심은 필수적인 역할을 했다. 그는 로마의 도시를 새롭게 하고 교회와 관련된 모든 것을 화려하고 경외심을 불러일으키려는 비전과 계획을 가지고 있었다. 예술을 사랑하는 교황은 로마에 많은 훌륭한 건물 건설을 후원했으며 여러 주목할 만한 교회에 새로운 예술을 포함시키는 것을 장려했다. 바티칸 박물관의 유물에 대한 그의 작품은 유럽에서 가장 위대한 컬렉션이 되었으며 그는 1506년 4월에 세워진 초석인 성 베드로 대성당을 새로 짓기로 결정했다.

율리우스 2세는 성 베드로 대성전 신축을 지시하고 머릿돌을 놓았는데 특히 그는 브라만테, 미켈란젤로, 라파엘로와 절친이자 그들의 후원자였다. 율리우스 2세의 후원으로 그들은 바티칸의 여러 굵직한 예술 프로젝트에 참여했다. 특히 시스티나 성당 천장화를 비롯해 미켈란젤로가 창조한 위대한 작품 중에는 율리우스 2세의 지시로 만든 것이 많았다. 율리우스 2세는 프랑스 루이 13세와 신성로마제국 막시밀리안 1세, 아라곤 페르난도 2세와 캉브레 동맹을 결성했다. 캉브레 동맹 전쟁 또는 신성동맹 전쟁 기간 이 동맹은 베네치아 공화국에 맞서 싸웠다. 당시 베네치아 공화국에 맞서 동맹을 결성한 것은 율리우스 2세가 베네치아가 점유한 로마냐 지역, 막시밀리안 1세 황제가 프리울리와 베네토, 루이 13세가 크레모나, 페르난도 2세가 풀리아주를 손에 넣길 원했기 때문이다. 캉브레 동맹과 베네치아 공화국의 전쟁은 보통 이탈리아 전쟁이라고 부른다.

1509년 봄 율리우스 2세는 베네치아 공화국 전역에 성무 정지 조치를 내렸다. 신성동맹 전쟁과 이탈리아 전쟁 기간 내내 동맹은 수시로 바뀌었다. 1510년 베네치아와 프랑스는 적대관계였다가 1513년 동맹을 맺었다. 캉브레 동맹의 효과로 율리우스 2세는 당초 목표를 훨씬 뛰어넘는 성과를 올렸다. 1509년 5월 14일 아냐델로 전투 패배로 베네치아는 이탈리아 내에서 사실상 주권을 완전히 잃었다. 프랑스 국왕은 물론 신성로마제국 황제도 교황의 목적 달성에 만족하지 못하고 더 큰 것을 원했다. 그러자 율리우스 2세는 지금까지 동맹자였던 프랑스 국왕이 이탈리아에 큰 영향력을 행사할 것을 경계해 베네치아 공화국과 협정을 맺어 프랑스를 적대시할 필요성을 느꼈다. 1510년 베네치아 공화국은 율리우스 2세에게 공손히 용서를 빌어 사죄를 받았고 얼마 안 지나 프랑스는 율리우스 2세로부터 성무 정지 조치를 받았다. 프랑스 왕국과 잉글랜드 왕국 사이에서 이간질을 시도한 율리우스 2세의 책략은 실패로 끝났다.

한편 1510년 9월 프랑스 투르에서 루이 12세는 시노드 소집을 요청해 반격에 나섰다. 프랑스 주교단은 교황에게 순명을 거부했을 뿐만 아니라 막시밀리안 1세의 협조로 율리우스 2세를 조속히 폐위시키기로 결의했다. 이 목적을 달성하기 위해 1511년 11월 피사에서 공의회가 소집되었다. 막시밀리안 황제의 침공 위협에 직면해 만투아에서 일련의 교섭을 벌인 피렌체의 마키아벨리는 1510년 7월 이번에는 동맹관계이던 프랑스와 협상하기 위해 떠나야 했다. 그는 루이 12세에게 교황 율리우스 2세와 강화하거나 그것이 어렵다면 프랑스의 국익에 배치되지 않는 피렌체의 중립을 인정해 양측의 대결 속에 끌어들이지 않기를 간청했지만 정치를 전혀 모르는 루이가 그의 말에 귀 기울이지 않자 율리우스 2세는 페르난도 2세와 베네치아 공화국과 함께 1511년 신성동맹(神聖同盟)을 체결해 프랑스에 대항했다. 얼마 후 헨리 8세와 막시밀리안 1세도 대(對) 프랑스 동맹인 신성동맹에 가담했고 율리우스 2세는 피사 공의회에 맞서 1512년 로마에서 제5차 라테라노 공의회를 소집했다. 공의회에서 그는 원래 교황 선출 당시 즉시 공의회 소집을 약속했지만 적의 이탈리아 침공으로 불가피하게 소집이 지연되다가 뒤늦게 소집했다고 밝혔다.

1511년 여름이 끝나갈 무렵 마키아벨리는 루이 12세를 다시 만나 교황을 분노시키는 피사 공의회 산회를 탄원했다. 피렌체로 귀국한 마키아벨리는 별 어려움 없이 종교회의를 해산할 수 있었지만 율리우스 2세의 신성동맹군은 징벌을 내세우며 이미 피렌체 공화국으로 다가오고 있었다. 1512년 에스파냐의 침공으로 피렌체는 메디치 가문이 복귀하고 마키아벨리가 속한 소데리니 정권은 붕괴했다. 교황이 에스파냐와 동맹을 맺고 프랑스에 맞서는 과정에서 친프랑스 성향의 피렌체가 에스파냐군에게 유린당한 것이다. 에스파냐군은 단순히 피렌체를 점령했을 뿐만 아니라 자신에게 망명해 있던 피렌체의 옛 지배자 메디치 가문을 복귀시켰다. 메디치 가문은 명목상 공화정부일 뿐 사실상 독재적으로 피렌체를 다스리는 옛 체제를 되살리고 기존 공화정부 참여자를 숙청했다. 마키아벨리는 '모든 게 산산 조각난 해'라고 말했다. 마키아벨리는 직위를 잃었고 베키오 팔라초(시뇨리아의 궁전) 출입도 금지되었다. 율리우스 2세는 알프스산맥 북쪽으로 프랑스 군대를 완전히 내쫓는 데 성공했지만 이것도 프랑스 이외의 강대국이 이탈리아에 영향력을 행사하는 결과로 이어졌다. 율리우스 2세는 로마를 포함한 교황령의 정치적 안정과 독립을 얻어 교황의 권위 강화에 성공했지만 이탈리아반도의 독립과 통일의 꿈은 끝내 이루지 못한 채 1513년 2월 병으로 몸져 누운 후 선종했다.

한편 1513년 초 마키아벨리는 반란음모 공모 혐의로 기소되었다. 22일 동안 바르젤로에서 심한 고문을 여섯 번이나 겪은 그는 고향에 유배되었다. 마키아벨리는 할 수 있는 것이 없었다. 그는 유배된 몸으로 《군주론》과 《로마사 논고》를 집필했다. '르네상스'를 학술 용어로 고착시킨 대학자 야코프 부르크하르트(Jacob Christoph Burckhardt)는 율리우스 2세를 '교황령의 구세주'로 평가했는데 그는 대학자였지만 문화사 중 미술사 전공으로 주 전공은 이탈리아 르네상스이니 예술을 사랑하고 예술가들을 후원한 율리우스 2세에게 좋은 평가를 내릴 수밖에 없었다. 율리우스 2세와 동시대 인물로 교황령 소속 관료로 근무한 적도 있는 역사가이자 마키아벨리의 친구였던 프란체스코 귀차르디니(Francesco Guicciardini)는 율리우스의 외교를 다음과 같이 평가했다. '치명적인 동맹, 치명적인 무기'

애당초 16세기 프랑스나 신성로마제국은 거대한 관료국가가 되어 이탈리아 중부의 손톱만한 영지의 국력인 교황령 자체로 상대하거나 조종할 위치는 진작에 지났다. 또한 교황 역사상 레오 9세(Leo IX)와 함께 스스로 갑옷을 입고 정벌에 나선 것은 둘뿐이다. 문제는 그것이 세

율리우스 2세 무덤의 모세상_교황 율리우스 2세는 자신의 개인적 명성보다 교황권의 지위에 더 관심이 있었던 것으로 보인다. 그의 이름은 16세기 가장 주목할 만한 예술작품과 영원히 연결된다. 미켈란젤로가 율리우스를 위한 무덤을 오랜 시간을 거쳐 완성했다. 이 조각상은 율리우스 2세를 위한 미켈란젤로의 3대 조각 중 하나인 모세상이다. 미켈란젤로는 율리우스와 애증의 관계였지만 율리우스의 마지막을 위해 혼신을 다해 그의 무덤을 장식했다.

금을 안 내는 신자를 상대로 했다는 점으로 비판을 받았다. 이에 온건한 가톨릭 인문주의자 에라스무스(Desiderius Erasmus Roterodamus)는 갑옷 입은 군인 교황이 천국에서 문전박대당했다는 익명의 비판극《우신예찬》을 발표했고 종교개혁 시기 개신교 진영에서는 전쟁에 미쳐 피에 굶주린 흡혈귀라는 비난까지 받았다.

17
CHAPTER

잔인함과 인자함, 사랑받는 것과 두려움의 대상 중 어느 것이 나은가

《군주론》 17장 요약

모든 군주는 자비로움으로 기억되길 바라지만 자비는 잘못 관리되면 안 된다. 체사레 보르자는 잔인함으로 로마냐의 평화와 질서를 회복시켰다. 어떤 왕자도 자신의 신하들을 평화롭고 충성스럽게 유지하기 위해 잔인하다고 불리는 것을 꺼리면 안 된다. 몇 가지를 처벌하고 장애를 피하는 것은 많은 사람에게 해를 끼치는 문제를 일으키는 것보다 낫다. 새로운 통치자들은 국가가 불안정하므로 잔인해 보이는 것을 피할 수 없다. 그래도 왕자는 너무 성급하거나 너무 두려워하면 안 된다. 당신이 사랑받고 두려워할 수 없다면 사랑받는 것보다 두려워하는 것이 낫다.

일반적으로 남성은 변덕스럽고 위험을 두려워하며 탐욕스럽다. 군주가 그들에게 유익을 줄 때 그들은 왕자를 위해 무엇이든 하겠지만 문제가 생기면 군주를 버릴 것이다. 사람들은 자신의 이익에 부합한다면 사랑관계를 끊겠지만 처벌의 두려움은 결코 범하지 않을 것이다. 군주는 두렵더라도 자신을 미워하지 않도록 조심해야 한다. 그러려면 백성의 재산과 그들의 여자들로부터 손을 떼면 안 된다. 사람들은 유산을 잃는 것보다 아버지의 죽음을 더 빨리 잊을 것이다. 그러나 군주가 군대를 지휘할 때 그는 군대를 통제하기 위해 잔인해야 한다. 결론적으로 사람들은 자기 소원대로 사랑하지만 군주의 의지를 두려워하므로 현명한 통치자는 자신이 가장 잘 통제할 수 있는 것에 의존할 것이다.

●●

현명한 잔인함은 진정한 자비다

앞에서 말한 성품들을 논하자면 나는 모든 군주는 누구든 잔인하기보다 인자하게 기억되길 더 원해야 한다고 주장함에도 불구하고 이 같은 인자함이 오용되지 않도록 주의해야 한다. 체사레 보르자는 잔인하다는 평을 받았지만 그의 잔혹함으로 로마냐의 질서는 회복되고 통일되고 평화롭고 충성을 받는 위치로 바뀌었다. 이 같은 면을 꼼꼼히 살펴본다면 가혹하다는 평을 피하기 위해 피스토이아(플로렌스의 도시로 1501~1502년 두 당파 사이에 유혈, 파괴, 약탈 등 심한 분쟁이 발생했다. 마키아벨리도 이 분쟁조정 업무에 관여했다)의 붕괴를 방치한 피렌체인들보다 그가 훨씬 자비로웠으므로 군주는 백성을 통일시키고 그들이 충성을 바치도록 하는 과정에서 잔혹하다는 비난을 받더라도 마음이 흔들리면 안 된다. 지나친 인자함을 보여 혼란 상태가 지속되어 백성에게 약탈과 파괴를 일으키는 군주보다 가끔 가혹한 군주가 진정한 의미에서 훨씬 자비로운 군주가 되기 때문이다. 지나친 인자함은 모든 사람에게 해를 끼치지만 군주의 명령에 의한 처형은 특정 개인에게만 해를 끼칠 뿐이다. 신생국 군주는 잔인하다는 평을 듣는 것이 불가피하다. 신생국에는 위험이 가득 차 있기 때문이다. 그러므로 베르길리우스는 디도의 입을 빌려 자신의 가혹했던 통치에 대해 변명했다. "폭악함도 필요하다. 내 왕국은 새로운 나라이므로 폭악해지도록 나를 압박한다. 그래서 내 왕국의 국경을 지키게 만든다."

● ●

사랑받는 것보다 두려움의 대상이 되어야 한다

동시에 군주는 믿음을 갖고 실천에 주의를 기울여야 하며 자신을 두려운 존재로 만들면 안 된다. 군주는 신중함과 자비가 적절히 안배된 태도로 처신하면서 지나친 확신으로 경솔해지거나 지나친 의심으로 자신을 감당할 수 없게 만들어도 안 된다. 바로 여기서 한 가지 의문이 제기된다. '사랑받는 것과 두려움의 대상이 되는 것 중 어느 것이 나은가? 아니면 그 반대인가?'

군주는 사랑도 받고 두려움의 대상도 되는 것이 바람직하다고 나는 생각한다. 하지만 두 가지를 조화시키기는 어려우므로 하나를 선택해야 한다면 사랑받는 것보다 두려움의 대상이 되는 것이 군주를 더 편하게 해준다는 점을 강조한다. 일반적으로 인간은 은혜를 모르고 변덕스럽고 위선적이고 비겁하고 탐욕스러워 군주가 자신들에게 이익이 되는 한 모두 군주 편이다. 앞에서 말했듯이 그들은 위험이 닥치지 않았을 때는 군주를 위해 피흘리고 재산과 생명을 내놓으며 자식까지 바칠 것이다. 그러나 그것은 군주에게 그런 것이 불필요해 보일 때만 그럴 뿐 막상 군주에게 위험이 닥치면 그들은 배신하므로 전적으로 그들의 약속을 권력 기반으로 삼고 다른 방비책을 마련하지 않은 군주는 멸망한다. 위대하고 고결한 정신에 의한 것이 아니라 돈으로 얻은 우정은 자랑할 만한 것이 못되며 막상 그 우정이 필요할 때는 그것을 얻을 수 있기 때문이다.

● ●

두려움의 대상이 되어야 하는 이유

인간은 사랑하는 자를 해칠 때보다 두려워하는 자를 해칠 때 더 주저한다. 사랑은 일종의 의무감으로 유지되는데 인간은 지나치게 이해타산적이어서 자신의 이익을 위해서라면 자신을 사랑한 자를 언제든지 버리기 때문이다. 그러나 두려움은 처벌받을지도 모른다는 공포에 의해 유지되므로 항상 효과가 있다. 따라서 군주는 사랑받진 못하더라도 미움을 받지 않으면서 두려워하도록 만들어야 한다. 미움을 받지 않고 두려움의 대상이 되는 것은 전적으로 가능하기 때문이다.

군주가 백성과 신하의 재산과 부녀자를 건드리지 않는다면 항상 그 상태를 유지할 수 있다. 누군가를 처형해야 한다면 적절한 명분과 명백한 이유가 있을 때만 그렇게 해야 하며 무엇보다 남의 재산에 손대면 안 된다. 인간은 부모를 죽인 원수는 쉽게 잊어도 물려받은 유산을 빼앗아간 사람은 좀처럼 잊지 못하기 때문이다. 게다가 남의 재산을 빼앗을 명분은 무궁무진하다. 약탈을 일삼는 자는 남의 재산을 빼앗을 핑계를 언제든지 찾아낼 수 있는 반면 목숨을 빼앗아야 할 이유는 훨씬 드물고 덧없다.

● ●

장군은 잔인해야 한다

그러나 군주는 자신의 군대와 함께 있거나 대규모 병력을 지휘할 때 잔혹하다는 세평에 신경쓰면 안 된다. 잔혹하다는 세평을 듣지 않고서는 군대를 통솔하거나 전투 준비를 시킬 수 없기 때문이다. 한니발의 뛰어난 공적 중 특히 주목할 사실은 그가 여러 나라에서 선발된 대군을 이끌고 외국 땅에서 전투를 치렀지만 전황의 유·불리와 상관없이 군대 내부는 물론 장군들 사이에서도 사소한 분란조차 없었다는 점이다. 그 같은 사실은 그의 수많은 훌륭한 능력과 더불어 부하들이 항상 존경하고 두려워하게 만든 그의 비인간적인 잔혹함으로만 설명될 수 있으며 그에게 잔혹함이 없었다면 그가 지닌 다른 능력만으로는 그 같은 성과를 거두지 못했을 것이다. 이 같은 면모를 간과한 근시안적인 역사 저술가들은 그의 공적을 찬양하는 한편 그 공적들의 주요 원인을 비난하는 우를 범하고 있다.

●●○

인자했던 스키피오의 교훈

한니발이 잔혹함 외에 다른 능력만으로는 훌륭한 공적을 이루지 못했을 거라는 점은 스키피오가 겪은 예에서 증명된다. 그는 당대는 물론 후대에도 매우 훌륭한 인물로 평가받았지만 그가 이끈 군대는 에스파냐에서 그에게 반란을 일으켰다. 스키피오가 자신의 병사들에게 군사적 규율 유지에 필요한 것보다 많은 자유를 허락한 것이 화근이었다. 이로 인해 그는 원로원의 파비우스 막시무스(Fabius Maximus, 로마 영사로 다섯 번이나 일했고 한니발에게 대항한 전시이던 기원전 217년 지배자로 임명되었다. 모든 정책에 소극적인 대표적 인물로 비난받았다)로부터 로마 군대를 타락시킨 장본인이라는 비난을 받았다. 그리고 그가 임명한 지방장관이 로크리 지방을 약탈했을 때 그는 그곳 백성의 원성을 들어주지 않았고 그 지방 장관의 오만방자함에도 그를 처벌하지 않았다. 이 모든 것은 스키피오가 너무 관대했기 때문이다. 원로원에서 그를 사면하자고 발언한 인물은 남의 비행을 처벌하는 것보다 자신이 그 같은 비행을 저지르지 않는 데 탁월했는데 스키피오가 바로 그 같은 유형의 인물이라고 말했다. 그 같은 그의 군대 지휘 방식이 견제받지 않고 방임되었다면 그의 성격 때문에 스키피오의 명성과 영광은 빛이 바랬겠지만 원로원의 명령으로 통제받아 자신에게 해가 되는 이 같은 성품이 드러나지 않았을 뿐만 아니라 영광도 얻을 수 있었다.

● ● ○

군주는 자기 뜻대로 행동해야 한다

그러므로 사랑받는 것과 두려움의 대상이 되는 것의 문제로 돌아가 그렇다면 나는 인간이란 자신의 선택 여하에 따라 사랑하지만 군주의 선택에 따라 두려움을 품으므로 현명한 군주라면 남의 선택보다 자신의 선택에 더 의존해야 한다고 결론짓겠다. 다만 앞에서 말했듯이 미움을 받는 것만은 피해야 한다.

《군주론》 17장 분석

미덕이 아닌 미덕을 계속 토론하면서 마키아벨리는 자비와 잔인함을 고려했다. 관대함과 비참함은 마찬가지로 그는 나쁜 품평 편에 섰다. 그는 최대 사람에게 이익이 되는 것의 고려 판단에 기반함으로써 군주가 자신의 영토에서 무질서가 통제에서 벗어나는 것을 허락한다면 자비를 베푸는 것은 아무 소용이 없다. 소수에게 해를 끼치는 통제된 양의 잔인함은 다수에게 해를 끼치는 광범위한 폭력과 불법을 피할 수 있다. 대다수가 고통을 겪도록 허용하는 자비는 자비가 아니다. 이것은 서구 법학에서 매우 오래된 생각이며 범죄 처벌 부과의 정당화로 인용된 것을 여전히 들을 수 있다. 잘못한 자를 처벌하지 않으면 범죄자의 미래 행동으로 해를 입을 무고한 자들의 처벌을 받는다.

마키아벨리는 8장에서 묘사된 무법 로마냐 지역을 정복하려는 체사레 보르자의 정책을 칭찬했고 피렌체 정부가 피렌체의 소유물인 피스토이아에서 내전이 발발했을 때 개입하지 못했다고 비판했다. 피렌체는 마키아벨리를 보내 상황을 조사했는데 그들이 아무 일도 하지 않은 결과, 많은 시민이 전투에서 숨졌다. 마키아벨리는 잔인함을 위해 잔인함을 옹호하지 않으려고 조심했다. 8장에서처럼 그는 군주에게 끊임없이 그의 신하들을 다치게 하지 말라고 경고했다. 그것이 그를 미워하게 만들기 때문이다. 대신 그는 더 큰 잘못을 피하기 위해 필요할 때만 잔인했다. 군대 지휘관들이 잔인해야 한다는 그의 주장조차 규율 유지에 기초하는데 이것은 훈련되지 않은 군대가 무고한 시민, 심지어 통치자 자신에게도 해를 끼치기 때문이다. 이 철학은 군주가 사랑받는 것과 두려워하는 것 중 하나를 선택해야 한다면 통치자와 신하 모두에게 적어도 두려워하는 것이 더 안전하다는 논리적 결론으로 이끈다.

인간 본성에 대한 마키아벨리의 전형적인 어두운 의견은 좋을 때 당신을 사랑한다고 맹세하지만 나쁠 때 당신을 버리는 자들에 대한 경고에서 보듯이 17장에 나와 있다. 17장에서 마키아벨리의 진술 중 가장 냉소적인 것은 사람들이 사랑하는 사람의 죽음을 자신의 재산을 몰수하는 것보다 더 빨리 용서한다는 그의 주장이다. 원시 인간의 이기심에 대한 더 암울한 평가는 있을 수 없다. 이 같은 사람들에게 둘러싸인 군주는 사랑이 너무 일시적이고 신뢰할 수 없어 두려움으로 그들을 통제할 수 있다면 실제로 더 안전하다.

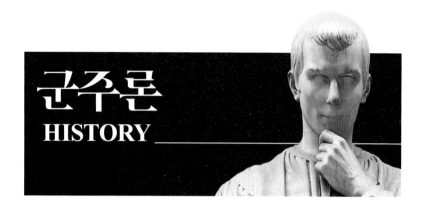

군주론 HISTORY

● ●

카르타고 여왕 디도

디도는 베르길리우스의 《아이네이스》 제4권에 나오는 '여왕의 열정' 에피소드에 등장한다. 디도는 페니키아 티로스의 왕 무토의 딸로 피그말리온과 남매지간이다. 무토는 임종할 때가 되자 왕권을 공평하게 나눠 가지라는 유언을 피그말리온과 디도 남매에게 남겼다. 하지만 아버지가 죽은 후 피그말리온은 왕권을 독차지하고 디도의 남편 시카르바스마저 죽였다. 디도는 자신을 따르는 귀족을 거느리고 티로스에서 도망쳐 아프리카 튀니지 해안으로 갔다. 그녀는 그곳에 정착하기로 결정하고 원주민의 왕 이아르바스에게 땅을 달라고 요청하자 소 한 마리 가죽으로 둘러쌀 만큼의 땅을 주겠다고 대답했다. 디도는 소가죽을 가느다란 실처럼 잘게 잘라 만든 끈으로 넓은 땅을 둥그렇게 감쌌고 이아르바스는 약속을 지켜 그 땅을 디도 일행에게 주었다. 이렇게 확보한 땅에 디도는 성채를 짓고 도시를 건설해 '새 도시'라는 뜻의 카르타고라는 이름이 붙었고 성채는 비르사라고 불렸다. 비르사는 '가죽'이라는 뜻이다.

카르타고가 인근에서 새로운 이주민을 받아들이며 활기찬 도시로 성장하자 이아르바스 왕은 카르타고 원로들의 지지를 얻어낸 후 디도에게 자신과 결혼할 것을 강요했다. 하지만 첫 남편 시카르바스가 죽은 후 절대로 재혼하지 않기로 맹세한 디도는 이아르바스의 결혼 요구를 받아들이지 않았다. 이아르바스는 디도가 청혼을 계속 거절한다면 카르타고와의 전쟁을 선포하겠다고 협박했다. 이 시기 트로이의 멸망으로 유민을 이끌고 새로운 정착지를 찾아 나선 아이네이아스가 카르타고에 도착했다. 디도 여왕과 카르타고 주민들은 아이네이아스 일행을 환대하고 그들이 편안히 휴식을 취하며 손상된 배를 수리하도록 도와줬다. 아이네이아스는 디도가 베푼 연회에서 그녀에게 트로이의 패망과 그동안의 모험담을 들려줬고 디도는 아이네이아스와 사랑에 빠졌다. 아이네이아스도 그녀의 남편이 되어 카르타고에 정착할 마음을 점점 품기 시작했다. 하지만 아이네이아스가 장차 로마를 건설할 운명임을 아는 제우스는 헤르메스를 보내 아이네이아스에게 디도와의 인연을 끊고 이탈리아로 떠날 것을 명했다. 결국 아이네이

디도 여왕의 자결_로마의 시인 베르길리우스의 《아이네이아스》에 나오는 카르타고의 여왕이다. 페니키아 티로스의 왕 무토의 딸로 자신을 해치려는 오빠 피그말리온의 손길을 피해 아프리카로 도망가 카르타고를 건설하고 여왕이 되었다. 트로이 유민을 이끌고 아프리카에 도착한 아이네이아스와 사랑에 빠졌지만 그가 이탈리아로 가기 위해 다시 카르타고를 떠나자 실의에 빠져 불길 속에 몸을 던졌다.

아스는 자신에게 주어진 운명을 받아들이기로 하고 디도에게 알렸다. 디도는 자신을 떠나겠다는 아이네이아스를 크게 나무라며 만류했지만 아이네이아스는 이미 마음을 굳힌 후였다. 아이네이아스는 필사적으로 만류하는 디도에게 작별인사도 없이 배를 출발시켰고 자신이 버림받았음을 깨달은 디도는 장작을 쌓고 아이네이아스와의 추억이 담긴 물건들을 불길 속에 던지고 자신도 불길 속에 뛰어들어 숨을 거두었다. 그녀는 숨을 거두면서 훗날 카르타고가 이탈리아 로마와 원수가 될 거라고 예언했다. 그녀의 예언대로 카르타고의 한니발은 로마를 괴롭히는 앙숙이 되었다.

● ●

한니발(Hannibal, 기원전 247~183년?)

고대 카르타고를 대표하는 장군이자 인류 역사상 최고 명장 중 한 명이다. 무적의 로마 군단이 이탈리아반도뿐만 아니라 서지중해 일대를 석권하던 시절 로마 군대에게 강력히 도전해 한때 콧대를 크게 꺾은 군대는 유럽이 아닌 아프리카 군대인 카르타고의 한니발이었다. 한니발은 제1차 포에니 전쟁에 참여한 카르타고 장군 하밀카르 바르카의 아들이다.

기원전 814년 원래 페니키아인들이 오늘날 북아프리카 튀니스만 지역에 세운 카르타고는 상업 도시국가로 해상무역으로 부유해졌지만 인구가 적어 자신의 시민만으로는 군대를 편성하기 힘들어 축적한 부를 이용해 외국 용병을 들여와 그들이 전쟁을 수행하도록 했다. 따라서 평상시 상비군은 없었고 전시에만 용병군대에 의존했다. 카르타고 군대는 로마 군단과 비교해 조직, 훈련, 무장 등 모든 면에서 열세였다. 카르타고 군대는 고급 사령부, 기병, 근위병 등을 제외하면 주로 에스파냐, 갈리아, 누미디아를 비롯해 기타 지역 출신 용병으로 구성되었다. 그들은 대부분 용감했지만 충성심이 결여되어 집단으로 반란에 가담하거나 탈출하는 사태가 잦았고 더 많은 보수를 원하거나 다른 불만이 있으면 서슴없이 반기를 들었다. 그들을 지휘하는 장군은 카르타고 출신이었지만 일반적으로 군사 능력보다 돈 많은 자가 선출되고 자주 경질되었다. 결국 로마 군대와 카르타고 군대의 제1차 포에니 전쟁(기원전 264~241년)에서 열세인 카르타고 군대가 대패해 시칠리아, 사르디니아, 코르시카 등 지중해의 전략적 요충지를 모두 잃었지만 제2차 포에니 전쟁에서는 완벽한 역전을 이뤘는데 선석으로 걸출한 명장 한니발의 힘 덕분이라고 할 수 있다. 한니발은 통합이 어렵게 여겨지던 카르타고 군대의 이질적 요소를 한군데 모아 더 큰 힘을 발휘하도록 하고 병사들을 고무시키고 자신을 따르게 하는 비범한 통솔력이 있었으며 적의 약점을 최대한 활용하는 혜안도 가진 군사적 천재였다.

에스파냐와 갈리아 지역에서 명성을 떨친 후 일약 최고사령관으로 승진한 한니발은 카르타고인들의 숙원사업이던 로마 정복에 나서 원정부대를 이끌고 알프스산맥을 넘어 전진했다. 당시 육로로 이탈리아를 공격하리라곤 아무도 예상하지 못했다. 이탈리아 침략에 앞서 후방을 안정시키기 위해 한니발은 본국에 스페인 용병, 스페인에 누미디아 용병을 교차 배치했다. 반란을 막으려는 조치였다. 원래 로마의 전략은 병력을 두 개로 나누어 카르타고와 스페인에 원정군을 보내는 것이었다. 그러나 한니발의 기습적인 알프스산맥 횡단 소식을 듣자마자 전군을 소집해 한니발에 대항하도록 했다. 하지만 카르타고 군대와 로마 군대 사이에 벌어진 북부 이탈리아 트레비아강 전투(기원전 218년)와 트라시메네호 전투(기원전 217년) 양대 전투에서 로마 군대가 대패하자 로마 정부와 시민은 크게 놀랐다. 로마 군대는 단순히 정면대결해 힘을 겨루는 방법에만 숙달해 기습과 기만의 천재인 한니발의 의표를 찌르는 작전에 속수무책이었다. 로마인들은 한니발이 정정당당하지 않다고 비난했지만 패자의 변명에 불과했다. 정보대를 이용해 적의 배치를 완전히 파악하고 지형을 최대한 활용해 함정을 만드는 한니발의 전법은 적을 매번 당황시켰고 급기야 로마 군대는 공포에 빠져 기습 소식만 들어도 도주병이 속출했다. 불리할 때 기습, 패배, 공포, 도주는 순식간에 일어났다.

이후 로마는 전장에서 한니발을 피하는 대신 로마 지도자 파비우스(Quintus Fabius)의 주장대로 한니발을 지치게 만드는 지연전략을 폈다.

알프스산맥을 넘는 한니발 군대_고대 카르타고를 대표하는 장군이자 인류 역사상 최고의 명장 중 한 명으로 꼽힌다. 제2차 포에니 전쟁에서 카르타고 지휘관으로 맹활약했다. 전투용 코끼리가 포함된 군대를 이끌고 알프스산맥을 넘어 이탈리아반도의 로마를 공격한 것으로 유명하다. 게다가 전설적인 칸나이 전투에서 대승을 거두어 로마를 궁지로 몰아넣었다. 그러나 끝내 로마를 함락시키지는 못했다.

로마인들은 한니발 때문에 자신들이 자랑하는 로마 군단의 전통과 배치되는 전략 개념을 받아들였고 전쟁에서 이용되는 지연전략을 '파비우스 전략'이라고 불렀다. 그러나 이탈리아 전역이 한니발에게 유린당하자 파비우스 전략을 이해하지 못한 로마 시민들이 한니발과의 결전을 촉구했고 원로원은 파비우스의 임기가 끝나자마자 루키우스 아이밀리우스 파울루스와 가이우스 타렌티우스 바로를 집정관에 임명했다. 이들은 적극적인 공세로 전환해 약 8만 명의 군단을 이끌고 약 5만 명의 카르타고 군대와의 전투에 나섰다. 로마 군대의 보급지 칸나에를 점령한 한니발은 수적으로 우세한 로마 군대 보병을 상대로 경보병과 주력인 중장보병을 정면에 두텁게 배치하고 양 날개에 로마 군대보다 우세한 기병대를 배치했다. 중앙의 경보병과 중장보병이 로마 군대의 보병 주력을 잡아두는 사이 양 날개의 기병대로 포위진을 구축해 수적 열세에도 포위섬멸전으로 압도적 승리를 거두었다. 로마 군대 전사자는 5만 명 이상인 반면 카르타고 군대 전사자는 8천 명도 안 되었다. 그럼에도 한니발은 결국 로마를 함락하지 못했고 로마 장군 스키피오 아프리카누스에게 자마 전투에서 패했다. 카르타고는 패배에도 불구하고 지금까지 명장으로 칭송받고 있다. 전쟁 결과와 별개로 그의 뛰어난 지휘력과 전설적인 전과는 부인할 수 없기 때문이다. 심지어 당대 적대국이던 로마도 그를 명장으로 칭송했다. 오늘날 그의 조국 카르타고, 그가 싸운 포에니 전쟁, 그를 꺾은 스키피오는 몰라도 한니발과 알프스 원정은 많이 알 정도로 그의 명성은 이어지고 있다.

18
CHAPTER

군주는 어떻게 약속을 지켜야 하는가

《군주론》18장 요약

군주가 자신의 말을 지켜야 한다는 것은 모두 알고 있지만 가장 많은 것을 이룬 군주들이 속임수로 성취했음을 우리는 안다. 군주는 인간의 길인 법이나 동물의 길인 힘으로 싸울 수 있다. 군주는 교활한 여우와 힘센 사자를 모방해야 한다. 현명한 군주는 다른 사람들도 똑같이 할 것을 기대할 수 있어 자신의 이익과 어긋날 때 자신의 말을 절대로 지키면 안 된다. 그것을 없애려면 좋은 거짓말쟁이가 되어야 하지만 당신은 항상 속는 사람들을 볼 것이다.

요약하면 유덕해 보이는 것은 쓸모있지만 상황에 따라 반대로 행동할 준비가 되어 있어야 한다. 가능하면 군주는 선을 행해야 하지만 필요하다면 악을 행할 준비도 되어 있어야 한다. 그러나 군주는 항상 유덕해 보이는 방식으로 행동하도록 조심해야 한다. 많은 사람이 당신을 볼 수 있지만 실제로 당신이 어떤 사람인지 아는 사람이 거의 없기 때문이다. 통치자가 자신의 국가를 정복해 유지한다면 모든 사람은 자신의 행동으로 판단해 그를 칭찬할 것이다.

술책이 진실을 이긴다

군주가 자신의 약속을 지키며 남을 속이지 않고 정직하게 행동하는 것이야말로 찬양받을 일임에도 경험에 의하면 우리 시대 위대한 업적을 쌓은 군주들은 약속을 별로 중시하지 않았고 기만으로 사람의 혼을 빼는 데 능숙했다. 그들은 결국 신의를 지키는 사람들을 제압했다.

짐승과 인간의 성품을 갖춰야 한다

그러므로 당신이 꼭 알아야 할 것이 있다. 싸움은 법에 의지하는 싸움과 힘에 의지하는 투쟁 두 가지 방법이 있다. 법적인 방법은 인간의 이성에 따르며 폭력적인 방법은 짐승이 본능적으로 가진 특성에 따른다. 고대 저술가들은 이 두 가지 방법을 넌지시 가르쳐준다. 사가(史家)들은 고대 세계의 아킬레우스(Achilles)와 기타 많은 군주가 명장으로부터 훈련받지 않고 머리는 인간이고 몸통은 말인 켄타우로스의 케이론(Chiron, 의학 지식으로 유명한 모든 켄타우로스(반인반마) 중 가장 현명한 케이론은 신화 속 영웅의 스승이다)에게서 훈련받길 부탁했음을 지적한다. 그들 모두 케이론 방식으로 훈련되었음을 지적한다.

여우와 사자

이 비유를 음미해보면 군주가 된 자는 반은 인간이 되고 반은 짐승이 되어 인간과 짐승의 특성을 필요에 따라 적절히 섞어 백성을 통치해야 한다는 뜻이므로 야수의 행동과 야수에게서 배워야 할 것을 군주는 반드시 여우와 사자로부터 배워야 한다. 사자는 올가미에 속수무책이고 여우는 늑대 앞에서는 저항할 힘이 없기 때문이다. 따라서 군주가 올가미에 걸리지 않으려면 여우가 되어야 하고 여우가 늑대와 싸워 이기려면 사자가 되어야 한다. 여우와 사자 중 한 가지 모습만으로 행동하는 군주는 미련하므로 현명한 군주는 그의 약속이 자신을 불리하게 만들 때는 약속을 지킬 수 없으며 지켜서도 안 된다. 위험을 감수하면서까지 자신을 불리하게 만들 약속을 군주가 지킬 이유는 없다.

모든 인간이 선량하다면 이 같은 충고는 옳지 않겠지만 인간은 사악한 동물이므로 그들이 당신에게 한 약속을 지키지 않는데 당신만 지킬 이유는 없지 않은가? 그리고 군주는 자신이 저지른 잘못에 아름답게 색칠할 줄 알아야 한다. 색칠할 재료는 얼마든지 찾을 수 있다. 최근 그 실례는 얼마든지 있다. 외국과 맺은 조약과 백성에게 한 약속이 군주의 불신으로 깨지고 지켜지지 않았고 가장 훌륭한 군주로 알려진 자는 대부분 교활한 여우의 특성을 가장 잘 따랐다. 따라서 군주는 자

신중함의 알레고리_마키아벨리와 동시대에 활동했던 베네치아의 거장 티치아노의 작품이다. 왼쪽 노인은 화가 자신인 티치아노다. 가운데 중년 남성은 자신의 아들 오라치오이며 오른쪽 젊은이는 자신의 조카 마르코다. 각 인물 밑에는 인물과 연관된 동물들이 그려져 있다. 티치아노 밑에는 늑대, 오라치오 밑에는 사자, 마르코 밑에는 개가 있다. 그림의 위에는 글씨가 있는데, "과거로부터 배워 현재 신중히 행동하면 미래를 그르치지 않는다"라는 뜻이다. 마키아벨리는 여우와 사자를 통해 군주는 이 모든 것을 가져야 한다고 역설했다. 티치아노의 신중함과 일맥상통한다.

신의 행동에 어떤 색을 칠해야 할지 항상 생각해야 한다. 어떤 면에서 군주는 최대 거짓말쟁이나 사기꾼이 되지 않을 수 없다. 인간은 단순하므로 많은 환경에 순응하므로 사기꾼은 사기에 걸려들 만한 단순한 인간을 얼마든지 발견할 수 있다. 교황 알렉산데르 6세는 사람을 속이는 것만 생각했고 사람들이 항상 속는 것을 봤다. 모든 일을 강력하고 확고한 서약으로 약속했고 그 약속을 지키지 않은 사람이 없음에도 인간의 단순한 성품을 활용해 그의 기만은 항상 성공했다.

● ●

필요하면 군주는 전통적인 윤리를 포기해야 한다

그러므로 군주는 앞에서 내가 말한 훌륭한 모든 자질을 갖출 필요는 없지만 최소한 그 자질을 갖춘 것처럼 백성에게 보여야 한다. 두렵지만 내가 감히 말하고 싶은 것은 군주가 모든 미덕대로 행동한다면 틀림없이 멸망할 거라는 점이다. 군주는 미덕을 갖춘 척만 하면 된다. 그러면 그 허위성이 군주에게 좋은 결과를 낳도록 도와줄 것이다. 군주는 자신이 인자하고 언행이 일치하고 악의가 없고 신앙심이 깊은 것처럼 백성에게 인식되는 데 만족하면 된다. 군주는 진실로 그래야 한다. 군주의 성향이 선하더라도 악행이 필요한 경우, 서슴없이 행해야 한다는 것을 알아야 한다. 군주, 특히 신생 군주는 사람들이 좋다고 생각하는 방법으로 처신할 수 없음을 분명히 알아야 한다. 지위 유지를 위해 그는 종종 신의 없이 약속을 어기고 비인도적으로 행동하고 종교 계율을 무시할 것을 강요당하므로 운명의 방향과 자신에게 닥치는 상황 변화에 맞게 자유자재로 행동을 바꿀 준비가 되어 있어야 한다. 앞에서 말했듯이 가능하면 올바른 행동을 해야겠지만 필요하다면 비행도 저질러야 한다.

●●

다수는 겉모양으로 판단한다

현명한 군주는 자신의 모든 말이 앞에서 언급한 다섯 가지 성품으로 가득 차도록 조심해야 한다. 군주를 바라보고 이야기를 듣는 사람들에게 그는 지극히 자비롭고 신의가 있고 정직하고 인간적이고 신앙심이 깊은 것처럼 보여야 하는데 특히 신앙심이 깊어 보이는 것이 가장 필요하다. 사람들은 대부분 손으로 만져보고 판단하기보다 눈으로 보고 판단한다. 군주를 바로 볼 뿐 직접 만져볼 수 있는 사람은 드물기 때문이다. 대부분 군주를 보이는 대로 볼 뿐이며 진면모를 직접 경험할 수 있는 사람은 극소수다. 그리고 그 극소수는 군주의 위엄으로 유지되는 대부분의 의견에 감히 반대할 수 없다. 사람들은 공정한 중개인이 없으면 인간의 모든 행동, 특히 군주의 행동 결과만 주목하므로 군주가 전쟁을 수행하고 국가를 보존할 수 있으면 그가 활용할 수단은 모든 사람에 의해 항상 명예롭고 찬양받을 것으로 판단될 것이다. 보통사람들은 늘 일의 겉모습과 결과에 현혹되고 이 세상에는 보통사람이 압도적인 다수이고 그 다수가 군주와 의견이 같을 때 소수는 고립되기 마련이다. 굳이 이름을 밝히진 않겠지만(마키아벨리가 이름을 감춘 자는 아라곤 페르디난트다) 우리 시대의 군주 한 명은 평화와 신뢰에 늘 적대적이지만 입으로는 항상 그것을 부르짖는다. 그가 그것을 실천했다면 자신의 명예나 국가를 여러 번 잃었을 것이다.

《군주론》 18장 분석

18장에서는 마키아벨리가 군주가 보여야 할 자질 논의를 마무리한다. 그가 약속한 대로 현실 세계에 발을 굳건히 디디고 모든 사람이 군주가 자신의 말을 지켜야 한다고 가정하더라도 경험은 자신의 말을 지키지 않는 사람들이 그렇게 하는 사람 중에서 더 나아질 수 있음을 보여준다. 이것은 기만에 대한 마키아벨리의 정당화다. 당신은 다른 군주들이 당신에게 그들의 말을 존중하지 않을 것을 기대할 수 있으므로 그들에게 당신의 말을 존중할 의무가 없다고 느끼면 안 된다. 세바스찬 데 그라지아(Sebastian de Grazia)는 18장을 기록하면서 마키아벨리의 교훈을 '황금률이 아닌 것'이라고 언급하며 그들이 당신에게 행하리라고 기대하는 대로 다른 사람에게 행하라고 말했다. 이 최고의 세계에서 군주는 사자처럼 힘에만 의존하는 대신 영리한 여우를 모방해 짐승처럼 행동해야 한다. 사기꾼으로 가득 찬 세상에는 속일 누군가가 필요하며 마키아벨리는 국가가 평화롭고 번영하는 한 모든 종류의 기만을 간과하려는 사람이 많다는 것을 알게 된다.

공공 이미지에 대한 군주의 통제는 18장에서 특별한 관심을 받는다. 군주는 때때로 반대 방식으로 행동해야 하더라도 항상 진실하고 자비롭고 종교적으로 보여야 한다. 흥미롭게도 이것은 그가 8장에서 부족한 아가토클레스를 비난하는 것과 똑같은 특성이지만 여기서 그는 필요할 때 그들을 분배하라고 군주에게 조언한다. 그러나 엄청난 무리의 사람들은 군주를 있는 그대로 못 볼 것이다. 그들은 그가 투사하는 이미지만 볼 것이다. 군주의 진정한 본성을 아는 극소수의 내부자는 사람들이 그를 지원하는 한 그를 해치지 않고 사람들은 그가 성공하는 한 그를 지원할 것이다. 여기서 마키아벨리는 훌륭한 언론을 얻는 법을 정치인에게 조언하는 현대의 스핀 닥터(Spin Doctor, 정부 수반이나 각료의 측근에서 국민의 의견과 여론을 수렴해 정책으로 구체화하거나 정부 정책을 국민에게 납득시키는 정치 전문가)처럼 놀랍게 들린다.

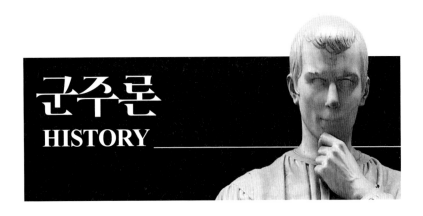

군주론
HISTORY

●●

영웅들의 스승, 케이론

예언자 테이레시아스와 칼카스에 이어 그리스 신화의 현자 케이론도 정신적 스승의 원형이다. 케이론은 상체는 인간, 하체는 말인 켄타우로스족이다. 켄타우로스족 출신은 두 가지 설이 있다. 아폴론의 아들 켄타우로스와 스틸베의 후손이라는 설과 정설로 통하는 익시온과 구름 사이에서 태어났다는 설이다. 익시온은 테살리아의 왕으로 신화 최초의 근친 살해범으로 에이오네우스의 딸 디아와 결혼했다. 결혼 전 그는 많은 지참금을 장인에게 약속했지만 결혼 후에도 지불하지 않았다. 기다리다가 지친 장인은 익시온의 암말들을 담보물로 가져갔다. 흉계를 꾸민 익시온은 장인을 집으로 불러 가져간 암말들을 갖다

주면 약속한 지참금을 모두 주겠다고 했다. 장인이 전혀 눈치채지 못한 채 찾아오자 익시온은 석탄이 발갛게 이글이글 타오르는 구덩이에 그를 밀어넣어 죽였다.

　인간이든 신이든 끔찍한 죄를 저지른 그를 정화해주려고 하지 않았다. 결국 제우스가 나서서 익시온을 정화하는 일을 떠맡았다. 올림포스에 초대된 익시온은 자신의 죄를 정화하기는커녕 헤라 여신에게 눈독을 들였다. 그는 제우스가 다른 여인과 바람피운다는 핑계로 헤라를 유혹해 접근했지만 정숙한 '가정의 신' 헤라는 기가 막혔다. 그녀는 당장 그 사실을 남편 제우스에게 알렸지만 제우스는 그녀의 말이 믿기지 않았다. 그는 익시온을 시험하기 위해 구름으로 헤라의 모양을 만들어 익시온의 침대에 밀어 넣었다. 익시온은 드디어 자신의 유혹이 성공했다고 믿고 헤라와 동침했다. 그러나 구름과 사랑을 나눈 탓일까? 그들 사이에 태어난 것은 온전한 인간이 아닌, 상체는 인간이고 하체는 말인 켄타우로스였다. 제우스는 익시온의 배은망덕한 행동에 분노해 그를 지하세계에 가두고 계속 돌아가는 불마차 바퀴에 묶어 고통을 줬다. 그러나 케이론은 익시온의 후손이 아니었다. 그는 티탄 신족의 왕이자 제우스의 아버지 크로노스와 메가라의 왕 필라스의 딸 필리라의 아들이었다. 크로노스는 아내 레아가 숨긴 아들 제우스를 찾아다니며 레아의 눈을 속이기 위해 말의 형상을 했다. 그때 크로노스는 필리라를 만나 사랑을 나눠 반인반마의 케이론을 낳은 것이다.

아킬레우스에게 활쏘기를 가르치는 케이론_그리스 신화 영웅들의 스승인 케이론은 아스클레피오스, 아리스타이오스, 대(大)아이아스, 아이네이아스, 악타이온, 카이네우스, 테세우스, 아킬레우스, 이아손, 펠레우스, 텔라몬, 헤라클레스, 오일레우스 등 쟁쟁한 영웅들을 가르쳤다.

출신성분 때문이었을까? 익시온의 후손 켄타우로스족은 폭력적이고 거친 반면 케이론은 이 세상에서 가장 현명하고 선하고 일찍부터 정신적 스승으로 명성을 날렸다. 수많은 그리스 영웅들이 그의 명성을 듣고 가르침을 받기 위해 펠리온산의 그의 동굴로 찾아왔는데 유명한 자로 이아손, 아스클레피오스, 악타이온, 헤라클레스, 아킬레우스 등을 들 수 있다. 아폴론 신도 케이론에게서 가르침을 받을 정도였다. 그는 영웅들에게 전술, 사냥술, 음악, 윤리 등을 가르쳤는데 특히 그는 의학에 천부적인 소질이 있어 아폴론의 아들 아스클레피오스에게 의학을 가르쳤다. 아스클레피오스는 사후 결국 '의술의 신'에 등극했다. 불사의 몸으로 태어난 케이론은 히드라의 맹독을 바른 헤라클레스의 화살에 맞아 신음하다가 제우스에게 죽음을 간청해 숨을 거두었다.

19
CHAPTER

경멸과 미움은 어떻게 피해야 하는가

《군주론》19장 요약

군주는 미움이나 멸시를 받으면 안 된다. 그의 피험자들의 재산이나 여자를 취하면 미움을 받을 것이다. 경솔하고 우유부단하고 비열하면 멸시받을 것이다. 군주의 모든 행동에는 진지함, 힘, 결단력이 있어야 한다. 음모와 같은 내부 위협에 대한 최선의 방어는 미움이나 멸시를 받지 않는 것이다. 공모자가 군주를 죽이면 백성이 분노할 거라고 생각한다면 그는 다시 생각할 것이다.

현명한 군주는 귀족을 적대시하지 않고 행복을 유지하기 위해 조심해야 한다. 프랑스에서는 의회가 귀족의 야망을 억제하고 왕을 직접 관여시키지 않고 백성을 선호해 편애로 비난받을 수 없다. 군주는 다른 사람들이 불쾌한 일을 하도록 놔두고 자신을 위해 그들을 좋게 보이게 하는 일을 해야 한다. 어떤 사람들은 로마 황제의 경력이 이 주장에 반대한다고 반대할 수도 있다. 그들 중 다수가 매우 존경받았음에도 암살당했기 때문이다. 이것은 그들이 병사들을 상대해야 했고 전쟁광 지도자를 원하는 병사들과 평화를 원하는 사람들을 모두 만족시킬 수 없었기 때문이다. 마르쿠스, 페르티낙스, 알렉산더는 모두 동정심 많고 정의로웠지만 마르쿠스만 암살을 피했다. 세습통치자였고 권력을 군대에게 빚지지 않았기 때문이다. 콤모두스, 세베루스, 안토니누스, 막시미누스는 모두 잔인하고 탐욕스러웠고 세베루스만 암살을 피했다. 너무 교활하고 무자비하고 훌륭한 명성을 유지했기 때문이다. 그러나 마키아벨리 시대 군주들은 그들의 군대를 만족시킬 필요가 없었다. 로마 군대가 그랬듯이 오랜 기간 함께 있고 전체 지역을 통제하는 데 익숙하지 않았기 때문이다. 대신 군주는 더 강력한 사람들을 만족시켜야 했다.

●●●

미움을 초래하는 것

군주가 갖춰야 할 중요한 자질은 앞에서 이미 논의했으므로 그 외 일반적인 내용을 간략히 다루겠다. 전에 내가 암시했듯이 군주는 미움이나 멸시를 받을 그 어떤 행동도 피해야 한다. 백성의 미움과 멸시를 받지 않도록 행동하는 한 자신의 직분을 충실히 수행하고 악덕이 있더라도 위기를 극복할 수 있다. 군주가 신하의 재산이나 부녀자를 탐내면 모든 미덕은 소용없으며 신하와 백성의 미움을 받는다. 군주는 신하의 재산과 아내가 탐나겠지만 그 같은 행동을 당연히 자제해야 한다. 많은 재산과 명예를 강탈하거나 더럽히지 않아야 많은 백성이 군주를 사랑하며 살아가므로 군주는 야심 찬 소수만 잘 다루면 되며 다양한 방법으로 그들을 쉽게 제압할 수 있다.

군주가 변덕이 심하거나 경솔하거나 나약하거나 비겁하거나 굳건하지 못하다는 평을 받으면 백성의 멸시를 받는다. 군주는 이 같은 결점을 바로잡아야 한다. 군주는 자신의 행동이 위대하고 용기 있고 지혜롭게 보이도록 시위해야 한다. 신하와의 분쟁이 생기면 군주는 자신의 결정을 절대로 번복할 수 없다는 것을 분명히 표현해야 한다. 아무도 군주를 감히 경멸하거나 속이지 못하게 해야 한다. 군주가 위대한 인물로 인식된다면 반역은 어려우며 공개적인 비난이나 공격은 더더욱 불가능하다. 군주가 위대한 인물로 신하들의 추앙을 받으므로 아무도 감히 도전하지 못한다.

● ●

명성은 안전을 가져온다

군주는 경계해야 할 두 가지가 있다. 내부 반란과 외세의 침략이다. 튼튼한 국방력과 인접국과의 상호방위조약으로 외세 침략은 막을 수 있다. 군주가 강력한 군사력이 있으면 항상 우호적인 상대국과 동맹을 맺게 된다. 하나 더 말할 것은 군주가 외교 관계를 성공적으로 유지하고 그 동맹관계가 음모로 파괴되지 않으면 국내 문제는 항상 안정을 유지할 수 있다는 것이다. 외교 관계에 분쟁이 생겨도 평소 동맹관계를 잘 유지한 군주라면 끝까지 견디고 어떤 어려움을 당해도 항복하지만 않는다면 동맹국의 도움으로 스파르타의 나비스처럼 모든 침략을 분쇄할 수 있을 것이다.

● ●

음모를 저지할 최강의 대비책

외환 없이 집권하는 군주는 신하들의 모반을 가장 경계해야 한다. 이 내란 음모로부터 자신을 지킬 방법은 무엇인가? 백성의 미움이나 멸시를 안 받으면 된다. 백성이 만족하며 살고 두려워하도록 행동해야 한다. 그러려면 내가 이미 길게 설명했듯이 군주는 잔인해야 한다.

군주가 음모에 대처하는 가장 안전한 방법은 무엇일까? 백성의 미움을 받지 않는 것이다. 반역자는 항상 증오의 대상인 군주를 시해해 백성의 환심을 사 집권하기 때문이다. 그러나 반역자들의 음모를 백성이 싫어하는 눈치가 보이면 그 음모를 결행할 방법이 없다고 판단한다. 반역자 입장에서 백성이 원치 않는 음모는 수많은 난관이 예상되기 때문이다.

역사상 수많은 음모가 존재했지만 최후에 성공한 예는 드물다. 왜 그럴까? 음모 주동자는 협조자가 필요하다. 자신에게 협조하고 믿을 만한 자가 필요하며 그들도 현실을 타파하려는 뜻이 같아야 하기 때문이다. 죽을 각오로 비밀을 지킬 자들이 모이기는 매우 어렵다. 음모

주동자는 다른 불평분자에게 자신의 계획을 털어놓자마자 상대방을 만족시킬 이권을 제시해야 한다. 주동자가 속마음을 털어놓으면 동조자들도 주동자가 바라는 모든 것을 갖고 싶기 때문이다. 모종의 이득이 있다는 분명한 정보를 주면 위험이나 의구심이 있더라도 자발적으로 협조할 것이다. 확신이 선 협조자는 소수이지만 진정한 동지가 된다. 그들은 군주로부터 주동자의 음모를 지켜주고 군주에게 무자비한 적으로 돌변한다.

내가 반역자라면 내가 계획한 음모를 실행하기 위해 두려움, 질시, 공포에서 벗어나 내 계획이 실패하면 무참히 처형당하는 것 외에는 아무 것도 두려울 것이 없다. 반대로 내가 군주 입장에서 말하면 거기에는 국가의 위엄, 국가를 지키는 법률이 있으며 군주를 존경하는 도시와 우방의 지원이 있으니 두려울 것이 없다고 지적하고 싶다. 군주에게는 충성스러운 백성이 많으니 아무도 섣불리 음모를 못 꾸밀 것이나. 동서고금을 막론하고 음모자가 거사를 행동에 옮기기 전 공포를 느끼는 것이 일반적이다. 반역자가 느끼는 공포는 음모 실행 후 나타날지도 모르는 백성의 적의에 대한 두려움이다. 반역자가 범죄적 계획을 감행해 성공하더라도 백성이 반대한다면 도망갈 곳조차 없을 것이다.

벤티볼리오의 예

이 같은 예는 수없이 열거할 수 있지만 한 가지 예는 꼭 말하고 싶다. 이것은 우리 아버지 세대의 기억 속에 남아 있다. 칸네스키(Canneschi, 볼로냐의 세도가로 베니스와 플로렌스에 맞서는 밀라노를 지원했다)는 현재 생존한 안니발레(Annibale)의 할아버지다. 볼로냐의 군주였던 안니발레 벤티볼리오에 대한 음모를 꾸미고 그를 살해했다. 칸네스키의 음모로 망한 이 왕가에는 아기 강보에 싸인 어린 메세르 지오반니가 후계자로 남아 있을 뿐이다. 그러나 안니발레 벤티볼리오가 살해되자 분노한 대중이 항거해 칸네스키의 모든 족속을 죽여버렸다.

백성은 당시 지배자였던 벤티볼리오 가문(Bentivoglio Family, 르네상스 시대 정치적 자치권을 가진 볼로냐의 사실상 통치자로 이탈리아 귀족 가문이다)의 존재에 대한 존경 때문에 음모자에게 반기를 들었다. 대중의 궐기는 승리했지만 안니발레 벤티볼리오가 죽은 후 정부를 통치할 후손이 볼로냐에 단 한 명도 없었다. 군주의 씨가 말랐다는 소식을 들은 볼로냐 시민들은 벤티볼리오의 한 후손이 플로렌스에서 대장간 아들(산테 벤티볼리오)로 살고 있다는 소식을 듣고 그를 찾아갔다. 시민들은 현재의 어린 조반니가 나라를 통치할 나이가 될 때까지 그에게 국가 통치를 맡겼다.

결론적으로 평소 군주가 백성의 환심을 사면 반역자의 음모 따위는 걱정하지 않아도 되지만 군주에 대한 백성의 적개심이 커져 군주가 증오의 대상이라면 언제 어디를 가든 백성의 행동과 국가의 모든 현상에 공포를 느낀다. 훌륭한 국가의 현명한 군주는 항상 귀족의 격분을 자아내지 않고 백성을 안정시키고 만족시킬 정치를 고민한다. 이 같은 고민은 훌륭한 군주가 갖춰야 할 가장 중요한 덕목 중 하나다.

● ●

귀족과 백성을 모두 만족시킨 프랑스 정치질서

우리가 사는 이 시대 훌륭한 정치를 하는 왕국은 프랑스다. 프랑스는 수많은 가치를 지닌 통치기구로 왕의 자유와 안정을 유지한다. 자랑할 만한 프랑스 통치기구 중 손꼽을 만한 것은 의회와 그 의회에 부여된 권위다. 프랑스 왕국 창건자는 피지배자들이 가질 수 있는 야심과 권력에 대한 분노를 알아 그들의 직성을 의회를 통해 풀어줘야 한다고 판단했다.

한편 그는 다수의 대중을 만족시키기 위해 노력했다. 다수의 대중은 귀족을 두려워했고 두려운 존재로서의 귀족에 대한 대중의 분노가 팽배했기 때문이다. 그는 귀족과 백성이 대립해 싸우는 데 대한 책임이 군주에게 있지 않도록 조심했다. 대중의 호감을 사는 군주의 행동은 귀족의 반감을 부르고 반대로 귀족의 환심을 사는 행동은 대중의 반감을 샀기 때문이다. 그 같은 위기에서 자신을 구하고 싶어 그는 귀족계급을 견제하고 약자의 환심을 얻으면서도 왕에 대한 반감을 부르지 않는 독립적인 조정기관을 만들었다. 이 같은 기능을 가진 통치기구로 의회보다 유익하고 효율적인 기구는 없었고 왕과 왕국의 안보를 보장하는 더 효과적인 기구도 없었다.

● ●

로마 황제들의 예

여기서 주목할 점이 있다. 군주는 자신의 비신사적인 행위의 책임을 떠넘길 대상이 필요하며 모든 좋은 일의 공로는 군주만의 것이 되어야 한다는 것이다. 즉 군주에게 귀족은 가치 있는 존재이지만 그렇다고 백성의 미움을 받아서도 안 된다. 로마 제국의 흥망성쇠를 아는 사람들은 내 의견에 반박할 예가 많을 것이다. 로마 제국 황제 중에는 권력을 잃거나 심지어 신하의 음모로 죽은 예도 있다. 그러나 이 반론을 반박하는 것은 일부 황제의 특징을 들어 그들이 망한 원인을 규명해 내 지론이 틀리지 않았음을 증명하기 위해서다.

오늘날 아이들도 아는 사실을 예로 들어 설명하겠다. 지금 제시하는 인물들은 마르쿠스 시대부터 철학자 막시미누스(Maximinus)까지의 모든 황제인데 마르쿠스 아우렐리우스(Marcus Aurelius)와 그의 아들 코모두스(Commodus), 페르티낙스(Pertinax), 줄리앙(Julian), 세베루스(Severus)와 그의 아들 카라칼라(Caracalla), 마크리누스(Macrinus), 헬리오가발루스(Heliogabalus), 알렉산더(Alexander), 막시미누스(Gaius Iulius Verus Maximinus Thrax)다.

◆ **마르쿠스 아우렐리우스**: 제국 말년에 열심히 일했고 효과적인 방법을 동원하려고 노력했지만 결국 내우외환을 맞았다.

◆ **코모두스**: 180~193년 로마 황제로 아버지의 왕권을 계승해 통치하며 백성이 견딜 수 없을 만큼 잔혹한 정치를 했다.

◆ **페르티낙스**: 코모두스 암살 후 프레토리안 경비대에 의해 황제로 선포되었지만 3개월 후 반역적인 병사들에 의해 암살당했다.

◆ **줄리앙**: 페르티낙스 암살 후 프레토리안 경비대로부터 황제 직분을 샀지만 2개월 후 상원 명령으로 암살당했다.

◆ **세베루스**: 상원이 선포한 황제로 페스케니우스 니게르와 클로디우스 알비누스에 의해 왕좌에 대한 주장을 극복했다. 영국에서 군사작전 도중 사망했다.

◆ **안토니누스 카라칼라**: 마르쿠스 아우렐리우스 안토니누스는 카라칼라라고 불린다. 셉티미우스 세베루스의 장남으로 친위대 경비병 마크리누스의 지시로 살해당했다.

◆ **마크리누스**: 마르쿠스 오펠리우스 세베루스는 짧은 통치 기간 아시아 군사작전에 몰두했다. 그는 반대자들에 의해 처형당했다.

◆ **헬리오가발루스**: 엘라가발루스라고도 불렸으며 프레토리안 경비병에 의해 살해당했다.

◆ **알렉산더**: 마르쿠스 아우렐리우스 세베루스 알렉산더로 사촌 헬리오가발루스를 계승했다. 갈리아에서 반역적인 병사들에 의해 살해당했다.

◆ **막시미누스**: 알렉산더 세베루스가 살해당한 후 군대에 의해 황제에 임명되었고 자신의 군대에 의해 살해당했다.

군인들의 환심을 사도록 강요당한 로마 황제들

여기서 주의할 것이 있다. 다른 국가의 군주들은 귀족의 야심과 백성의 분노를 부르지 않기 위해 노력하면 되었지만 로마 황제들은 또 다른 어려움을 겪었다. 군인들의 잔인함과 탐욕에 대한 대책을 세워야 했던 것이다. 군인들의 잔인함과 탐욕은 해결하기 매우 어려웠고 많은 왕국이 이 때문에 망했을 정도다. 군인과 백성을 동시에 만족시키기는 거의 불가능했다. 백성은 원래 평화애호적이며 모험이 없는 황제를 좋아했지만 군인들은 호전적이고 거만하고 잔인하고 탐욕스러운 군주를 좋아했다.

군인들은 군주가 이 같은 자질을 백성에게 보여주고 자신들의 월급을 올려주고 탐욕을 채워주고 잔인함을 만끽하도록 놔두길 원해 세습적인 권위도 없고 백성과 군인을 동시에 만족시켜 주지도 못하는 군주는 늘 슬픈 종말을 맞기 마련이었다. 수많은 군주, 특히 신생 군주국에서 이 두 계층 사이에 이해가 엇갈리면 군주들은 군인계급을 회유하기 위해 주저없이 대중을 짓밟았는데 이 같은 정책은 정당하지 않지만 필요했다. 군주에 대한 증오심이 타오르면 먼저 주의할 것이 있다. 모든 사람과 모든 계층의 신하로부터 증오의 대상이 되지 않는 것이다. 이것이 불가능하다면 가장 강력한 세력의 증오는 반드시 피해야 하므로 군주의 지위에 새로 등극한 자는 보편적인 지원보다 훨씬 강력한 지원이 필요해 대중보다 군인에게 기대를 더 걸었다. 군주가 군인에게 의존하는 정책의 유·불리 문제는 군주의 지위와 군대의 관계를 보면 자연스럽게 알 수 있다.

● ●

정의를 사랑하고 인자했던 황제들

앞에서 지적한 이유의 타당성을 살펴보자. 마르쿠스 아우렐리우스, 페르티낙스, 알렉산데르는 모두 모험과는 거리가 멀었고 정의를 사랑하고 잔인함을 증오하고 친절하고 절제하는 지배자였지만 마르쿠스를 제외하고 모두 비운의 종말을 맞았다. 마르쿠스 혼자 평생 권좌에 앉아 보내고 죽은 후에도 높은 명예를 유지한 비결은 무엇인가? 그는 세습으로 군주 지위를 계승했으므로 자신의 지위를 유지하기 위해 군인과 대중에게 감사할 필요가 없었기 때문이다. 그러나 마르쿠스는 인격적으로 위대한 명성을 얻을 만한 자질이 충분했다. 그의 통치기를 통틀어 군인계급과 대중을 확실히 통솔했고 그들의 미움이나 멸시를 단 한 번도 받지 않았다. 그러나 페르티낙스는 집권 초기 비운을 맞았다. 코모두스 밑에서 벌어지는 군인들의 방탕한 생활을 그는 이해할 수 없었다. 새로 군주가 된 페르티낙스가 요구하는 엄격한 군기를 군인들은 견딜 수 없어 황제 스스로 증오의 대상이 되도록 행동한 결과가 되었다. 더욱이 그는 너무 늙어 군인들의 비웃음을 받았다.

여기서 주의해 살펴볼 것이 있다. 군주는 악행으로 백성의 미움을 받듯이 선행으로도 미움을 받는다는 사실이다. 그러므로 내가 지적했듯이 권력을 유지하려는 군주는 때때로 악행을 저질러야 한다는 심리적 압박을 받는다. 군주의 지배를 존속시키는 자들이 늘 있기 때문이다. 그들이 대중이든 군인이든 귀족이든 부패할 여지가 있기 마련이다. 당신 스스로 그들의 부패를 책망하기보다 당신을 받드는 데 만족하고 그들의 취향을 따른다. 이때 군주는 자신의 지지계층에 대한 선심을 선행으로 착각할지도 모르지만 군주의 선행은 군주의 적이 된다.

알렉산데르는 절세의 선정가(善政家)였다. 특히 백성에 대한 신뢰는 어느 선정보다 높은 평을 받는데 그의 통치 14년 동안 죄수를 재판 없이 처형하지 않은 데서 알 수 있다. 그러나 그는 나약하고 어머니의 뜻대로 국가를 통치하는 것으로 알려져 결국 멸시받고 군인들의 음모로 살해당했다. 그와 대조적인 코모두스, 세베루스, 안토니우스 카라칼라, 막시미누스의 성격을 비교해보면 지금까지 살펴본 황제들과 정반대로 극도로 잔인하고 탐욕스러웠음을 알 수 있다. 군인들을 만족시키기 위해 백성에게 피해를 끼치지 않을 방법이 없었고 세베루스를 제외하고 모두 비운의 종말을 맞았다.

잔인한 세베루스는 존경받았다

지혜로운 세베루스는 군인계급과 우호관계를 유지했다. 그는 대중을 탄압했지만 국가를 끝까지 성공적으로 통치했다. 그의 지혜가 군인과 대중에게 너무 인상 깊어 대중은 감탄하고 두려워했다. 군인들도 그를 존경하고 만족하며 섬겨 그는 군주 자리를 유지할 수 있었다. 세베루스는 그 행적이 기억될 만한 인물이다. 새로 군주가 된 인물로는 특출한 면이 있었다. 내가 앞에서 말한 여우와 사자의 본성 둘 다 훌륭히 이용했는데 이것은 새 군주가 반드시 모방해야 할 점이다.

줄리앙(Julian) 황제의 무능함을 알게 된 세베루스는 금위군에게 살해당한 페르티낙스의 죽음을 복수하기 위해 로마로 진격해야 한다고 생각했다. 그는 자신의 군대를 설득시켜 살보니아에서 진격 명령을 내렸다. 로마 제국에 대한 자신의 계획을 드러내지 않고 군대를 진격시켰고 그가 쳐들어온다는 소문이 나기도 전에 이탈리아에 도착했다. 그가 입성하자 원로원은 공포에 질려 그를 황제에 선출하고 줄리앙을 살해했다. 이같이 계획이 성공하자 세베루스는 전 제국의 황제가 되기로 결심했지만 두 가지 장애물이 있었다. 하나는 아시아에 있었는데 그곳에서 아시아 군대를 지휘하던 페스세니우스 니게르(Pescenius Niger)가 자신을 황제라고 주장하고 나선 것이다. 또 다른 장애는 서방에서 역시 황제로 행세하던 알비누스(Albinus)였다. 이 둘에게 동시에 적대감을 보이는 것은 위험하다고 판단한 세베루스는 니게르는 쳐부수고 알비누스에게는 속임수를 쓰기로 했다.

세베루스는 알비누스에게 '나는 원로원에서 황제로 추대되었으니 이 영광을 당신과 나누고 싶다. 그대에게 '시저' 칭호를 보내니 원로원의 결정에 따라 그대와 나는 공동으로 황제 지위에 올랐다.'라는 서신을 보냈다. 알비누스는 자신이 들은 모든 것을 사실로 받아들였다. 알비누스를 무마시킨 세베루스는 니게르 군대를 패망시킨 후 니게르를 살해해 동부 지역에는 평화가 찾아왔고 세베루스는 로마로 돌아와 원로원에 출석해 알비누스가 자신의 호의를 거절하고 비열하게도 자신을 죽이려고 한다며 불평을 털어놓았다. 따라서 부득이 출병해 그런 배은망덕한 자를 처단할 것을 주장했다. 끝내 그는 프랑스의 알비누스에게 진격해 그의 왕국과 목숨을 빼앗았다. 그러므로 세베루스의 통치방식을 유심히 연구하는 자는 사자의 맹렬함과 여우의 교활함을 갖췄음을 알게 될 것이다. 그는 모든 사람으로부터 공포와 존경을 받았고 군대의 증오를 단 한 번도 받지 않은 위인이었다. 새로운 군주로 벼락출세해 그토록 큰 권력을 휘두르며 유지한 사실에 경탄하지 않을 수 없다. 아무리 약탈하더라도 그 약탈행위로 생기는 백성의 저주로부터 자신의 무자비함이 늘 그를 보호해줬기 때문이다.

카라칼라는 살해당했다

세베루스의 아들 안토니우스 카라칼라도 백성이 감탄하고 군인들이 존경할 만한 훌륭한 자질의 소유자였다. 그는 군 출신으로 어떤 환경에도 대처할 능력이 있었다. 책상 앞에서든 어디서든 나약한 일을 늘 비웃었다. 이런 점이 군인들이 그를 위해 헌신적으로 싸운 요인이었다. 전대미문의 포악성과 잔인함은 수많은 백성을 처형했다. 알렉산드리아의 전 시민을 살해할 정도로 잔인했던 그는 세월이 흐르면서 자연스럽게 증오의 대상이 되었다. 가장 친한 사람들도 그를 두려워하기 시작했다. 마침내 자신의 부하와 군대에 의해 포위당한 자리에서 한 백부장(로마 군대 조직에서 100명의 병력을 거느린 지휘관)의 칼을 맞고 최후를 맞았다.

여기서 주의할 점은 어떤 군수라도 반역자의 음모가 백성의 열렬한 지지로 진행된다면 죽음을 피할 수 없다는 것이다. 죽음의 공포가 없다면 군주를 죽이기 위해 어떤 고통도 견딜 수 있기 때문이다. 그러나 이 정도 음모는 흔치 않으므로 군주가 두려워할 이유는 없다. 어쨌든 군주는 국정운영에서 측근인 신하나 부하에게 슬픔을 주는 행동을 자제해야 한다. 이 같은 점에서 안토니우스는 잘못을 저질렀는데 매일 경호원 백부장을 협박하고 그의 형제를 무참히 죽인 것이다. 이 포악

카라칼라의 흉상_어릴 때부터 군단 기지에서 성장했으며 군단장이었던 아버지의 영향을 받았던 카라칼라는 총사령관으로서 군사적 재능을 갖추고 있었다. 카라칼라는 아버지 세베리우스가 브리타니 원정에서 사망하자 동생 게타와 함께 로마 제국의 공동통치자가 되었지만 동생을 모함해 죽이고 단독지배자가 되었다. 로마 황제에 등극할 당시 23세였다. 괴팍하고 거칠고 다혈질이었지만 매우 적극적인 성격이었다고 전해진다. 과시욕이 컸던 카라칼라는 인기와 인심을 얻기 위해 로마에 대목욕장을 건설했다. 메소포타미아 북부의 카라에서 머물던 중 황제 근위병 대장 마크리누스(Macrinus, 훗날 로마 황제가 됨)와 호위병들에게 암살당했다.

한 행동은 결국 그를 비운의 죽음으로 내몰았다.

●●
코모두스는 멸시를 초래했다

코모두스를 생각해보자. 그는 왕국을 쉽게 통치할 수 있었다. 마르쿠스 아우렐리우스의 아들로 태어나 왕권을 세습했기 때문이다. 아버지의 발자취만 따르면 무사했고 군인들과 백성을 만족시킬 수 있었다. 그러나 잔인하고 야만적인 성격 때문에 탐욕을 채우는 정치를 백성에게 펴고 군인들이 방종과 부패에 빠지는 것을 방치하고 위신을 잊고 자신과 격이 안 맞는 비천한 검투사와의 결투를 즐겨 종종 투기장으로 내려갔다. 황제의 권위에 먹칠하는 이 같은 무지한 행동으로 결국 군인들의 증오와 멸시를 받고 살해당했다.

●●
막시미누스, 멸시받다

마지막으로 살펴볼 인물은 매우 호전적이었던 막시미누스다. 앞에서 지적한 알렉산데르의 나약한 성격에 지친 군대가 알렉산데르가 죽은 후 그를 황제로 추대했고 그의 권력은 오래가지 않았다. 다음 두 가지 이유로 증오와 멸시를 받았기 때문이다. 첫째, 그는 비천한 하층 출신으로 한때 트레이스(Thrace)에서 양치기 목동이었다. 이 사실이 모든 백성에게 알려져 황제가 된 후에도 모든 백성의 눈에 비천해 보였다. 둘째, 황제에 선출되었을 때 공식 환영에 응하지 않았고 그가 로마에 파견한 고위관료들이 극단적인 야만행위를 저질러 백성은 그들이 잔인하다는 인상을 지울 수 없었고 황제도 백성의 원한의 대상이 되었다.

그 결과, 그의 비천함과 폭군정치에 대한 증오로 전국에서 대대적인 반란이 일어났다. 처음에는 아프리카에서 일어났고 곧이어 로마의 전국민적 지지를 받던 원로원이 반기를 들었다. 이탈리아 전체 대중이 그에게 반대하는 움직임에 동조했고 그의 군대까지 합세했다. 군인들이 아킬레이아를 포위해 함락하는 데 별 어려움이 없었다. 백성이 그의 잔인함에 몸서리쳤기 때문이다. 그를 두려워하는 백성은 단한 명도 없었고 결국 대중과 군인들이 합심해 그를 살해했다. 나는 헬리오가발루스, 마크리누스, 줄리앙은 논하고 싶지 않다. 그들은 철저히 멸시당해 오래 못가 몰락한 군주들이다. 대신 오늘날 군주들은 군인들을 만족시키기 위해 특별히 강구할 문제가 줄었다는 말로 결론 맺겠다.

군인들의 중요성이 낮아진 이유

군주들은 몇 가지 문제만 군인들에게 유의하면 된다. 그러나 그 문제점은 곧 해결된다. 오늘날 군주는 굳건한 정부에 기초하고 정복한 땅을 다스리기 위해 고대 로마 제국이 필요로 했던 대규모 상비군을 유지하지 않기 때문이다. 그러므로 로마 시대(마키아벨리가 인용한 로마 제국은 마르쿠스 시대부터 고르디안 3세 시대까지다) 백성보다 군인들을 만족시키기 위해 노력한 것은 당시 군인계급이 대중보다 더 강한 정치력을 행사했기 때문이다. 우리가 사는 이 시대는 투르크(튀르키예)와 술탄(마키아벨리 시대 터키의 지배자는 셀림 1세였고 술탄은 이집트의 지배자를 의미한다)을 제외하고 모든 나라의 지배자가 군인보다 백성에게 관심을 더 가져야 할 때다. 지금은 대중이 더 강한 정치적 영향력을 행사하기 때문이다. 내가 예외로 둔 투르크의 지배자는 1만 2천 명의 보병과 1만 5천 명의 기마병 상비군이 있는데 이들은 투르크 안보의 중요한 요소이므로 군주는 그 군인들의 충성을 받기 위해 총력을 기울여야 한다.

예외적인 술탄의 지배체제

술탄의 지배체제는 전적으로 군인들에게 맡겨져 있으므로 군주와 군인의 유대를 강화해야 하는 정치체제다. 술탄의 정체는 모든 군주 국과 전혀 다르며 세습 군주국이나 신생 군주국으로 부를 수 없는 교 황제와 비슷하다. 술탄은 군주의 아들이 왕관을 물려받는 세습 군주 제가 아니며 군주로 선출된 자가 왕좌에 올라 국가를 통치하는 제도 다. 선거에 의한 왕위계승 제도는 옛날부터 내려온 관습이므로 신생 군주국과 구분하지 않을 수 없다. 이 같은 국가에서는 새 군주가 감당 해야 할 어려움이 하나도 없다. 군주가 된 자는 새로운 사람이지만 국 가의 제도는 옛날과 같으므로 새 군주는 세습에 의한 지배자로 백성 에게 인식된다.

● ●

로마 황제들을 모방하려는 신생 군주는 신중히 선택해야 한다

본론으로 돌아가자. 내 논점을 확인했다면 군주의 붕괴는 대중의 증 오나 멸시 때문이고 그들에게 그 불행이 왜 찾아왔는지 누구든 알 것 이다. 어떤 자는 용감해 몰락했고 어떤 자는 인자해 몰락했다. 용감한 군주든 비겁한 군주든 영광스러운 은퇴나 비운 속에 사라졌다. 신생 국 군주였던 페르티낙스나 알렉산데르가 세습으로 군주가 된 마르쿠 스 아우렐리우스를 모방하려고 한 것은 쓸데없었고 재앙을 초래했다. 마찬가지로 카라칼라, 코모두스, 막시미누스가 세베루스를 모방하려 고 한 것도 잘못이었다. 그들은 지혜롭지 못해 백성에게 선정을 답습

할 능력이 없었다. 신생 군주국의 새 군주가 된 자는 마르쿠스 아우렐리우스의 행적을 모방할 수 없다. 세베루스의 발자취를 따라가서도 안 된다. 세베루스로부터는 그의 왕권 확립에 필요했던 자질을 배우고 마르쿠스 아우렐리우스로부터는 국가를 안정적으로 유지하고 사후에도 영광을 얻는 법을 배워야 한다.

《군주론》 19장 분석

음모와 암살은 19장에서 마키아벨리의 관심을 끌었다. 이 같은 위험을 피하는 가장 좋은 방법은 피험자(被驗者)의 증오나 멸시를 받지 않는 것이다. 군주가 법정에 서야 할 두 가지 주요 그룹이 있다. 9장 주제에서 군주는 귀족을 소외시키면 안 되지만 그들은 다수이므로 이겨야 하며 그들의 나약한 의지는 군주의 지위와 목숨을 빼앗을 수 있다. 증오와 멸시를 받는 군주는 암살 표적이다. 암살자들은 통치자 제거를 백성이 지지할 거라고 결론짓기 때문이다.

이 같은 플롯(plot)은 르네상스 시대 통치자들의 진정한 관심사였다. 마키아벨리는 볼로냐의 통치자 안니발레 벤티볼리오(Annibale Bentivoglio)의 1445년 암살을 예로 들며 대중의 지지가 암살 이후 절망적인 상황에서도 가족이 권력을 유지하게 해줬다고 지적했다. 마키아벨리의 일생에서 1478년 피렌체에서 메디치에 대한 파치의 음모는 로렌조의 부상과 로렌조 형제의 죽음을 불렀다. 두 경우 모두 암살자는 라이벌인 강력한 가족 출신이었다. 그들은 불만을 품은 피험자가 아니었다. 이것을 인정하듯 마키아벨리는 죽음이 두렵지 않은 자는 통치자를 죽일 수 있으므로 단호한 암살자에 대한 진정한 방어는 없다는 것을 깨달았음에도 대중의 지지가 최선의 예방책이라고 주장했다.

마키아벨리는 백성과 귀족의 상충하는 요구의 균형에 대해 귀족과 평민의 참여를 허용한 프랑스 의회의 흥미로운 예를 제시했다. 민주주의 혁신으로 제시하기보다 그것을 절대적 통치자의 권력을 확대하고 중립적인 포럼에 경쟁 이익을 넣어 군주로부터 압력을 가하는 방법으로 제공했다. 그의 논쟁 중에서 마키아벨리는 암살당한 많은 로마 황제들을 오랫동안 파고들었다. 그들 대부분 강력하고 피에 굶주린 군대에 의해 제거되었다고 그는 결론 내렸는데 이것은 마키아벨리 시대의 군주들이 걱정할 필요가 없는 문제였다. 그의 분석에서 다소 잃어버린 더 흥미로운 관찰은 대부분의 통치자가 자질이나 행동과 상관없이 살해당했다는 것이다. 어떤 군주는 한 가지 일만 했고 다른 군주들은 많은 일을 했지만 기본적으로 모두 똑같은 목적을 이루었다. 그들의 성패의 열쇠는 자신의 행동을 시대와 정치 상황에 맞게 조정했느냐 여부다. 이 주제는 인간 문제에 미치는 운세의 영향을 마키아벨리가 논하는 25장에 다시 등장한다.

군주론
HISTORY

●●

산테 벤티볼리오(Sante Bentivoglio, 1426~1462년)

1445~1462년 참주 또는 사실상의 대공으로 볼로냐를 통치한 이탈리아 귀족이다. 공식적으로는 가난한 대장장이의 아들이었지만 그가 에르콜레 벤티볼리오의 아들이라고 주장할 때까지 그는 어린 시절 피렌체에서 여러 이름으로 양털업에 종사했다. 그는 코시모 데 메디치 궁전에서 교육받고 다양한 문화를 받아들였다. 귀족으로 추정되는 그의 아버지를 통해 산테는 당시 볼로냐의 통치자였던 안니발레 1세 벤티볼리오의 친척인 척할 수 있었다. 안니발레가 적대적인 가문의 기습으로 죽자 볼로냐인들은 볼로냐 정부권을 그에게 넘겼다. 이 사건으로 산테는 피렌체인에서 사실상의 볼로냐 대공으로 변신했다. 산테

벤티볼리오의 장악력과 함께 밀라노 공국의 지지로 볼로냐에 절대적인 시뇨리아를 세웠고 베네치아 공화국, 스포르차 가문, 메디치 가문과 정치적 동맹을 맺었다. 1462년 그는 질병으로 볼로냐에서 사망했고 훗날 미망인 지네브라와 결혼한 안니발레의 아들 조반니 2세 벤티볼리오가 계승했다.

● ●

마르쿠스 아우렐리우스(Marcus Aurelius, 121~180년)

로마의 중심지 카피톨리노 언덕 광장에는 고대 로마의 청동 기마상이 위용을 자랑하며 서 있다. 원본은 기마상을 바라보는 카피톨리니 미술관에 소장되어 있는데 기마상의 주인공은 로마 제국의 제 16대 황제이자 5현제(賢帝)의 마지막 황제였던 마르쿠스 아우렐리우스다. 5현제는 로마 제국에서 잇달아 군림한 다섯 명의 명군(名君)이 통치한 전성기로 이 시기 정치는 안정되었고 경제는 번영하고 영토도 최대 판도에 이르고 문화도 속주(屬州) 각지에 파급되어 제국은 전성기를 맞았다. 이 시대의 제위(帝位)는 세습(世襲)이 아니라 원로원 의원에서 가장 유능한 인물을 황제로 지명해 훌륭한 황제가 속출해 이 같은 호칭이 생겼다. 다섯 명의 현제는 네르바(96~98년 재위), 트라야누스(98~117년 재위), 하드리아누스(117~138년 재위), 안토니누스 피우스(138~161년 재위), 마르쿠스 아우렐리우스(161~180년 재위)다.

카피톨리노 언덕 광장의 아우렐리우스 기마상_로마 제국의 제 16대 황제(재위 161~180)로 5현제(賢帝)의 마지막 황제이며 후기 스토아학파의 철학자로 《명상록》을 남겼다. 당시는 경제적·군사적으로 어려운 시기였고 페스트의 유행으로 제국이 피폐해 그가 죽은 후 로마제국은 쇠퇴했다.

마르쿠스 아우렐리우스는 로마 황제이면서 스토아학파(헬레니즘 시대에 발생해 전기 로마 시대까지 성행한 철학 유파로 보편적 이성과 금욕적 삶을 중시했고 훗날 스피노자를 비롯한 합리주의 철학에 영향을 미쳤다)의 대표적인 철학자이자 《명상록》의 저자로도 유명하다. 그는 선정(善政)으로 동시대인의 존경과 사랑을 받았고 후세 역사가들은 그를 공화정 말기와 제정 초기의 대표적인 명군으로 평가한다. 뛰어난 역량과 업적뿐만 아니라 몸을 아끼지 않는 국정에 대한 헌신으로도 칭송받았다. 하지만 자질 있는 자를 양자로 삼아 자리를 물려준 선대 네 명의 황제와 달리 무능하고 불초한 친아들에게 제위를 물려주었다. 그의 유일한 최대 실수인 후계자 문제로 로마는 쇠락의 길로 접어들었고 5현제 시대는 막을 내렸다.

● ●

마르쿠스 아우렐리우스 이후 로마 황제의 죽음

마르쿠스 아우렐리우스는 마키아벨리의 말대로 마르쿠스 혼자 평생 권좌에 앉아 보냈고 죽은 후에도 높은 명예를 유지했다. 그러나 그는 5현제 시대의 전통을 어기고 아들 코모두스에게 권좌를 넘겨주었다. 스토아학파의 대표적인 철학자로 금욕과 절제를 주장하고 수많은 명언을 남긴 그가 왜 자식을 선택했을까? 이유는 모르겠지만 그의 선택은 참담한 결과를 불렀다.

177년 코모두스는 제 17대 로마 황제에 등극해 15년 동안 기행과 악행을 저지르다가 정적이 고용한 레슬링 파트너에게 목이 졸려 죽었다. 뒤이어 제 18대 황제에 등극한 페르티낙스는 황제를 보호해야 할 근위대에게 목이 잘려 창에 꽂히는 신세가 되었고 그의 뒤를 이어 제 19대 황제 자리를 돈으로 매수한 디디우스 줄리아누스(줄리앙)가 등극했다. 디디우스는 경매로 황제 자리에 오른 지 66일 만에 욕실로 끌려가 목이 잘렸다. 이 같은 극도의 혼란을 잠시나마 수습한 것은 제 20대 황제 셉티미우스 세베루스였다. 그는 경쟁자 니게르와 알비누스를 제거하고 황제 자리에 올랐으며 끝까지 살해당하지는 않았는데 브리타니아 원정 도중 두 아들을 후계자로 지명하고 죽음을 맞았다. 모처럼 살해당하지 않은 황제가 탄생했지만 평화는 오래가지 않았다.

세베루스의 장남 카라칼라는 어머니 앞에서 동생 게타를 죽이고 제 21대 로마 황제 자리에 단독으로 올랐다. 그러나 재위 19년 만에 근위대장 마크리누스에게 포섭된 근위대원에 의해 살해당했다. 황제를 살해하고 제 22대 로마 황제에 등극한 마크리누스는 2년 만에 반란군에게 패해 도망치다가 잡혀 처형당했다. 카라칼라의 아들로 소문난 헬리오가발루스(엘라가발루스)는 사실 카라칼라의 이종사촌 누나의 아들이었다. 외할머니와 어머니의 도움으로 제 23대 황제에 오른 헬리오가발루스는 여성 복장을 하고 동성애를 즐기는 등 기행을 저지르다가 근위대장에게 살해당해 온 로마 시내에 질질 끌려다니는 수모를 당했

헬리오가발루스의 기행_헬리오가발루스는 여성적 성향으로 자신의 성기를 훼손함으로써 여자가 되고 싶다고 발표해 로마인들을 놀라게 했다. 그는 최초의 트랜스섹슈얼이었을 것이다. 그의 기행은 여기에 그치지 않고 자신이 좋아하는 장미 꽃잎을 준비해 연회장의 무희들에게 뿌리게 했는데 그양이 엄청나 무희들이 질식했다고 한다.

다. 세베루스 알렉산데르는 헬리오가발루스의 이종사촌 동생으로 15살 어린 나이에 어머니의 도움으로 제 24대 로마 황제에 올랐다. 품성과 덕성을 겸비한 인물로 평가받았지만 군단장 막시미누스의 사주를 받은 근위대의 칼날을 피하지는 못했다.

제 25대 로마 황제에 오른 막시미누스는 군 출신 황제 시대의 서막을 열었다. 3년 동안 황제로 지낸 그도 아들과 함께 근위대에게 살해당했다. 막시미누스 이후 50년 동안 군 출신 황제 시대가 이어졌는데 무려 25명의 황제가 난립하는 혼돈기였다. 192년 12월 31일 마르쿠스 아우렐리우스의 아들 코모두스가 죽은 후 막시미누스가 살해된 238년까지 45년 동안 황제가 아홉 명이나 바뀌었다. 제 20대 세베루스 18년, 제 24대 알렉산데르 13년을 빼면 나머지 14년 동안 일곱 명이 평균 2년씩 한 것이다. 제 19대 디디우스는 불과 66일, 제 18대 페르티낙스는 3개월이었다.

코모두스를 포함해 총 열 명 중 세베루스 한 명을 빼고 무려 아홉 명이 황제를 보호해야 할 근위대에게 살해당했는데 그들은 다음과 같다. 코모두스(교살), 페르티낙스(근위대 살해), 디디우스(근위대 살해), 세베루스(원정 도중 병사), 카라칼라(근위대 살해), 마크리누스(백인대장 살해), 헬리오가발루스(근위대 살해), 알렉산데르(근위대 살해), 막시미누스(근위대 살해).

아폴로 소시아누스 신전의 기둥_무너진 고대 유적은 로마 제국의 가장 혼란스러웠던 군 출신 황제 시대를 보여주는 듯 하다.

20

CHAPTER

군주들이 요새를 구축하는 것은 쓸모가 있는가, 없는가

《군주론》 20장 요약

군주들은 권력을 유지하기 위해 다양한 전술을 시도했다. 피험자를 무장해제하고 신하를 파벌로 나누고 적을 격려하고 의심스러운 것을 이기고 요새를 새로 건설하고 무너뜨린다. 새 군주는 절대로 백성을 무장해제시키면 안 된다. 군주가 백성을 무장시키면 그들의 팔이 그의 것이 되기 때문이다. 군주가 백성을 무장해제시키면 백성은 그를 미워하고 용병을 고용할 것을 그에게 강요할 것이다.

전통적인 지혜는 파벌 형성이 국가를 통제하는 효과적인 방법이라고 말한다. 이것은 이탈리아가 더 안정적이었을 때는 사실인지 모르지만 마키아벨리 시대에는 그렇지 않았다. 도시들은 침략 위협을 받으면 실제로 급속히 무너진다. 통치자는 어려움을 극복함으로써 위대해지므로 어떤 사람들은 군주는 적을 몰래 격려해야 한다고 믿으므로 그가 그들을 극복할 때 명성은 더 커질 것이다. 일부 새 군주는 처음에 용의자였던 자들이 국가를 통치할 때 다른 사람들보다 쓸모 있다는 것을 알게 된다. 그들은 군주에게 자신을 증명하길 갈망한다. 군주가 권력을 잡도록 도와준 자들은 이전 국가에 대한 불만으로 그랬거나 새로운 국가도 그들을 기쁘게 하지 못할 수 있다. 군주는 음모자와 기습공격으로부터 자신을 보호하기 위해 종종 요새를 건설한다. 군주가 외국 침략자보다 신하를 더 두려워한다면 요새를 건설해야 하지만 최고의 요새는 백성의 미움을 받으면 안 된다.

● ●

군주가 채택하는 다양한 정책들

권력을 더 안정적으로 유지하기 위해 군주는 신하를 무장해제시키거나 자신의 영지에 있는 신하들을 분열시켜 대립시키거나 백성이 알력으로 서로 싸우게 만들거나 집권 초기 의구심을 품은 자들을 설득해 환심을 사거나 요새를 새로 만들거나 기존 요새를 부순다. 군주는 국가안보를 보존한다는 동일한 목적으로 이렇게 전혀 다른 수단을 선택하는데 이때 환경적, 시대적 배경을 알지 못하는 독단적인 판단은 위험하고 무모하다.

● ●

신생 군주의 군사력

일반적인 그 문제들을 논의해보자. 지금까지 새로 군주가 된 자가 신하들을 무장해제시킨 적은 한 번도 없었다. 반대로 신생국 군주는 자신의 신하들이 비무장 상태이면 무장시켰다. 신하들을 무장시키는 것이 자신이 무장하는 것과 같기 때문이다. 또한 의심스러웠던 자들을 무장시키면 군주에게 충성을 맹세하게 된다. 충성심을 얻을 뿐만 아니라 군주 자신에게 무의미한 존재로 보였던 신하들이 충직하고 강인하게 변해 군주에게는 힘이 된다.

모든 신하를 무장시키는 것이 불가능하다면 일부라도 무장시키고 그들을 돌봄으로써 나머지 신하들까지 군주 마음대로 다룰 수 있게 된다. 백성도 누구는 무장시키고 누구는 무장시키지 않는다는 차별대우가 알려지더라도 군주는 걱정할 필요가 없다. 무장시킨 자들은 군사업무에 더 복종할 것이고 무장시키지 않은 자들은 자칫 더 큰 위험이 있을 것이므로 무장한 자들보다 충성심이 더 필요하다는 것을 깨달을 것이기 때문이다. 그들 모두 군주의 더 큰 애호를 받기 위해 애쓰고 이해하려고 노력할 것이다. 반대로 군주가 신하들을 무장해세시키면 그들은 분노하기 시작할 것이다. 그들은 군주가 자신들을 불신한다고 의심하고 자신들을 믿지 못하는 비겁한 자라고 군주를 멸시해 결국 배신할 것이다.

군주는 비무장 상태로 오래 견딜 수 없으므로 내가 그 특징을 설명한 용병에게 의지하게 된다. 그러나 아무리 믿을 만한 용병도 당신에게 덤비는 강한 적을 쳐부술 수는 없으며 당신이 믿지 못하는 신하들도 용병으로 견제할 수 없으므로 결국 당신을 위험으로부터 보호해줄 수 없다. 따라서 내가 말했듯이 신생 군주국의 새 군주는 자신의 신하들을 중무장시켜야 한다. 역사는 이 같은 예들로 가득 차 있다.

●　○

합병한 지역의 백성들은 무장해제시켜야 한다

그러나 군주가 자신의 국가와 새로운 영지를 확장해 옛 왕국과 합병시켰다면 사정이 다르다. 새로운 영지를 획득하기까지 군주 편에 섰던 자들을 제외하고 모든 자의 무장을 해제시켜야 한다. 점령한 새로운 영지의 군인 중 당신 편을 들더라도 시간과 기회가 되는 대로 힘을 약화시켜야 한다. 당신에게 절대복종하는 당신의 군대를 통해 해결하고 마지막에는 당신의 본국 군대만 무장시키는 것이 중요하다.

우리의 선조나 현인으로 여겨지는 위인들은 늘 피스토이아(Pistoia, 이탈리아 중북부 토스카나 피스토이아주의 수도)는 당파 싸움을 시켜 다스리고 피사(Pisa)는 요새를 건설해 지켜야 한다고 말해왔다. 그러므로 그들은 자신의 속령을 더 쉽게 다스리기 위해 서로 분열하고 대립하고 알력이 생기도록 만들었다. 이 같은 정책은 이탈리아 영토가 안정을 유지하던 시기에는 의심의 여지 없이 훌륭했지만 오늘날도 그렇다고 생

피사_중세 시대 강성한 토스카나의 도시국가이면서 활발한 상업 중심지였다. 내분으로 흔들리던 피사는 1406년 피렌체인들에게 정복당했다. 1494년 프랑스 군대가 이탈리아를 침공했을 때 일시적으로 독립을 회복했지만 이어지는 전쟁과 포위 공격을 겪은 후 1509년 다시 피렌체에게 정복당했다. 이후 쇠락해 토스카나 지방의 일개 도시로 명맥을 유지해왔다.

각하지는 않는다. 나는 백성의 의견을 분열시키는 것이 오늘날 군주에게 좋은 결과를 가져온다고 믿지 않는다. 그와 반대로 적이 접근하면 평소 의견이 분열된 도시는 바로 항복했다. 나약한 파벌들은 늘 침략자 편에 서고 강력한 파벌은 군주의 명령을 듣지 않았다. 분열정책의 영향을 받은 베네치아는 그들의 속령을 구렐프(교황 지지파)파와 기벨린(황제 지지파)파로 분열시켰다. 두 파벌이 유혈사태로까지 발전하도록 만들지는 않았지만 시민들은 불화로 서로 싸웠다. 이는 그들이 단결해 베네치아에 대항하지 못하게 하기 위해서였다. 그러나 이 같은 정책은 베네치아의 뜻대로 되지 않았다. 바일라에서 베네치아가 패하자마자 한 파벌이 용기를 얻어 그들의 전 영토를 차지했다. 그러므로 분열정책은 군주의 힘을 약화시키는 결과만 가져올 뿐이다. 강력한 군주국에서는 이 같은 분열이 허용되지 않는다. 분열정책은 군주가 신하들을 더 쉽게 다루기 위해 평화기에만 이익이 될 뿐 전시에는 위험한 정책이다.

● ●

과거 적의 충성

잦은 난관과 반대를 무릅쓰고 승리를 쟁취한 군주만 위대하다는 것은 의심의 여지가 없다. 운명의 여신이 새 군주에게 더 큰 명성을 얻도록 특별히 배려한다면 여신은 신생 군주에게 세습 군주보다 더 큰 압력을 가할 것이다. 적이 그 앞에 나타나고 전쟁터에서 그와 싸우는 적에게 용기를 불어넣어 고난을 겪게 한다. 적이 설치한 고난이라는 사다리를 통해 더 높은 곳으로 올라가도록 하는 것이므로 유능한 군주는 자신에게 반대하는 듯한 허위 여론을 조작하고 이를 자신의 힘으로 극복하는 척해 자신의 입지를 다졌다. 군주들, 특히 새 군주들은 집권 초기에 의심했던 자들 중에서 신뢰했던 자들보다 더 충직하고 쓸 만한 인물을 발견하곤 했다.

세이나(Seina)의 지배자 페트루시(Petrucci, 1502년 자신이 창건한 세이나의 지배자다. 피렌체가 의심한 동맹국이었으며 마키아벨리는 그와 협상하기 위해 여러 번 만났다)는 집권 초기에 믿었던 자보다 의심했던 자의 도움으로 정치를 했다. 그러나 일반적으로 군주가 처한 환경은 다양하므로 이 모든 것을 군주가 이용하기는 불가능하다. 나는 다만 다음과 같이 말하고 싶다. 초기 반대 의사를 강력히 표명했더라도 언젠가는 군주의 배려가 필요하다고 느껴지는 사람들이라면 집권 초기의 이 같은 문제를 극복하는 데는 큰 어려움을 겪지 않는다. 그리고 그들은 군주에게 반대 의사를 표명하며 행동한 결과인 비우호적인 인상을 빨리 씻어야 할 필요성을 느끼는 만큼 군주에게 더 충성해야 한다는 심리적 압박을 받는다. 그러므로 집권 초기 군주 편을 들면서 안일함 속에서 직분에 나태했던 자들보다 이들을 이용하는 편이 군주 자신에게 더 효과적이다. 그리고 매우 중요한 문제이므로 군주가 명심해야 할 사항이 있다.

백성의 도움으로 새로 정권을 잡은 군주는 그들이 자신을 지원한동기를 주의 깊게 파악해야 한다. 이 지원이 새 군주에 대한 자연적인 갈망에 근거하지 않고 현 정권에 대한 불만에서 생겼다면 그들과 우호관계를 유지하기는 매우 어려울 것이다. 그들은 당신에게 다시 불만을 품을 것이기 때문이다.

고대부터 현대까지 이 사실의 실제 예는 수없이 많다. 군주는 현 정권에 만족하며 살아온 사람들과 우정을 나누는 것이 훨씬 쉽다는 것을 알게 될 것이다. 옛 정권이 망함으로써 그들은 당신에게 더 적대적인 감정을 표하지만 군주와 점점 우정을 나누고 군주의 정복에 호감을 가진다.

● ●

상황에 따라 이롭거나 해로운 요새의 구축

군주는 자신의 정권을 더 안정적으로 유지하기 위해 국토를 요새화하는 데 익숙해져 있다. 이 같은 요새는 반란자들을 가두거나 외부의 기습공격을 받았을 때 안전한 피신처이기 때문이다. 나는 이 같은 국토 요새화 정책이 고대로부터 채택된 좋은 방법이라고 생각한다.

반대로 요새를 파괴하는 정책도 있다. 우리 시대의 니콜로 비텔리

(Niccolo Vitelli, 용병 지도자로 파올로와 비텔로조 비텔리의 아버지다. 카스텔로의 지도자가 되어 자신의 반대자 교황 식스토 4세가 건설한 여러 요새를 파괴했다)가 자신의 도시를 보존하기 위해 키타디 카셀로에서 성곽 두 개를 파괴한 것은 적절한 조치였다고 생각한다. 우르비노(Urbino)의 공작 구이도발도(Guidobaldo)는 체사레 보르자에게 추방당해 본국으로 돌아온 후 모든 요새를 파괴했다. 그것이 자신의 왕국을 지킬 더 안전한 방법이라고 믿었기 때문이다. 벤티볼리오도 볼로냐로 돌아와 비슷한 일을 벌였다. 그러므로 국토 요새화 작업이 쓸모 있느냐 없느냐는 군주가 처한 환경에 달렸다. 유리하지만 불리하고 해로운 측면도 있다. 다음과 같은 이유 때문이다.

외세의 내정간섭보다 백성이 더 두려운 군주는 성을 쌓아야 하지만 백성보다 외세의 내정간섭이 더 두려운 군주는 성을 쌓으면 안 된다. 프란체스코 스포르차가 쌓은 밀라노성은 무엇보다 스포르차 가문에게 대항하는 민중봉기를 막는 것이 목적이었다.

· ·

군주에게 최고의 요새는 백성이다

군주에게 최고의 요새는 백성의 미움을 안 받는 것이다. 당신에게 난공불락의 요새가 있더라도 백성의 미움을 받는다면 절대로 안전하

밀라노 스포르체스코성_15세기 밀라노 영주였던 프란체스코 스포르차가 지은 성으로 이 건축 프로젝트에는 당대 유명 건축가였던 브라만테와 레오나르도 다 빈치 등이 참여했다. 성은 거의 평지에 정사각형으로 지어졌는데 둥글고 특이한 형태의 망루가 덧붙여져 있다. 성 내부는 시립박물관으로 무료로 공개되며 미켈란젤로가 만든 세 개의 피에타 중 미완성작인 '론다니니의 피에타(Pieta Rondanini)' 가 이곳에 있다. 성 뒤쪽은 넓은 셈피오네 공원으로 밀라노 시민들의 휴식처다.

지 않을 것이다. 백성이 일단 무기를 들고 봉기하면 그들에게 외국의 원조가 언제든지 부족하지 않을 만큼 주어진다는 것을 깊이 새겨야 한다. 우리가 사는 이 시대의 성곽은 어느 지배자에게도 도움이 안 된다. 다만 지롤라모(Girolamo) 백작이 살해된 후(1488년 4월 14일) 그의 부인 포를리(Forli) 백작 부인의 경우는 예외다. 그녀는 요새화한 성곽 속에서 민중봉기를 피할 은신처를 찾아 그곳에 숨어 밀라노의 구원을 기다리다가 나라를 회복했다. 포를리가 숨었을 당시 대중은 외부세력의 지원을 받지 못했다. 나라를 회복한 후 여인에게 그 성곽은 별 가치가 없었다. 체사레 보르자가 그녀를 공격하자 그녀에게 적의를 품었던 신하들이 침략자 군대와 합세했다. 그러므로 이번에는 그녀가 성곽을 가진 것보다 백성의 적대감을 회피하는 데 신경쓰는 것이 더 안전했을 것이다. 이 모든 문제를 생각해보면 요새를 만드는 사람이든 만들지 않는 사람이든 모두 논평 대상이다. 나는 요새만 믿고 백성의 미움을 피하는 데 소홀한 군주는 누구라도 비난할 것이다.

《군주론》 20장 분석

20장에서 마키아벨리는 권력을 유지하기 위한 여러 가지 잠재적 전략을 간략히 논한다. 예상대로 그는 용병이나 외국 군대(원군)에 대한 시민군대의 지지를 이미 표명한 피험자를 무장해제시키는 데 반대한다. 시민들을 무장해제시키는 것은 군주가 그들을 신뢰하지 않는다는 뜻이고 마키아벨리는 군주와 신하 사이의 좋은 관계를 높이 평가한다. 피험자를 무장해제시키는 것과 마찬가지로 도시 안에 요새를 짓는 것도 불신과 불안감을 나타낸다. 어떤 요새도 백성의 신뢰와 지지를 대신할 수 없다. 경쟁자 파벌들이 점령을 유지하기 위해 싸우도록 독려하는 것도 약하고 불안하다는 표시다. 마키아벨리는 피스토이아의 피렌체 정책을 암시하며 이미 17장에서 잔인함을 비난했다. 그는 이탈리아의 일부 문제에 대해 분파주의를 비난하며 외국 침략자가 쳐들어올 때 분열된 도시가 쉽게 무너진다고 지적했다. 이상하게도 마키아벨리는 나중에 그들을 극복함으로써 영광을 얻기 위해 적을 몰래 격려하는 관행에 아무 의견도 표명하지 않았고 단지 그것을 논의하지 않고 말했다.

마키아벨리는 20장의 가장 큰 부분을 의심받는 사람들이 새 군주의 가장 신뢰할 만한 신하로 판명된다는 점을 지적하는 데 바쳤다. 마키아벨리가 외교관으로서 옛 지위를 되찾기 위해 《군주론》을 바친 새로운 메디치 지도부의 불신을 받은 것을 감안하면 놀랄 일도 아니다. 마키아벨리가 자신의 지위에 불안을 느끼는 사람들이 군주가 신뢰하는 사람들보다 자신을 군주에게 증명하기 위해 더 열심히 일하고 더 많은 동기부여를 받는다고 지적했을 때 자신에 대해 말하는 것을 상상하기 쉽다. 그는 전 정권 밑에서 불행했던 사람들(마키아벨리와 달리)이 새 군주에게 불행해질 가능성이 높을 수도 있지만 국가의 안정을 가장 사랑하는 사람들(마키아벨리와 같은)은 필연적으로 충성심을 더 증명할 것으로 관찰했다.

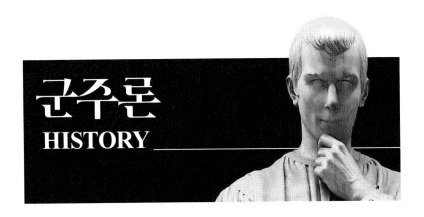

군주론
HISTORY

●●

카테리나 스포르차 디 포를리 백작 부인

(Caterina Sforza Contessa di Forlì, 1463~1509년)

포를리의 백작 부인으로 갈레아초 마리아 스포르차의 사생아 딸이다. 교황 식스토 4세의 소카 지롤라모 리아리오와 결혼해 이몰라와 포를리 지배권을 얻었다. 식스토 4세가 죽은 후 로마 산탄젤로성을 점령하고 콘클라베(교황선출 회의)를 무력으로 압박해 이몰라와 포를리의 항구적 지배권을 얻었다. 스포르차 가문은 일개 농민 신분에서 산적에게 납치된 무치오 아텐돌로가 그 시조로 그는 산적 두목이 되어 용병대를 조직했고 무치오가 죽은 후 아들 프란체스코 스포르차가 이어받아 이후 거듭된 성공 끝에 밀라노의 주인이던 비스콘티 공작 가문을 몰아내고 밀라노 공작에 올라 이탈리아 명문 귀족으로 거듭났다.

이후 프란체스코 치보(교황 인노첸시오 8세의 사생아)의 음모로 반역이 발생해 남편이 살해되었고 카테리나는 자식들과 함께 반역자들에게 생포되었지만 자신을 따르던 성채의 성주를 설득하겠다며 혼자 성채 안으로 들어가 나오지 않았다. 분노한 적들이 인질인 그녀의 아이들을 죽이겠다고 협박하자 성벽 위에서 치마를 걷어 올리고 음부를 드러내 보이며 "이것만 있으면 아이쯤은 얼마든지 더 낳을 수 있다."라며 배짱을 보였다.

이후 삼촌이던 밀라노의 공작 루도비코 스포르차의 구원을 받아 반란을 진압하고 지배권을 되찾았다. 그때 그녀 나이 25살이었다. 이 한 건으로 이탈리아는 물론 다른 나라에서도 '이탈리아 최고의 여자(프리마돈나 디탈리아)'라는 별명을 얻어 칭송과 영광을 한 몸에 받았다. 니콜로 마키아벨리가 카테리나의 아들과 피렌체 사이의 용병계약을 갱신하기 위해 찾아갔을 때 마키아벨리의 친구는 카테리나의 초상화를 구겨지지 않도록 말아 가져올 것을 신신당부했다고 한다. 그러나 지도자로서의 카테리나는 매우 잔혹하고 세금을 대폭 징수하는 등의 폭정으로 백성들 사이에서 인기가 없었고 항상 적에게 둘러싸여 있었다. 지롤라모 리아리오가 죽은 후 그녀는 여러 남성과 결혼했지만 모두 암살당하거나 요절하거나 그녀 자신이 남색을 탐닉해 국정을 염

카테리나 스포르차_르네상스 시대의 가장 독특한 여성 캐릭터 중 한 명이다. 발렌티노 공작 체사레 보르자는 당시 교회 세력을 등에 업고 얼마 전 인척이 된 프랑스 왕 루이 12세의 전폭적인 지원을 받아 세력이 하늘을 찌를 기세였다. 그런 권세가의 앞길을 감히 막아선 인물은 오직 한 명, 포를리 백작 부인 카테리나 스포르차뿐이었다. 지금은 비록 패했지만 이탈리아의 모든 남성이 체사레 앞에 무기력하게 무릎을 꿇었는데 여성인 그녀가 보여준 용기는 이탈리아 전체의 찬사를 받을 만했다. 마키아벨리는 당시 그녀를 찬양한 노래가 수없이 만들어져 널리 불렸다고 말했다.

려한 신하들이 살해하는 등 배우자를 잃었지만 이탈리아의 중소 영주로 그럭저럭 지냈다.

1499년 체사레 보르자가 포를리를 공격해왔다. 방위전을 벌이던 카테리나는 체사레 보르자가 쏘아대는 포탄을 보며 "대포는 천천히 쏘는 게 어때요? 당신들 고환이 터지지 않도록."이라는 문장을 걸어보이며 도발해왔다. 그러나 결국 끈질긴 농성전 끝에 그녀는 포로가 되어 체사레에게 겁탈당했다(그녀의 패배 원인은 공포통치로 민심을 얻지 못한 것이라는 지적도 있다. 《군주론》에서는 '카테리나가 진정으로 방위전을 고민했다면 성채에 힘을 쏟기보다 민심 확보에 더 노력했어야 했다'라고 적으면서 카테리나를 뛰어난 지도자에 강력한 여인이었지만 성군은 아니었다고 평가했다). 그러나 체사레의 겁탈이 끝나자 그녀는 그에게 "네가 예쁘장해 어차피 한 번 관계하려고 했다."라고 말하는 패기를 보였다.

체사레의 실각 이후 포를리를 되찾기 위해 노력했지만 시민과 아들의 외면을 당했다. 결국 말년에 종교에 귀의해 피렌체의 산 로렌초 성당에서 조용히 생을 마감했다. 하지만 시대를 감안하면 오히려 평온한 죽음이었는지도 모른다. 초상화 등에서도 확인할 수 있듯이 상당한 미인으로 특히 프랑스 남성들에게 인기가 많았다. 말년에 그녀를 찾은 사람들은 대부분 프랑스인이었다고 한다.

21
CHAPTER

명성을 얻기 위해 군주는
어떻게 처신해야 하는가

《군주론》 21장 요약

위대한 정복활동보다 통치자의 명성을 높이는 것도 없다. 에스파냐 정복활동을 벌였던 페르디난트가 적절한 예다. 그는 그라나다를 공격해 무어인들을 에스파냐에서 쫓아내고 아프리카, 이탈리아, 프랑스를 공격했다. 이 같은 활동은 그의 신하들을 놀라게 하고 선입견을 만들어 아무도 그를 대적할 시간이 없었다. 내정과 관련해 군주는 항상 특별한 행동을 보상하거나 처벌할 눈에 띄는 방법을 찾아야 한다.

통치자는 절대로 중립을 지키면 안 된다. 이웃 통치자가 싸우면 당신은 편을 들어야 한다. 당신이 하지 않으면 승자는 당신을 위협할 것이고 패자는 당신과 친구가 될 수 없기 때문이다. 당신의 동맹국이 승리하든 않든 그는 당신에게 감사할 것이다. 그러나 당신이 그것을 피할 수 있다면 당신은 자신보다 더 강한 누군가와 절대로 동맹을 맺으면 안 된다. 그가 이기면 당신은 그의 힘에 있을 수 있기 때문이다. 군주는 재능을 사랑하고 보상해준다는 것을 보여줘야 한다. 그는 시민들이 그들의 직업에서 번영하도록 격려해야 한다. 그는 적절할 때 축제로 사람들을 즐겁게 해주고 다양한 시민단체에게 관심을 보이고 그들의 활동 중 일부에 참여해야 하지만 불명예스럽게 보이면 안 된다.

●　●

위대한 업적으로 명성을 얻은 군주 페르난도 2세

군주의 위신을 높이는 가장 좋은 방법은 자신의 능력을 널리 선전하고 과시하는 것이다. 우리가 사는 이 시대에 에스파냐의 현 국왕인 아라곤가(家)의 페르난도가 대표적이다. 그는 새로 군주에 오른 나약한 왕이었지만 기독교 최고의 명성과 영광을 자랑하는 왕으로 인식되고 있다. 당신이 그의 업적을 고찰한다면 모두 위대하고 비범한 점까지 발견할 것이다.

집권 초기 그는 그라나다(Granada)를 공격했는데 이 전쟁은 그의 권력 토대를 다져주었다. 그는 외세의 간섭에 대한 공포감 없이 아무 거리낌 없이 전쟁을 벌였고 카스틸(Castile) 호족이 전투에 전력을 집중하도록 맹공격해 내정개혁에 관심을 가질 틈이 없도록 만들었다. 이 같은 방식으로 그들이 무엇을 하는지 모르는 사이 자신의 지위를 향상시켜 그들에 대한 지배권을 강화할 수 있었다. 페르난도는 교회와 백성들로부터 돈을 걷어 군인들을 먹여 살릴 줄 알았고 장기전으로 상비군의

무어족_에스파냐의 이슬람 거주자인 무어족은 8세기 초 북아프리카에서 침략해 페르디난트가 1500년까지 완성한 재정복 기간 그들을 몰아낼 때까지 에스파냐의 많은 부분을 통제했다. 페르디난트는 에스파냐를 순수한 기독교 국가로 만들 열망으로 동시에 유대인을 추방했다. 마키아벨리는 이것이 종교적 명분으로 행해진 순전히 정치적 책략이었음을 암시한다.

기초를 닦았으며 이 군대를 이용해 자신의 명성을 키웠다. 더구나 더 큰 전쟁의 명분이 될 종교상 필요성을 만들어놓고 종교의 잔혹성을 빌려 잔인한 행위를 저질러 무어족을 추방하고 그의 왕국을 없애버렸다. 이보다 더 잔인하고 거친 약탈은 할 수 없을 것이다(마키아벨리는 그라나다에서 14살 이상으로 세례를 받지 않은 모든 모슬렘을 1502년 추방한 사건을 지적하는 것 같다). 똑같은 종교상 명분으로 아프리카를 침공했고 이탈리아에 선전포고를 했으며 최근에는 프랑스를 공격하기에 이르렀다. 페르난도는 항상 크고 새로운 정책을 입안해 모든 신하가 불안과 경탄 속에서 지내게 하고 자신의 결정을 따르도록 노력했다. 그의 부단한 행동은 백성이 자신에게 반대하는 작은 모반의 빌미를 주지 않았고 한 가지 일이 끝나자마자 다른 일을 연속적으로 만들어냈다.

● ●

비범한 행동을 통한 평판

국내 정치에 대한 군주의 능력을 과시하기 위해 밀라노 베르나보 (1354~1385년 형제와 함께 미라보 영지를 다스렸으며 기괴한 처벌로 유명했다. 1385년 투옥되어 조카 기엔 갈레아조에게 처형당했다)의 행동을 모방하는 것도 도움이 될 것이다. 그는 시민들이 생활하면서 특별한 선행이나 악행 사건이 발생하면 모든 사람에게 소문이 자자할 정도로 상과 벌을 내렸다.

중립은 적을 만든다

　군주로서의 모든 행동은 초능력을 지닌 위대한 인간과 같이 명성을 얻기 위해 열심히 노력해야 한다. 군주는 항상 진실한 친구인지 적인지 명확히 구별해야 한다. 그런 다음 친구에게는 모든 사랑을 베풀고 적에게는 모든 탄압을 가해야 백성의 존경을 받는다. 이 같은 태도는 중립적인 태도보다 항상 효과적이다. 두 인접국이 싸워 한쪽이 승리한다면 당신은 위태로워지거나 안전해지는 두 가지 중 하나다. 인접국에서 전쟁이 터지면 당신의 입장을 분명히 밝히고 동맹국의 전투에 동참해 전력을 다해 싸우는 것이 항상 이로울 것이다. 중립적인 태도로 입장을 밝히지 않고 우물쭈물하면 항상 승자의 자비 속에서 살아야 하기 때문이다. 그 같은 꼴을 패배자까지 더 고소하게 생각하며 만족해할 것이다. 따라서 중립정책을 취한 당신은 보호받지 못하고 망명할 곳도 없을 것이다. 망명을 시도할 때 인접국은 이미 망했을 것이다. 전쟁에서 승리한 정복자는 자신이 역경에 처했을 때 도와주지 않고 중립을 지킨 의심스러운 우방을 용서하지 않는다. 패배자도 당신이 손에 칼을 쥐고 그와 운명을 함께 하지 않았으므로 당신의 어떤 요청도 거절한다.

　안티오쿠스(Antiochus)는 아이톨리아의 요청으로 로마 군대를 몰아내기 위해 그리스로 진격했다. 그는 로마인들과 우호관계를 유지하던 아이톨리아로 사절을 보내 국외자의 입장에 서줄 것을 요청했다. 한 편 로마인들은 자신들과 합심해 싸워달라고 아이톨리아인들을 설득 하기 시작했다. 이 문제는 아이톨리아 회의에서 논의되었는데 이 자 리에서 안티오쿠스의 외교관이 중립적인 입장 고수를 제안하자 로마 사절은 다음과 같이 말했다. "그들의 권고에 관심을 갖는 것보다 더 불행한 것은 없을 것이다. 전쟁에 참여하지 않는다면 당신들은 명성 도 권위도 얻지 못한 채 전리품으로 전락할 것이다."

●　●

확실한 동맹이 친선을 얻는다

이 같은 일은 항상 생긴다. 친구가 아닌 군주는 당신의 중립을 요구 한다. 당신의 친구인 군주는 당신의 군사적 지원을 요구한다. 일반적 으로 어리석은 군주는 눈앞의 위기에서 벗어나기 위해 중립적인 입장 을 취하고 대부분 슬픔에 잠긴다. 그러나 당신이 과감히 한쪽 편을 들 겠다고 밝히고 도와줘 그가 승자가 되었다면 그 승자가 강하고 당신이 약한 입장이더라도 그 승자는 당신의 은혜를 입었으므로 스스로 당신 과 친구가 되기 위해 전쟁이 끝난 후 친구에게 거칠고 배신적인 행위 를 절대로 할 수 없다. 승자도 우정을 내동댕이치기 위해 무슨 일이든 망설이지 않을 만큼 완벽한 이기주의자는 없다.

상황이 바뀌어 당신의 동맹이 패했다면 그는 당신에게 피난처를 제공할 것이다. 그는 당신을 위해 자신이 할 수 있는 무엇이든 하려고 노력할 것이다. 행운의 여신이 돌아온다면 사태가 역전되어 상황은 당신에게 유리해지고 당신과 그는 똑같이 행운을 맞을 것이다. 교전 당사국 중 한쪽이 이기든 지든 당신에게 아무 염려가 없으면 어느 쪽을 지원할지 충분한 명분이 있어야 한다. 당신이 현명하다면 둘 다 구해야 하는데 당신의 지원은 한쪽을 승리하게 만들고 다른 쪽이 패하게 만드는 중요한 원인이 될 것이다. 당신 편이 승리한다면 당신의 동맹은 당신의 자비 속에서 살아갈 것이다. 강한 당신의 지원에도 승리하지 못할 수는 없다.

● ●

강한 세력과는 절대로 자발적으로 동맹을 맺지 말라

여기서 군주가 주의할 점이 있다. 자신보다 강한 침략적인 군주와는 불가피한 경우가 아니라면 동맹을 맺으면 안 된다는 것이다. 당신의 동맹이 성공하더라도 당신은 그의 포로처럼 되기 때문이다. 그리고 군주는 타인의 자비 속에서 살지 않도록 최선을 다해야 한다.

베네치아인들은 밀라노의 공작과 싸우기 위해 프랑스와 동맹을 맺었다가 동맹을 파기했다. 자신들에게 불리한 동맹이었기 때문이다. 그러나 교황과 에스파냐가 군대를 이끌고 롬바르디로 쳐들어왔을 때 플로렌스의 경우처럼 이 같은 동맹이 불가피하다면 앞에서 내가 말했듯이 군주는 한쪽 편을 선택해 지원해야 한다. 그러므로 어떤 군주든 안전한 정책만 취할 수는 없다. 군주가 안전하다고 판단해 취한 조치가 오히려 위험할 수 있음을 인정해야 한다. 인간 만사는 한 가지 위험에서 빠져나오면 또 다른 위험에 빠져들기 마련이다. 신중함이란 위기에 처했을 때 그 위험도를 판단해 손실이 적은 쪽을 선택하는 것이다.

군주는 유능한 자를 적극적으로 격려하고 탁월한 재능을 가진 자에게 명예를 부여해 재능에 대한 존경심을 보여줘 백성의 용기를 북돋워야 한다. 상업이든 농업이든 직종과 상관없이 평화롭게 일할 마음을 갖게 해줘야 한다. 군주는 백성이 재산을 약탈당하거나 새로운 사업을 시작할 때 높은 세금에 대한 두려움이 없도록 배려해야 한다. 그리고 도시와 국가의 재산을 늘려 부강하게 만들려고 노력하는 사람이나 일이 있으면 포상할 준비를 늘 해야 한다.

마찬가지로 군주는 연중 적절한 때를 골라 연극과 축제를 벌여 백성이 유쾌하게 여흥을 즐기도록 해줘야 한다. 그리고 모든 도시가 직업조합이나 가족 단위로 나뉘져 있다면 그들에게 깊은 관심을 표하고 때때로 그들을 만나 정중함과 관대함을 표해야 한다. 그러나 언제 무슨 일이 있더라도 군주의 위엄을 지켜야 한다. 군주의 위엄은 그 무엇보다 부족함이 있으면 안 되기 때문이다. 위엄 부족은 절대적인 손해 요인임을 기억하라.

《군주론》 21장 분석

명성과 공개 이미지는 21장의 주제다. 정복과 대담한 행동은 명성을 높이는 첫 번째 방법이다. 에스파냐의 페르디난트는 마키아벨리의 모범이지만 모호한 대우를 받는다. 마키아벨리는 그를 기독교계의 가장 유명하고 영광스러운 군주라고 부르지만 페르디난트가 에스파냐에서 무어인들을 추방한 것을 신랄히 비난하고 종교적 명분으로 행해진 비열한 행위라고 부른다. 18장에서 마키아벨리는 페르디난트의 기만하는 경향에 대해 매우 미묘하지 않게 말했다. 분명히 그는 페르디난트의 대담함과 에너지에 감탄했지만 그의 행동을 개탄했다. 페르디난트가 그의 신하들을 놀라게 하고 집중력을 강조한 것은 체사레 보르자가 레미르로 데 오르코를 처형한 데 대한 묘사를 떠올리게 하며 이로 인해 대중은 놀라면서도 만족해했다. 마키아벨리는 21장 끝부분에서 공공의 광경을 구체적으로 언급하며 축제, 극적인 처형, 대담하게 계획된 화려한 볼거리가 여론을 통제하는 군주의 가장 중요한 도구 중 하나라고 주장했다. 같은 방식으로 시민들의 업적에 보답하거나 그들의 죄를 처벌하는 것은 스펙터클한 요소가 있어야 한다. 그것은 사람들이 말하게 해야 하며 그들이 말할 때 군주가 얼마나 놀라는가에 관한 것이어야 한다.

마키아벨리의 또 다른 추천은 결단력과 관련 있다. 놀랍지 않게도 대담한 행동에 대한 그의 선호를 감안하면 마키아벨리는 분쟁에서 중립을 지키려는 군주를 개탄한다. 그는 이것을 실용적인 고려 사항으로 제시한다. 왕자가 편을 들지 못하면 먼지가 가라앉을 때 친구가 없는 자신을 발견할 수 있다. 이 토론에서 마키아벨리는 인간 행동에 대한 몇 가지 긍정적인 진술 중 하나를 말하며 사람들은 불명예스럽거나 배은망덕하지 않으므로 즉시 동맹 편을 들 거라고 말했다. 마키아벨리가 18장에서 자신의 목표에 부합하면 약속을 깨라고 군주에게 충고한 것을 감안하면 이런 경우, 독자는 마키아벨리의 확신을 진지하게 받아들이기 어려울 수 있다.

　마키아벨리는 자신의 주체들과 우호적인 관계를 유지한다는 주제로 돌아가 시민의 업적이 국가를 개선하므로 군주는 공로를 보상하고 번영을 장려해야 한다고 주장했다. 군주는 신하들에게 우호적이지만 그들의 직분의 존엄성을 손상시키지 않는 모습을 보여줘야 한다. 일정한 거리를 유지하면 웅장한 공기가 그대로 유지된다.

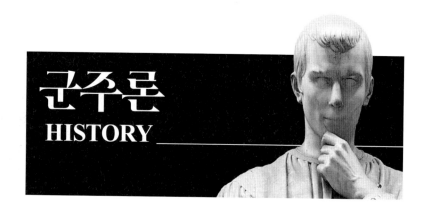

군주론
HISTORY

● ●

페르난도와 이사벨의 이베리안 웨딩

1452년 아라곤 왕국의 왕자로 태어난 페르난도는 이후 왕세자가 되었다. 1469년 카스티야-레온 왕국의 왕위계승권자 이사벨 공주(이사벨 1세)와 '이베리안 웨딩'으로 불리는 역사적 결혼을 했다.

15세기 이베리아반도는 여러 국가로 나뉘어 패권을 다투고 있었다. 북쪽의 나바라 왕국은 프랑스의 일부가 되었고 남쪽의 그라나다 왕국은 이슬람교 세력이 건재했다. 한편 포르투갈은 무역으로 나날이 경제력이 증가하는 중이었다. 페르난도는 이베리아반도 동쪽의 아라곤 왕국 태생이었다. 당시 아라곤에서는 왕권이 약해 귀족의 반항을 억누를 힘이 없었다. 아라곤 왕 후안 2세는 아들 페르난도를 인접국 카스티야의 왕 엔리케 4세의 이복여동생 이사벨과 결혼시키려고 했다. 카스티야의 후원으로 국내를 평정할 심산 때문이었다. 하지만 이 선택은 자칫 아라곤이 카스티야의 꼭두각시가 될 위험성도 안고 있었다.

이사벨은 이베리아반도 서쪽의 카스티야 왕국에서 태어났다. 이복오빠인 엔리케 4세가 이사벨을 20살이나 연상인 포르투갈 왕 아폰수 5세와 결혼시키려고 하자 이사벨은 엔리케의 굴욕적인 외교 등의 실정과 벨트란 데 라 쿠에바의 권력 독점에 반발하던 귀족의 지지를 등에 업고 물밑에서 다른 남편 후보를 물색했다. 이사벨은 많은 남편 후보들 중 아라곤의 왕자 페르난도와 결혼하길 원했다. 아라곤은 카스티야의 인접국으로 같은 트라스타마라 왕조의 통치하에 있었고 언어와 민족도 비슷했다. 또한 페르난도와는 친척뻘이었다. 이사벨은 17살 나이에 두 나라가 합병하면 장차 이베리아반도 통일, 더 나아가 유럽에서의 정치무대도 넓어질 거라는 계산을 했다.

● ●

세기적인 사랑의 도피

이사벨은 결혼 신청을 하러 온 포르투갈 왕의 대리인을 내쫓고 아라곤 왕자와의 결혼을 독단으로 결정했다. 이에 격분한 엔리케 4세가 그녀를 궁궐에 감금했지만 허술한 감시를 틈타 이사벨은 부하들을 데리고 탈출해 엔리케 4세의 추격을 따돌리며 바야돌리드(이슬람 아밀의 거주지)까지 갔지만 추격 부대는 바야돌리드 도시를 포위했다. 이 같은 상황에서 결혼은 불가능해 보였다. 이사벨은 급사를 시켜 아라곤 페르난도 왕자에게 자신과 결혼하러 오라는 편지를 보냈다.

한편 페르난도는 이사벨이 머무는 도시가 포위당한 데 아랑곳하지 않고 혼자서라도 그녀를 구하러 갈 것이라며 상인으로 위장해 성안으로 잠입해 이사벨을 만났다. 둘은 결혼을 기정사실화하기 위해 예식을 올리기로 했다. 우선 결혼식만 올리면 가톨릭의 강력한 영향하에 있던 당시 에스파냐 지방에서는 인정을 받을 수 있었다(다만 친포르투갈 교황 때문에 정식 결혼 허가를 받으려면 오래 걸리지만). 둘은 부부가 되었지만 그들 앞에는 수많은 난제(難題)가 놓여 있었다. 그러나 서로 신뢰할 수 있는 반려자를 얻은 것이다.

● ●

서로 보지 않는 결혼

어떤 전기(傳記)에서는 이사벨과 페르난도가 연애결혼한 것으로 되어 있는데 실제로는 어땠을까? 둘이 어릴 때 약혼한 것은 분명해 보이

이베리안 웨딩_당시 이베리아반도는 카스티야-레온 왕국, 아라곤 왕국, 나바라 왕국, 포르투갈 왕국, 그라나다 왕국으로 나눠져 있었다. 카스티야-레온 왕국의 이사벨 여왕은 아라곤 왕국의 군주인 페르난도 2세와 결혼해 통일된 에스파냐 왕국을 만들었다. 또한 이사벨 여왕은 1492년부터 시작된 콜럼버스의 아메리카 대륙 탐험을 지원한 것으로도 유명하다.

는데 당시는 약혼 성사와 파기가 다반사여서 당사자가 그 모든 것을 파악했다고 보기는 어렵다. 둘은 결혼할 때까지 한 번도 만난 적이 없는데 어떻게 연애가 가능했을까? 실제로 둘은 서로 결혼 상대로 여기고 적극적으로 결혼했다. 궁정에 전해오는 소문으로 상대방의 성품과 지성을 파악하면서 서로 '에스파냐 통일에 협력해줄 사람'으로 생각했는지도 모른다. 어쨌든 둘은 서로 원해 결혼했다. 이사벨에게 결혼 신청을 할 때 페르난도는 다음 조건들을 약속했다.

- 이사벨이 왕위에 오른 경우, 페르난도도 카스티야에서 살아야 한다.
- 카스티야 재산에는 손대지 않는다.
- 카스티야 법률을 지킨다.
- 요인(要人)을 임명할 때는 여왕(이사벨)의 승인이 있어야 한다.

이사벨은 이 성실한 약속을 선언한, 아직 만나지 못한 약혼자 페르난도가 마음에 들었던 것 같다.

● ●

세계사의 복선

1474년 카스티야의 왕 엔리케 4세가 죽자 카스티야는 이사벨 페르난도파(派)와 포르투갈이 지원하는 후아나파(派)가 왕위쟁탈전을 벌였다. 결국 이사벨 페르난도파가 승리했고 이사벨은 여왕 자리에 올랐다. 1479년 아라곤 왕 후안 2세가 죽고 페르난도가 아라곤의 왕으로 즉위하면서 아라곤과 카스티야 연합 왕국이 실현되었다. '에스파냐가 통일된 해'였다. 아라곤 국내도 어느 정도 안정을 되찾았고 둘은 두 나라를 합친 강한 국력을 바탕으로 이베리아반도 통일을 이룰 꿈에 1492년 1월 그라나다의 알함브라 궁전의 이슬람교도를 공격해 함락시켰다. 711년 우마이야 왕조가 정복한 지 800년 만에 이슬람교도를 바다 저편으로 축출한 것이다.

같은 해 3월 31일 이사벨은 에스파냐 국내에 있던 유대인에게 4개월 안에 국외로 퇴거(退去)할 것을 명했다. 이교도에 대한 국토회복운동이라는 이데올로기로 성립한 에스파냐로서는 불가피한 선택이었다. 하지만 경제활동, 특히 금융에 탁월한 유대인을 잃은 것은 훗날 에스파냐 경제가 산업혁명에서 뒤지는 원인이 되었다. 그리고 마지막 유대인이 에스파냐에서 퇴거한 8월 2일 제노바 출신의 크리스토퍼 콜럼버스가 인도를 향해 떠났다. 이사벨은 우연히 에스파냐에서 서쪽으로 돌아가는 항로로 인도로 가겠다는 그의 계획을 높이 샀다. 그가 바로 아메리카 대륙을 발견한 콜럼버스다. 이사벨은 뜻밖의 사건으로 인류사에 이름을 남겼다. 에스파냐는 그 탄생 때부터 영광과 쇠퇴로의 복선(伏線)이 깔렸던 셈이다.

페르난도 2세_1494년부터 본격화된 '이탈리아전쟁'에서 프랑스와 이탈리아의
지배권을 놓고 대립했다. 페르난도 2세는 장남인 후안과 둘째 딸 후아나를 각
각 막시밀리안 1세의 자녀들과 결혼시켜 신성로마제국과의 동맹을 강화했다.
그리고 잉글랜드와의 동맹을 위해 딸 카탈리나를 헨리 8세와 결혼시켰다. 그리
고 프랑스 군대가 점령하고 있던 나폴리를 되찾아 1504년 나폴리 왕국의 왕위
에도 올랐다.

절대왕정으로의 길

1504년 이사벨은 죽었지만 페르난도는 건재했다. 페르난도는 카스티야 내 반대파와 정치투쟁을 벌이며 두 나라의 발전을 위해 힘쓰다가 1516년 타계했다. '세기의 결혼'으로 태어난 대국(大國), 아라곤 카스티야 연합 왕국인 두 나라는 현실적으로 법률, 통화(通貨), 세제(稅制)가 모두 달라(언어, 생활습관은 큰 차이가 없었다) 실질적인 통일국가로 보기는 어렵지만 서로 부족함을 채워주는 동병상련의 단순한 동맹관계로 보는 견해도 있다.

두 나라 모두 내부적으로 여러 문제를 안고 있었던 것은 분명하다. 반면 두 나라가 서로 약점을 보완해 일약 대국이 된 것도 사실이다. 페르난도와 이사벨의 강한 유대는 에스파냐의 통일 기반, 나아가 중앙집권의 기초를 만들었고 통일국가가 아닌 통일국가로 나아가는 길을 보여주었다.

22

CHAPTER

군주의 측근 신하들에 대하여

《군주론》22장 요약

　훌륭한 목사를 선택하는 것은 매우 중요하다. 통치자가 주변 사람들을 선택할 때 자신의 지성을 보여주기 때문이다. 통치자 스스로 좋은 생각을 가질 수 없다면 목사의 좋은 생각과 나쁜 생각을 구별할 수 있을 만큼 똑똑해야 한다. 장관은 항상 군주를 생각해야 하며 자신을 생각하면 안 된다. 군주는 장관을 존중하고 보상해줘 장관이 군주에게 의존할 수 있도록 해야 한다. 통치자들이 그들의 조언자들을 선택하는 데 예민하지 않다면 아첨꾼에 둘러싸인 자신을 발견할 것이다. 아첨을 경계하는 유일한 방법은 진리에 의해 기분을 상하게 하지 않는다는 것을 당신이 보여주는 것이다. 그러나 누군가가 자신의 마음을 당신에게 말할 수 있다면 당신은 존경받지 못할 것이다. 현명한 군주는 지적인 조언자를 선발해 그들만 솔직하게 말하는 것을 허락할 것이며 오직 그가 그들의 의견을 구할 때만 허락할 것이다. 그는 주의 깊게 경청해야 하지만 자신의 결정을 내리고 그것에 충실해야 한다.

군주의 지혜는 측근을 선택하는 데서 나타난다

각료의 가치는 군주 자신의 총명함에 달려 있다. 첫 번째 의견은 지배자의 현명함은 주변의 측근에 달려 있다는 것이다. 유능하고 충직한 사람들을 측근 간부로 선택하면 그 군주는 항상 현명해 보인다. 군주가 측근의 능력을 인정하고 그들의 충성심을 유지할 수 있기 때문이다. 반대로 무능한 신하를 선택한 군주는 항상 비난받는다. 군주가 장관을 임명하면서 가장 치명적인 실수를 저질렀기 때문이다. 시에나의 군주 판돌프 페트루사가 자신의 각료로 안토니오 다 베나프로(Antono da Venafro, 시에나의 판돌프 페트루시 대사직과 고문을 지내며 그가 훌륭한 군주가 되도록 많은 조언을 한 충신이다)를 선택했다는 것은 누구나 아는 사실이다. 이를 보면 판돌프는 역시 위대한 인물이라는 결론을 내리지 않을 수 없다. 여기에는 세 가지 재능이 깃들어 있다.

첫째, 자신을 이해하고 둘째, 다른 사람들이 희망하는 것을 이해하고 셋째, 자신이나 남들도 이해하지 못한다는 점이다. 첫 번째 지혜는 탁월한 것이고 두 번째 지혜는 좋은 것이고 세 번째 지혜는 쓸모없다. 판돌프는 첫 번째 지혜가 없었더라도 두 번째 지혜가 있었다. 군주가 예리하지 못하더라도 타인의 언행의 옳고 그름을 구별하는 판단력이 있다면 그 같은 군주는 장관들의 행동의 정당성 여부를 판단할 수 있다. 따라서 그들의 행동에 따라 칭찬하거나 시정해줄 수도 있다. 이 같은 방법으로 정치를 하면 장관들은 군주를 속일 수 없고 부정을 저지르지 않기 위해 조심한다. 군주가 자신의 측근 간부가 어떤 사람인지 판단하는 기준이 여기에 있다. 장관이 당신보다 자신을 더 생각해 매사 자신의 이익만 추구한다면 당신을 훌륭히 보필하는 장관이 절대로 아니다. 당신은 그를 절대로 신임하면 안 된다. 정부 업무를 위임받은 자는 자신의 이익을 생각하면 절대로 안 되며 군주의 이익과 정무만 생각해야 하기 때문이다.

● ●

충성스러운 측근을 판단하고 신뢰를 유지하는 방법

군주가 자신이 바라는 장관을 만들려면 군주의 위치에서 그들을 돌보고 명예를 보유하게 만들어야 한다. 그렇게 군주의 빚을 지게 해 국가에 대한 명예와 의무를 함께 해야 한다. 군주에게 의지하지 않고서는 자기 혼자 설 수 없다는 의식을 갖게 만들어야 한다. 명예와 재산을 최대로 주어 더 이상 바랄 것이 없도록 만들어야 한다. 은혜를 입은 관료가 많아질수록 군주는 현상타파를 획책하는 반란의 공포에서 해방된다. 이같이 밀접한 유대가 있는 군주와 장관은 서로 두터운 믿음이 있지만 유대가 없는 군신은 둘 다 재앙에 빠진다.

23
CHAPTER

아첨꾼을 피하는 방법

《군주론》23장 요약

지혜롭지 못한 군주는 지혜로운 자의 손에 완전히 맡기지 않는 한 절대로 훌륭한 조언을 얻을 수 없다. 여러 보좌관으로부터 조언을 받는 무지한 군주는 각 목사가 자신의 이익을 생각할 것이므로 상충하는 의견을 절대로 조화시킬 수 없을 것이다. 군주가 충실할 것을 그들에게 강요하지 않으면 항상 불충할 것이다.

● ●

현명한 사람들은 신중한 군주에게 진실을 말한다

나는 여기서 지나칠 수 없는 중요한 논제를 말하겠다. 군주가 이 같은 과오를 범하지 않는 것은 지극히 어렵고 특히 신중하지 못하거나 신하를 잘못 선택한 군주는 피하기 어려운 일이다. 나는 아첨꾼을 말하려고 한다. 그들은 항상 조정 안에 득실거린다. 인간은 자기 일에 만족하거나 자만심에 탐닉하므로 아첨꾼에 의해 천벌의 제물로 떨어지지 않기 위해서는 상당한 어려움이 있다. 군주가 어려움을 피하려고 노력하다가 측근의 멸시를 받는 위험에 빠지기도 한다. 아첨을 피해 당신의 안전을 유지하는 방법은 당신이 화를 내지 않는 사람이라는 것을 백성에게 알리는 것이다. 그러나 모든 사람이 당신에게 진실을 말하면 당신은 군주의 위엄을 잃는다는 점에 주의해야 한다. 분별력 있는 군주는 중간 방법을 선택한다.

자신의 정부기관에 현명한 자를 등용해 그들만 군주에게 진실을 말하는 것을 허락하고 그것도 군주가 묻는 사항에만 대답하고 그 외는 말하지 못하도록 권위를 유지한다. 군주는 그들에게 세밀히 질문하고 그들이 말하는 것을 모두 들어야 한다. 그들의 말대로 따를 것이 아니라 스스로 마음의 결정을 내려야 한다. 그리고 그들이 진언하면 군주의 태도는 단체든 개인이든 솔직히 진언할수록 그들의 의사가 반영된다는 점을 인식시켜야 한다. 이들이 아니면 진실한 말을 들을 사람이 없고 일단 말을 듣고 결정하면 정책에 반드시 반영하고 그 결정에 집착하지 않으면 안 된다. 이같이 행동하지 않으면 아첨꾼에 의해 파멸하거나 충고의 영향으로 조변석개(朝變夕改) 식이 된다. 그 같은 결과는 군주를 비천하게 만든다.

●●

혼자 생각하고 결정하는 막시밀리안

나는 최근 예를 보여주고 싶다. 현재의 황제 막시밀리안 1세(Maximil-ian I, 신성로마제국의 통치자로 루카 라이몬디 신부는 그의 조언자 중 한 명이었다. 1507~1508년 마키아벨리가 외교공관으로 막시밀리안 1세의 궁정을 방문했을 때 그를 관찰할 기회가 있었다)의 신하 루카(Luca) 사제는 그의 황제에게 자신은 누구와도 상의한 적이 없고 자기 뜻대로 한 일도 없다고 말했다. 이것은 앞에서 내가 논한 것의 정반대 행동이다. 황제는 비밀주의자로 자신의 계획을 아무에게도 말하지 않았고 그 누구의 충고도 듣지 않았다. 황제의 계획을 발표하자마자 모든 사람이 그의 심중을 알아차리고 그의 계획에 반대했다. 많은 반대자에게 둘러싸인 황제는 자신의 제안을 철회하고 말았다. 그 같은 결과로 황제는 오늘 결정한 일을 내일 철회하는 바람에 황제가 하려는 일이나 계획이 불확실해 아무도 그의 시정(施政)에 믿음을 갖지 않았다. 그러므로 군주는 항상 충고를 받아들여야 한다. 묻지 않은 사실에 진언하려는 모든 사람의 용기를 꺾어버려야 한다. 마찬가지로 군주는 편견 없는 질문자가 되어 자신이 알려는 것을 참을성 있게 들어야 한다. 나아가 이유가 무엇이든 자신에게 침묵을 지킨다는 것을 알게 되면 분노를 표해야 한다.

막시밀리안 1세_신성로마제국의 황제(재위 1493~1519) 결혼을 통한 영지 확대 정책을 추진해 합스부르크가를 크게 중흥시켰다. 독일 국내개혁에서는 영구(永久) 란트 평화령을 선포하고 제국 궁정재판소를 설치하려고 했지만 실효를 거두지 못했다. 그림은 독일의 유명 화가 알프레히트 뒤러의 작품이다.

현명한 군주만 현명한 정책을 따른다

요즘 사람들은 어떤 군주가 현명하다는 평판이 있으면 군주가 지혜로워서가 아니라 군주의 측근이 똑똑해서라고 생각한다. 하지만 이것은 분명한 착각이다. 여기에 틀림없는 원칙 하나가 있다. 현명한 군주가 아니면 훌륭한 조언을 받아들일 수 없다. 군주는 자신의 모든 일을 돌봐주는 사람들에게 정치를 통째로 맡기지 않는 한 훌륭한 충고만 받아들이는 현명한 군주가 될 것이다. 타인의 후견으로 통치하는 군주는 훌륭한 충고를 많이 받겠지만 권력은 오래 못 간다. 군주 대신 정부를 맡는 자가 머지않아 군주에게서 왕위를 찬탈하기 때문이다. 그러나 어리석은 군주가 여러 명의 진언을 들으면 일관된 의견을 들을 수 없으며 들더라도 그들의 의견을 자기 것으로 정리하지 못할 것이다. 모든 상대자는 각자의 이해관계에 따라 진언하므로 군주는 그들을 어떻게 바로잡고 어떻게 이해해야 할지도 모른다. 사태는 다르게 발전할 수밖에 없다. 아첨꾼들이 미덕이라는 말대로 군주가 행동한다면 당신은 악행을 저지를 수밖에 없다. 결론은 다음과 같다. 훌륭한 충고를 누가 하든 훌륭한 조언을 바라는 군주의 깊은 사려에서 나온다. 훌륭한 충고를 한다고 군주가 사려가 깊어지는 것은 아니다.

《군주론》 22~23장 분석

22~23장에서는 군주가 자신을 도와주도록 선택한 고문과 장관들을 다룬다. 이 주제에 대한 마키아벨리의 논의는 직접적이고 모순적이다. 신중한 통치자는 그가 비정상일 정도로 현명하지 않더라도 훌륭한 조언자를 선택할 수 있으므로 현명하게 생각하라는 것이다. 현명하지 못한 통치자는 그것을 제대로 평가할 수 없으므로 절대로 훌륭한 조언을 얻을 수 없다. 훌륭한 장관은 국가에 헌신하고 군주의 이익만 생각할 것이다. 그러나 군주가 충성을 강요하지 않는 한 장관들은 항상 자신들의 이익을 전할 것이다. 인간 본성에 대한 마키아벨리의 전형적인 어두운 의견은 훌륭한 목사가 군주에게 없어선 안 될 존재라는 그의 의견과 반대된다. 마키아벨리 자신은 피렌체 공화국에서 훌륭한 장관이었고 진정으로 그 지위를 되찾길 바랐으므로 그가 진정으로 국사에 헌신하는 장관의 가치를 강조하는 것은 놀랍지 않다.

21장에서와 마찬가지로 마키아벨리는 군주가 결단력, 직접성, 존엄성을 나타내야 한다고 주장했다. 군주들은 참모로부터 완전한 솔직함을 중시하고 심지어 주장해야 한다. 그런 다음 너무 많은 의견의 자유를 허락하면 자신에게 너무 쉽게 접근하게 만들어 존엄성이 훼손된다. 아첨꾼에 대한 경고는 르네상스 시대 조언책의 표준적인 주의였다.

24
CHAPTER

이탈리아 군주들이 나라를 잃은 이유

《군주론》 24장 요약

새로운 군주가 이 모든 원칙을 따른다면 그는 곧 세습 통치자와 같이 안전해질 것이다. 현재 그들이 잘하고 있다는 것을 사람들이 알게 되면 그들은 변화를 추구하지 않을 것이기 때문이다. 그러나 획득한 새로운 국가를 무능으로 잃는 자는 누구나 불명예스럽다. 이탈리아 통치자들이 국가를 잃은 것은 군사력이 부족하거나 신하들이 그들을 미워하게 만들었거나 귀족을 방어할 수 없었기 때문이다. 그들은 불운을 탓하면 안 된다. 준비하지 않았기 때문에 자신의 나태도 탓하면 안 되며 문제가 닥쳤을 때 사람들은 그들이 회복되길 바라며 도망쳤다. 군주는 개인적으로 통제할 수 있는 방어에만 의존할 수 있다.

● ●

신생 군주가 누리는 이점

앞에서 내가 지적한 것들을 군주가 잘 지킨다면 새로 군주가 된 자도 오랫동안 통치해온 군주처럼 능숙해 보일 것이다. 빠른 시일 안에 안정을 찾고 장기간 업적을 쌓은 군주보다 정국을 더 안정적으로 유지할 수 있을 것이다. 새 군주의 행동은 세습군주의 행동보다 많은 사랑과 관심을 받기 마련이다. 신생 군주가 정치를 지혜롭게 한다고 인정받으면 혈통으로 이어지는 세습군주에 대한 충성보다 더 큰 민심을 얻고 그들의 충성을 받을 수 있다.

인간은 과거보다 현재에 관심이 더 크기 마련이고 현재 진행 중인 일이 좋은 거라고 마음의 결정을 내리면 현재에 만족하고 더 이상 아무것도 바라지 않는다. 인정을 받은 군주가 다른 일에서 큰 잘못을 저지르지 않는다면 백성은 군주에게 대항하지 않는다. 그러므로 새 군주는 왕국을 새로 건설하고 훌륭한 법과 튼튼한 국방을 유지해 신뢰할 만한 동맹을 찾으면 위대한 영도력이 생기며 군주로 태어난 사람처럼 지배자로서 명예와 강력함이라는 이중의 영광을 누리지만 군주로 태어났더라도 무능하면 이중의 수모를 겪는다.

● ●

국가를 잃은 군주들의 공통적인 결함

이제 이탈리아 군주 중에서 나폴리 왕과 밀라노 공작 등 통치 기간 중 영토를 잃은 지배자를 생각해보자. 앞에서 충분히 살펴봤듯이 그들은 공통적으로 군대가 약했다. 귀족계급의 지지를 받은 군주는 대중의 적으로 군림했고 대중의 지지를 받음에도 귀족계급의 충성을 유지하는 방법을 몰랐다. 그들이 두 계급 중 한 계급의 지지만 받았더라도 외세의 침입에 맞서는 군대를 보낼 만큼 강했던 왕국을 잃지는 않았을 것이다. 마케도니아의 필리포스(알렉산더 대왕의 아버지가 아닌 피터스 퀸티우스에게 패한 자다)를 공격해온 로마냐 그리스의 강한 힘에 비교할 수 없는 적은 권력자였다. 그는 적에 비하면 보잘것 없었지만 대중을 만족시키고 귀족의 충성을 유지하는 방법을 아는 군인 출신이어서 이 강대국들과 수년간 싸울 수 있었다. 그는 마지막에 도시 몇 개를 잃었지만 최후까지 왕국을 사수했다.

오랫동안 정권을 유지한 우리 시대의 군주들이 영토를 빼앗긴 것을 불운 탓으로 돌리면 안 된다. 그들의 선천적인 무능을 비난해야 한다. 바다가 잔잔할 때 인간은 조만간 불어닥칠 태풍을 내다보지 못하듯 태평성대 이후 밀어닥칠 참혹한 전쟁을 추호도 예상하지 못했다. 역경에 처하면 도망치지 않고 분연히 일어나 싸워야 함에도 그들은 그 같은 생각을 전혀 하지 않았다. 그들은 정복자의 무자비함에 격분한 대중이 일어나 패망한 자신들의 왕권을 되찾아주길 바랐다. 한마디로 모든 대책이 실패했음에도 모든 것이 잘 돌아가고 있다는 식이었다. 이 같은 무사안일주의 때문에 미래에 대한 막연한 희망만으로 미리 조심하지 않는 것은 매우 나쁜 태도다. 그것은 남이 도와줘 일어나길 바라면서 스스로 넘어지는 사람을 찾을 수 없는 것과 같다. 그 같은 행운은 절대로 없을 것이다. 설령 행운이 찾아오더라도 당신은 안전하지 못할 것이다. 당신은 비겁한 방법에 기대를 걸었고 어려움에 스스로 맞서려는 의지가 없었기 때문이다. 영원히 굳건한 국가안보는 당신의 자력과 지혜에 의존할 수밖에 없다.

《군주론》 24장 분석

24장에서는 당시 이탈리아 정치 상황 토론으로 마키아벨리가 되돌아가게 하는데 그는 12~14장 군사문제 토론에서 마지막으로 다루었다. 그는 특히 나폴리 왕과 밀라노 공작을 권력을 잃은 통치자라고 말했지만 그가 경멸했던 루도비코 스포르차에게 관심이 가장 컸다. 스포르차는 마키아벨리의 교훈을 따르지 않는 방법의 완벽한 예를 보여주었다. 그는 프랑스 샤를 8세에게 이탈리아 침공을 독려했고 루이 12세가 돌아왔을 때 프랑스 군대는 스포르차의 국가를 박탈하고 그를 포로로 만들었다.

마키아벨리는 외세의 침략으로 인한 이탈리아의 많은 어려움에 대해 그를 비난했다. 나폴리 왕 아라곤의 프레데릭(Frederick, 1452~1504년)은 루이 12세와 페르디난트 2세 사이의 비밀합의로 권력에서 쫓겨나 나폴리를 분열시켜 덜 공정하다. 두 주요 강대국에 직면해 프레데릭이 자신의 지위를 유지하기 위해 할 수 있었던 것은 거의 없었다. 특히 마키아벨리는 이탈리아 군주들의 나태를 신랄히 비난했다. 이상적인 군주는 미래의 재난에 대비해 항상 계획하고 움직여야 하기 때문이다. 마지막으로 마키아벨리는 자급자족이라는 주제로 돌아갔다. 남에게 의존하는 것은 항상 실수다. 자신의 자원 통제를 통해서만 진정으로 안전해질 수 있다. 마키아벨리는 25장에서 이 주제를 더 완벽히 다루고 있다.

25
CHAPTER

인간사에 행사하는 운명의 힘과
운명에 대처하는 방법

《군주론》 25장 요약

모든 것이 운에 달렸다고 많은 사람이 믿기 때문에 행동 시도는 아무 소용이 없지만 행운은 자기 행동의 절반만 통제하고 나머지 절반을 통제할 자유의지를 남겨 둔다. 행운은 홍수가 난 강에 비교할 수 있고 그 과정에서 모든 것을 파괴할 수 있다. 그러나 날씨가 좋으면 사람들은 홍수예방을 위해 댐과 제방을 쌓을 수 있다. 이탈리아가 그 같은 준비를 했더라면 현재의 홍수에서 그토록 큰 고통을 겪지는 않았을 것이다.

군주는 언젠가는 성공하고 다음 날에는 망가져왔고 성격에는 변화가 없다. 둘이 같은 방법을 쓸 수 있지만 오직 한 명만 성공한다. 둘이 다른 방법을 쓸 수 있지만 동일한 목표에 다다를 수 있다. 모든 상황이 그들의 행동에 적합하거나 부적합하기 때문이다. 한 남성이 한 가지 방법으로 행동해 성공하고 상황이 바뀌었을 때 방법을 바꾸지 않으면 실패할 것이다. 그러나 사람들은 변화할 융통성이 전혀 없다. 그들의 본성이 그들을 허락하지 않거나 성공을 부르는 특정 행동에 익숙해지기 때문이다. 재산은 여성이고 그녀를 통제하려는 남성은 그녀를 대략적으로 대해야 하므로 소심하고 조심스러운 것보다 대담한 것이 낫다.

운명은 인간 행동의 절반 이상을 통제한다

나는 인간 만사가 운명과 신의 섭리로 결정되며 아무리 사려 깊은 인간도 운명을 거역하거나 극복할 수 없다고 많은 사람이 말했고 지금도 그 같은 의견임을 알고 있다. 그러므로 운명을 극복하려고 노력할 필요도 없고 인간은 기회가 주어지는 대로 따라가야 한다고 말한다. 이 같은 사고방식은 우리 세대에 만연하다. 예상하지 못한 큰 변화와 변혁이 일어났고 지금도 일어나고 있기 때문이다. 때때로 이 같은 사태를 보며 나도 동감하지만 우리에게 선택의 자유가 있는 한 운명의 장난은 우리가 하는 일의 절반을 통제하며 나머지 절반은 우리 자신이 결정한다고 나는 생각한다.

운명의 범람은 통제할 수 있다

나는 운명을 성난 강물에 비유하고 싶다. 홍수가 나면 평야를 뒤덮고 나무뿌리까지 뽑고 재산과 생명을 삼키고 제방의 흙을 무너뜨린다. 이 사나운 물살 앞에서 모든 인간은 나약한 존재일 뿐 도망치거나 저항하지 못한다. 자연현상인 홍수가 나기 전 물결이 잔잔할 때 재난에 대비해 방파제를 쌓고 운하를 건설해두면 강물을 운하로 빼내거나 물살을 약화시켜 범람을 막을 수 있다.

운명도 마찬가지다. 여신은 자신에게 힘을 가하지 않는 곳에 나타나 그녀를 억제할 장애물이 없어 가둬둘 제방이 없는 곳으로 쳐들어 간다. 당신이 이탈리아를 생각한다면 그곳이 이 같은 변화와 주장의 온상임을 알 것이다. 특히 이탈리아는 제방도 운하도 없는 허허벌판이라는 것을 알게 될 것이다. 이탈리아도 독일, 에스파냐, 프랑스처럼 충분한 방위력을 길렀다면 홍수가 모두를 집어삼키진 않았을 것이다. 이로써 운명의 여신에게 도전하는 일반적인 의문이 풀렸을 것이다. 하지만 나는 특수한 경우의 환경에 국한해 논하고 싶다.

우리가 알고 있듯이 어떤 군주는 성격상 약점이나 다른 상황 변화도 없는데 오늘은 흥하고 다음 날 망할 때도 있음을 나는 말하고 싶다. 이 같은 종류의 군주는 극도로 운명에 의존하므로 운명의 여신이 떠나면 걷잡을 수 없는 비극에 휩싸인다고 나는 생각한다. 또한 군주가 시기적절한 정책을 변화에 맞춰 채택한다면 시류가 변할 때마다 겪어야 할 충돌은 사라질 거라고 나는 생각한다.

나는 번영과 영광을 갈구하는 군주가 자신의 목표 달성을 위해 많은 수단과 방법을 동원하는 것을 흔히 봐왔다. 환경에 따라 어떤 군주는 조심스럽게 또는 성급히 행동한다. 폭력을 휘두르거나 교묘히 속이거나 인내심으로 극복하거나 매사 반대 의사를 표명한다. 천태만상의 인간들이 각자의 목표 달성에서 나름의 방법을 동원한다. 이같이 행동방식이 달라 사려 깊은 두 종류의 인간 중 한 명은 목적을 이루고 다른 한 명은 실패할 것이다. 성급한 사람과 조심성 있는 사람은 서로 다른 방법을 쓰지만 성공할 확률은 똑같다. 이 결과는 그들이 채택한 방법이 시기와 맞는 가에 달렸다. 이미 말했듯이 둘은 다른 방식으로 일했지만 같은 결과에 도달할 수도 있다.

부귀영화가 하루아침에 덧없이 사라지는 것도 마찬가지다. 인간이 인내심을 갖고 조심스럽게 행동하고 환경과 시류가 그 같은 인간을 요구한다면 시류에 맞으므로 번영을 누릴 것이다. 그러나 시류에 맞게 행동하는 사람은 찾아보기 어렵다. 인간은 자신의 자질을 바꿔가면서까지 행농하기는 쉽지 않으며 늘 한 가지 방식으로 행동하는 습관 때문에 스스로 변할 수 없기 때문이다. 그래서 조심성 있는 인간에게 시대가 성급히 굴도록 재촉해도 적응하지 못해 결국 비운에 빠진다. 때와 장소에 따라 군주가 자신의 성격을 다룰 수만 있다면 행운의 여신은 떠나지 않을 것이다.

운명은 교황 율리우스 2세를 선호했다

　교황 율리우스 2세는 매사 조급했지만 시기와 환경이 그의 성격과 들어맞은 덕분에 항상 성공했다. 볼로냐와의 첫 번째 전쟁을 회상해 보면 당시 조반니 2세 벤티볼리오(Giovanni II Bentivoglio)가 살아 있었다. 베네치아인들이 그 전쟁을 원하지 않았고 에스파냐 왕도 반대했지만 율리우스는 아직도 이 전쟁을 협상 중이어서 그의 포악함과 조급함이 혼자 원정을 떠나게 했다. 이 같은 행동은 에스파냐와 베네치아를 당황시키고 꼼짝 못하게 했다. 베네치아는 공포심, 에스파냐는 나폴리 왕국 전체를 다시 정복하겠다는 야망 때문에 그랬다.

　한편 그는 프랑스 왕을 자기 편으로 끌어들였다. 프랑스가 그를 편든 것은 교황의 행동을 보고 베네치아를 압박하는 데 그의 지원이 절실했고 교황의 비위를 건드리지 않고서는 군대의 원조를 거절할 수 없다고 판단했기 때문이다. 그러므로 율리우스는 자신의 성급한 작전으로 가장 사려 깊은 교황조차 해내지 못한 일을 해냈다. 자신의 계획대로 협상이 끝날 때까지 율리우스가 다른 교황들과 같이 로마로부터 진군하는 것을 지연시켰다면 그는 절대로 성공하지 못했을 것이다. 그렇게 되었다면 프랑스 왕은 수많은 변명 구실을 찾느라 혈안이 되고 협박도 수없이 받았을 것이다.

조반니 2세 벤티볼리오_1463~1506년 볼로냐의 폭군으로 통치한 이탈리아 귀족이었다. 그는 공식적인 지위는 없었지만 도시의 '첫 번째 시민'으로서 권력을 잡았다. 벤티볼리오 가문은 1443년부터 볼로냐를 통치했으며 반복적으로 도시의 시뇨리아(Signoria)에 대한 소유권 강화를 시도했다.

나는 교황의 다른 행위는 논하지 않겠다. 모든 행동이 이와 비슷하고 성공적이었지만 그가 교황으로서 단명한 것은 자신의 성격과 반대되는 행동을 전혀 허락하지 않았기 때문이다. 조심성 있는 행동이 그에게 필요한 시대에 살았다면 그는 파멸했을 것이다. 그는 자신의 성격과 안 맞는 행동을 한 번도 하지 않았다.

이제 결론을 내리자. 행운의 여신은 완고한 성격의 인간 앞에서는 변덕스럽다. 행운의 여신과 일치하는 정책을 쓴 군주는 번영하지만 그렇지 못할 때 여신과 군주는 충돌하기 마련이다. 나는 용감함이 신중함보다 낫다는 생각이 강하다. 왜 그럴까? 행운은 여성과 같아 그녀를 순종시키려면 폭력과 강제가 필요하기 때문이다. 경험상 그녀는 냉정한 자보다 난폭한 자에게 정복당한다. 과부는 늘 청년을 좋아한다. 청년은 점잖은 척하지 않고 늘 정열적이기 때문이다. 청년은 그녀에게 대담하게 명령만 내리지만 절대로 사정하지 않는다.

《군주론》25장 분석

25장은 군주의 성공 결정에서 행동과 재산의 관계를 논하므로 가장 중추적인 장이다. 마키아벨리는 최소한 두 가지 의미에서 운(포르투나)을 사용한다. 7~8장에서 행운이나 권력자의 호의라는 뜻에서 능력(비르투)을 행운과 대조한다. 이 장에서 대조는 군주가 통제할 수 있는 자신의 행동과 자신이 통제할 수 없는 다른 사람의 호의 사이에 있다. 이 장에서 행운은 군주가 직접 통제할 수 없는 지배적인 상황과 사건을 더 많이 말한다.

　마키아벨리는 모든 사건이 운명의 통제를 받고 특정 결과를 위해 일하는 것이 쓸모없다는 운명론적 의견을 취하기보다 인간 행동의 절반에만 운을 통제하고 자유의지가 나머지 부분에 영향을 미치게 한다. 자유의지가 작동하지 않으면 군주의 모든 능력은 아무것도 하지 않을 것이다. 그러나 마키아벨리는 왜 한 명이 성공하고 다른 한 명이 실패하는지, 동일한 방법을 썼음에도 왜 전혀 다른 방법이 동일한 결과에 도달할 수 있는지의 문제로 고민했다. 이것을 설명하기 위해 그는 능력(virtù)은 군주가 자신을 발견하는 특정 상황에 적합할 때 성공이 찾아온다고 주장했다.

　마키아벨리는 특정 행동이 성공이나 실패를 가져올 수 있는 끊임없이 변화하는 상황의 집합으로 운을 생각했다. 그것을 묘사하기 위해 그의 확장된 몇 가지 은유 중 하나를 사용해 재산을 통제할 수 없어 보이지만 인간 활동에 의해 길들여지고 지시받을 수 있는 강과 같은 자연의 힘으로 만든다. 이탈리아 군주들이 적절히 준비만 했다면 외세 침략의 '홍수'는 개방적이고 보호받지 못하는 나라를 휩쓸지 않았을 것이다. 마키아벨리는 자유의지의 가치를 확인하면서 시대에 맞게 자신의 행동을 바꿀 수는 있겠지만 아무도 그렇게 안 한다고 주장해 그것을 제한했다. 마키아벨리는 비르투가 군주가 바꿀 수 없는 선천적이고 자연스러운 품질임을 넌지시 암시했다. 사람들은 자신의 성격대로 행동하며 본성을 바꿀 수 없다. 이 추론의 선은 마키아벨리를 장 초반에 거부했던 비관적 숙명론으로 되돌린다. 군주가 자신의 본성을 바꿀 수 없다면 성공은 단순히 그가 살아가는 시대에 적합한 성격을 가질 수 있는 행운에 달려 있다.

〈포춘(Fortune)〉은 르네상스 예술과 문학에서 종종 그녀의 끊임없는 변화 상태를 상징하는 회전 바퀴를 가진 여성 인물 포르투나(Fortuna)로 구체화되었다. 포르투나의 변덕은 그녀의 가장 큰 특성이다. 당신은 그녀의 바퀴 꼭대기에서 더 빨리 돌고 바닥에서 끝난다. 이 상징주의를 바탕으로 마키아벨리는 재산을 정복하려는 남성은 그녀를 여자로 대하고 대담하고 거칠게 접근해야 한다고 주장하며 장을 마쳤다. 마키아벨리의 은유는 일부 현대 독자에게 불쾌감을 줄 수 있지만 당시는 충격적이지 않았을 것이다. 현대에도 '행운은 대담한 것을 선호한다'라는 말을 여전히 들을 수 있다.

26
CHAPTER

야만족의 지배로부터
이탈리아를 해방시키기 위한 권고

《군주론》26장 요약

이탈리아에 새 통치자를 환영하기에 더 적절한 시기는 없을 것이다. 이탈리아 정신의 위대함을 보여주려면 이탈리아가 먼저 굴욕을 당해야 했다. 군주가 그녀를 인도하기 위해 오는 것처럼 보였지만 불운은 그를 때려눕혀 그녀는 자신의 구조자를 여전히 간절히 기다린다. 마키아벨리가 설명한 교훈을 메디치 가문이 따라한다면 이 역할을 완수할 수 있다. 하나님의 표징조차 다가오는 위대함을 가리킨다. 다른 이탈리아 군주들은 자신들의 오래된 전쟁 방법이 건전하지 않아 이 목표를 이루지 못했다.

이탈리아인들 사이에 용기나 힘은 부족하지 않았지만 그들의 지도자들이 나약해 이탈리아 군대는 지난 20년 동안 전장에서 패했다. 메디치 가문이 위대한 지도자가 되고 싶다면 자신의 군대를 육성할 것이다. 유럽의 모든 군대는 성공에도 불구하고 새로운 전략으로 악용될 약점이 있다. "이탈리아는 구세주가 그녀를 외국 야만인들의 억압으로부터 해방시키길 기다리고 있습니다. 메디치 가문이 그 대의를 차지하게 하십시오. 그러면 이탈리아는 다시 위대해질 겁니다."

●●

이탈리아를 통일하고 구출할 영웅이 출현하기에 적절한 상황

지금까지 내가 논한 모든 것을 되돌아보고 오늘날의 이탈리아 군주를 이해하고 영광을 얻을 시대인지 나 자신에게 물어본다. 지금 우리가 처한 환경이 새로운 명령자로 등장한 사려 깊고 유능한 인간에게 명성을 얻게 하고 모든 백성이 부유하며 모든 이탈리아인에게 번영을 가져다줄 수 있을지 곰곰이 생각해보자. 많은 여건이 새 군주에게 현재보다 더 적절한 시기가 늘 있으리라는 보장은 없으며 내가 말했듯이 모세가 그들의 지도자가 되려면 이스라엘인이 이집트인의 노예가 되어야 했다. 키루스의 위대함이 인정된 것은 메데스(Medes)의 압박을 받는 페르시아인들이 있었기 때문이다. 테세우스(Theseus)의 탁월함이 입증되려면 아테네인들이 흩어져야 한다.

이제 이탈리아 정신의 가치를 깨닫기 위해 이탈리아는 더 처절해져야 한다. 이탈리아는 히브리인들보다 더 지독한 노예가 되어야 하고 아테네인들의 분열보다 더 산산 조각나야 하고 페르시아인들보다 더 거센 압박을 받아야 한다. 또한 지도자가 없어야 하고 무법천지가 되어야 하고 충돌하고 약탈당하고 찢기고 짓밟혀야 한다. 이탈리아는 모든 종류의 황폐를 견뎌야 한다.

　과거 이탈리아에는 신의 속죄함을 받아 나라를 구할 것처럼 모인 빛나는 인물이 있었다. 그러나 얼마 후 그(케사르 보르자를 가리키는 것 같다)는 자신의 일생 중 가장 찬란한 시기에 운명의 여신으로부터 버림받았음을 알게 되어 생명력을 잃은 이탈리아는 상처를 씻어주고 롬바르디 지방에 대한 약탈을 끝장내고 토스카나와 그 왕국에 대한 과중한 세금 압박을 풀어주고 오랫동안 돌보지 않아 곪아 터질 듯한 상처를 치료해줄 위인을 고대하고 있다. 보라! 야만적인 잔학성과 압박으로부터 이탈리아를 구해달라고 신에게 얼마나 기도하는지를! 누군가 깃발만 올리면 그 기수를 따르겠다고 얼마나 갈망하는지를!

　지금 이탈리아에서 행운과 지혜가 있고 하느님과 교회의 축복을 받으며 교회 최상위에 오른 훌륭한 당신 일가 외에는 노예 상태의 이탈리아를 구할 자가 있다. 이 과업을 수행하려는 당신이 내가 지금까지 말해온 위인 등의 치적과 생애를 마음 깊이 새긴다면 별로 어려운 일이 아니다. 내가 거론한 위인들도 탁월하고 기억할 만한 가치가 있다. 그들 외에는 현재와 같은 절호의 기회를 아무도 갖지 못했다. 그들의 정견은 정당하지 않았고 실천하기도 쉽지 않았다. 당신이 당신을 축복하는 것과 같이 그들에게 은혜를 베풀지도 않았다. 우리의 희망에는 위대한 정의가 있다. 필요한 전쟁은 진짜 전쟁이며 전쟁에서 무기 밖에 희망이 없다면 그 무기는 신성하기 때문이다.

이탈리아는 오래전부터 당신을 맞을 준비가 되어 있었으므로 내가 찬미한 인물들과 겨룰 능력이 당신에게 있다면 별 어려움은 없고 신의 노여움도 들리지 않을 것이다. 바다는 갈라져 길을 터주고 구름은 당신이 가야 할 방향을 가리켜준다. 바위틈에서 샘물이 나오고 신이 보내는 양식이 하늘에서 떨어진다. 모든 일이 당신의 위대함을 칭송한다. 남은 것은 당신 뜻이다. 신은 모든 일을 혼자 하길 원치 않으며 우리의 자유로운 선택권과 영광을 빼앗으려고 하지도 않는다.

● ●

누가 지도자가 될 것인가

내가 지적한 인물 중에서 당신의 일가가 해주길 간절히 바라는 것을 먼저 해준 사람은 아무도 없었다. 이탈리아에서는 수많은 혁명과 전쟁이 일어났지만 군인들의 사기가 늘 떨어져 보이는 것은 놀랍지 않다. 옛 군사조직은 허점투성이였고 당시 이탈리아 군대를 참신하게 개혁할 유능한 인물이 단 한 명도 없었기 때문이다. 새로운 법률 제정과 새로운 통치기구 창설보다 더 큰 명예는 군주에게 없다. 이 법률과 통치기구의 기반을 굳건히 다지고 훌륭하게 운영할 때 백성은 군주를 찬양하고 존경할 것이다.

지금 이탈리아는 모든 것을 전적으로 개혁할 때가 아니다. 우리의 지도자는 부족함이 없고 지도자를 따르는 자들도 용기백배한 것을 볼 수 있기 때문이다. 질투와 군인들의 작은 전투를 보라! 이탈리아인들이 얼마나 강하고 재주가 있고 지혜로운지 알 수 있다. 그러나 문제는 군인이다. 군인의 약점은 지도자의 나약함에서 온다. 유능한 장군은 이것을 거부한다.

●　●

이탈리아에게 필요한 것은 지도자뿐이다

모든 인간은 자신이 똑똑하다고 생각하지만 용기와 실천으로 다른 사람들을 지배할 만큼 똑똑한 사람은 아무도 없다. 그 결과, 지난 20년 동안 수많은 전쟁에서 이탈리아 군대만으로 전투에 임할 때마다 늘 패했다. 타로(Taro) 싸움이 그랬고 알렉산드리아, 카푸아, 제노아, 바일라, 볼로냐, 메스트리 전쟁이 이를 증명한다. 그러므로 명성 높은 당신의 집안이 조국을 구한 위인의 행적을 뒤따르려면 무엇보다 자신의 백성만으로 조직된 군대가 필요하다. 자신의 군대보다 충성스럽고 진실하고 훌륭한 조직이 어디 있으랴. 이 군대는 병사 개개인이 훌륭하므로 자신들은 군주의 명령을 따를 것이다. 군주가 명예를 주며 군대를 유지할 거라고 생각하는 한 전군의 작전은 더 훌륭할 것이다. 이탈리아의 힘으로 침략자를 쳐부수고 우리 자신을 방어하려면 이 국민병이 절대로 필요하다.

자국 군대만 나라를 구한다

스위스와 에스파냐 보병이 막강하다고 알려져 있지만 약점도 있으므로 그들보다 유능한 제3의 군대가 나타난다면 그들을 전투에서 꼼짝 못 하게 하고 정복할 수 있을 것이다. 에스파냐 보병은 기마대에 맞서지 못하며 스위스 군대는 자신들과 힘이 비슷한 보병부대를 만나면 두려워하므로 에스파냐 보병은 프랑스 기병에 대항하지 못하고 스위스 군대는 에스파냐 보병에게 패하는 것을 이미 여러 번 경험했다.

스위스 군대의 비겁함을 보여주는 완벽한 예를 찾을 수는 없지만 스위스 군대와 똑같은 작전을 폈던 독일 군대와 에스파냐 보병이 싸웠던 라벤나 전투에서 교훈을 얻을 수 있다. 교전 중 에스파냐군은 독일 군대의 창에 맞서기 위해 아래위로 방패를 민첩하게 움직여가며 태연하게 공격했다. 독일 군대는 속수무책이었다. 독일 기병대와 합세하지 않았다면 에스파냐 군대는 독일 군대를 섬멸했을 것이다. 이제 에스파냐와 스위스 보병의 약점을 간파한 당신은 기병과 싸워 이길 수 있고 다른 보병과 싸워도 지지 않을 새로운 형태의 군대를 창설할 수 있다. 신병을 징집하고 새로운 군대를 조직해 당신의 왕국을 확고히 하라. 이 같은 새로운 군대를 백성에게 선보인 새로운 군주의 위대함이 모든 백성의 절대적인 존경을 받을 것이다.

라벤나 전투_1512년 4월 11일에 벌어진 라벤나 전투는 캄브라이 동맹 전쟁의 주요 전투였다. 그것은 프랑스와 그들의 페라레스 동맹국들에 대항해 신성동맹 세력을 움켜쥐었다. 프랑스와 페라레스가 교황-에스파냐 군대를 심각한 위협으로 몰았지만 그들의 특별한 승리는 그들의 빛나는 젊은 장군 가스톤을 잃어 빛이 바랬다. 따라서 승리는 그들이 북부 이탈리아를 확보하는 데 도움이 되지 못했다. 1512년 여름 프랑스 군대는 이탈리아에서 전면 철수했고 교황 율리우스 2세가 고용한 스위스 용병들과 막시밀리안 황제 치하의 제국 군대가 롬바르디에 도착했다. 스포르차는 밀라노에서 권력을 되찾았다.

● ●

영광스러운 가문이 품어야 할 용기와 희망

그러기 위해 오랜 세월을 보낸 이탈리아는 이제 구원자를 만났으니 이 기회를 헛되이 보내면 절대로 안 된다. 외세의 압제하에서 고통받던 이탈리아가 당신을 얼마나 호의를 가지고 환영하는지, 간절한 복수심과 절대적 충성심과 헌신과 눈물로 당신을 얼마나 대대적으로 환영하는지 이루 표현할 수 없다.

어떤 성문이 당신을 가로막을 것인가?
어떤 백성이 당신에게 복종하지 않으려고 할 것인가?
누가 당신이 가는 길을 질투할 것인가?
이탈리아의 누가 당신에게 경의를 표하지 않을 것인가?
그 같은 야만적인 횡포는 모든 사람의 코에 악취를 풍긴다.
분노보다 재능으로 무기를 들 것이다.
전투는 짧게 끝날 것이다.
이탈리아인의 가슴에
고대의 용맹이 아직 살아 있으므로…

《군주론》26장 분석

《군주론》마지막 장에서 마키아벨리는 강력한 중앙집권적 지도력하에 이탈리아가 외세의 지배에서 벗어날 것을 메디치 가문에게 권고하고 있다. 그의 음색은 책의 나머지 부분의 건조하고 직접적인 스타일과 달리 열정적이고 시적이다. 그럼에도 마키아벨리는 독일, 스위스, 프랑스, 에스파냐가 사용하는 다양한 군대 전술을 논의할 때 더 친숙한 분석 스타일로 돌아간다. 전쟁 수행 방법은 마키아벨리의 또 다른 관심사였다.

1520년 그는 저서 《전쟁의 예술(Dell' Arte della Guerra)》전체에서 이 주제를 집필했다. 마키아벨리는 이탈리아 민족정신의 용기와 힘을 묘사할 때 가장 열정적인 태도로 이 위대한 지적을 깨닫지 못한 어리석은 지도자들을 꾸짖었다. 그는 이탈리아인 개개인은 잘 싸우지만 모두 자신들이 가장 잘 알고 있다고 생각해 권위와 잘 안 맞는다고 주장했다.

이 책 나머지 부분과의, 주목할 만한 또 다른 단절은 마키아벨리의 토론에서 지금까지 눈에 띄게 결석한 하나님의 반복적인 부르심이다. 이탈리아는 구세주를 위해 하나님을 간청하고 하나님은 메디치를 선호하며 하나님은 사람들이 자유의지를 사용하길 원하시며 하나님은 그 시간이 가까워졌음을 보여주기 위해 표징을 보내신다. 마키아벨리는 심지어 이탈리아를 구하기 위해 하나님에 의해 성임되었다고 생각된 체사레 보르자를 언급하는데 그는 썩은 행운 때문에 이탈리아를 통일했을 것이다. 이탈리아는 여전히 이 약속된 구세주를 기다린다.

이탈리아가 강대국에게 굴복하는 괴로움은 이 마지막 장 전체에서 이어진다.

국가와 군주에 대한 마키아벨리의 모든 관찰과 충고는 이탈리아를 야만인들로부터 해방시켜 통일할 지도자를 내놓을 목표로 향했다. 그러면 이탈리아는 마키아벨리가 상상하는 평화롭고 번영된 국가가 될 것이며 그의 신하들이 필요로 하는 안전과 안정을 위해 일하는 군주가 될 것이다. 마키아벨리는 위대한 이탈리아 시인 프란체스코 페트라카(Francesco Petrarca, 인문주의자로 교황청에서 연애시를 쓰기 시작했고 장서 탐독으로 교양을 쌓아 계관시인(桂冠詩人)이 되었다)의 애국적인 시 〈이탈리아 미아(My Italy)〉의 인용문으로 책을 마무리한다.

《군주론》을 집필하는 마키아벨리
마키아벨리의 《군주론》은 후세에 '마키아벨리즘'이라고 불리는 권모술수주의(權謀術數主義)를 주장했다는 이유로 비난의 대상과 위험한 서적으로 취급되었다. 그러나 당시 분열과 외세의 간섭으로 인한 정치적 혼란에 빠진 이탈리아를 강력한 군주에 의해 구하려고 한 저자의 애국심의 발로로 보는 견해가 유력하며 근대 정치학을 개척한 획기적 문헌으로 높이 평가된다.

《군주론》 캐릭터 분석

피렌체의 메디치 가문

메디치 가문은 피렌체에서 가장 강력한 시민이었고 유럽 최대 은행의 지도자였으며 전략적 결혼동맹을 통해 유럽의 많은 왕실 대열에 합류했다. 가족 재산의 창시자는 조반니 데 메디치(Giovanni di Bicci de Medici, 1360~1429년)였다. 그의 지도력하에 가족은행이 꽃피웠고 곧 피렌체에서 최고의 갑부가 되었다. 이 기간 은행 업무는 상대적으로 혁신적이었고 메디치는 가장 성공한 실무자였다.

조반니의 아들 코시모(Cosimo, 1389~1464년)는 은행 지도자를 계승했다. 명목상으로는 평범한 피렌체 시민이었지만 코시모는 피렌체의 공식 통치자가 될 때까지 피렌체의 정치제도를 가문의 이익을 위해 능수능란하게 이용했고 그의 부와 연결해 메디치의 지지자들과 함께 정부기관을 장악했다. 그의 아들 피에로(Piero, 1416~1469년)는 잠시 그를 계승했지만 피에로의 아들 로렌조(Lorenzo, 1449~1492년)는 메디치의 황금시대와 피렌체의 전성기를 주재하는 '위대한 로렌조(Lorenzo the Magnificent)'라고 불렸다. 그는 피렌체를 아름답게 만들기 위해 예술·건축

프로젝트와 시민을 즐겁게 해줄 훌륭한 공공축제에 아낌없이 투자해 이 같은 별명을 얻었다. 그의 아버지와 할아버지와 같이 그의 지지자들이 정부의 핵심 요직에 임명되도록 해 피렌체 통제권을 유지해 군주처럼 살면서 기술적으로는 평범한 시민으로 남았다.

1478년 그는 적이던 교황 식스투스 4세의 지원을 받는 경쟁자 은행 가문 파치(Pazzi)의 암살 기도에서 살아남았다. 그는 피렌체 대성당의 교회 예배 참석 도중 습격을 받았다. 동생 조반니는 피살당했지만 로렌조는 경상만 입었다. 음모자들은 사냥당해 복수심으로 처형되었다.

유명한 예술가 산드로 보티첼리(Sandro Boticelli)는 일련의 벽화에서 메디치 가문을 기념했다. 식스투스와의 전쟁이 이어졌고 로렌조는 프랑스에게 도움을 요청했다. 마침내 교황의 주요 동맹국인 나폴리의 페란테를 극적으로 직접 방문하면서 전쟁을 끝냈다. 이후 로렌조의 입지는 크게 강화되어 이탈리아 국가들에게 중요한 안정화 영향력을 펼쳤으며 이탈리아반도의 평화 유지에 도움이 되는 공식적인 동맹과 우호적인 개인적인 네트워크를 유지했다. 하지만 불행히도 자신의 생애가 끝나갈 무렵 엄청난 손실을 입은 가족은행 관리에 소홀했다. 로렌조의 호화로운 지출과 젊은 은행과의 경쟁은 가족의 재산을 빼앗아갔지만 가족의 영향력과 명성은 여전히 남아 있었다.

동방박사의 경배
보티첼리가 1476년 그린 작품이다. 동방박사는 메디치가 사람들로 그려졌고 그림을 의뢰한 사람이 메디치가의 수장인 델 라마여서 델 라마의 경배라고도 부른다. 아기 예수를 안은 성모 마리아가 메디치가의 인물들로 이루어진 삼각형의 구도 꼭대기에 있으며, 가운데에는 양쪽에서 메디치가 로렌조와 줄리아노가 등장하고 있다. 오른쪽 끝에서 관람자를 바라보는 사람이 보티첼리로 당시그림 작품에 서명 대신 화가 자신을 그려 넣었다.

메디치가의 문장
메디치 가문은 오래전 의사 가문이었으며 은행업으로 부를 축적했다(메디치는 이탈리아어로 '의사'를 뜻한다). 문장에는 알약을 상징하는 다섯 개의 원과 세 개의 황금 백합이 들어 있다. 백합은 피렌체(토스카나주)를 상징하는 꽃으로 당시 피렌체의 화폐였던 플로린(Florin)을 유럽의 기축통화로 만들었다.

로렌조의 아들 피에로(Piero, 1472~1503년)는 피렌체의 인정받는 통치자로 그를 계승했지만 아버지만큼의 인기는 없다는 것이 증명되었다. 1494년 프랑스 샤를 8세가 이탈리아를 침공했을 때 피에로는 처음에는 피렌체 영토를 통과하는 것을 거부했다. 그러나 샤를 8세의 군대가 도시로 접근해오자 당황한 피에로는 프랑스 수용소로 가 별다른 저항 없이 항복해 피렌체를 샤를에게 넘겨주었다. 피에로에게서 환멸을 느끼고 프랑스에 대한 그의 양보에 분노한 피렌체인들은 반란을 일으켰다. 사보나롤라(Savonarola)가 이끄는 '민주주의파'는 메디치를 도시 밖으로 몰아내고 공화국을 선포했다. 메디치 가문은 1512년 마키아벨리가 비서로 봉사한 후 공화국이 붕괴될 때까지 돌아오지 않았다.

　　메디치 가문은 군사적 정복보다 동맹 결성에서 엄청난 부와 기술로 권력을 잡았고 당시 이탈리아 군주들 사이에서 독특하게 만들었다. 특히 체계적으로 유럽 대부분의 위대한 왕실과 결혼했다. '위대한 로렌조'의 손녀 캐서린 드 메디치(Catherine de Medici, 1519~1589년)는 프랑스 왕비가 되었고 메디치 가문은 레오 10세와 클레멘트 8세 두 명의 교황을 배출했는데 그들은 가족의 힘과 영향력 확대에 관심을 집중했다.

《군주론》캐릭터 분석

사보나롤라

1492년 메디치의 뒤를 이은 공화국은 종말론적 종교적 열정을 원동력 삼은 독특한 정치기관이었다. 그 지도자는 지롤라모 사보나롤라로 1481년 설교자로 피렌체에 온 도미니카 교단의 수도사였다. 그는 강한 카리스마에 설교는 너무 생생하고 감정적이고 감동적이어서 곧 청중들을 매료시켰다. 그는 예술가와 고귀한 가족 구성원을 포함해 다양한 제자 그룹을 모았다. 사보나롤라는 피렌체의 호화로운 사치와 이탈리아의 전반적인 죄에 항거하는 개혁가였다. 또한 그는 선지자라고 주장하며 여러 통치자의 죽음과 이탈리아가 정복당할 보복 시기를 예언했다. 샤를 8세의 침공을 사보나롤라는 이탈리아인들의 죄에 대한 하나님의 형벌이라고 선언했다.

피에로 데 메디치가 퇴거되었을 때 사보나롤라와 그의 추종자들은 메디치 정부 대신 일종의 신정주의를 세웠다. 그의 공로에 따라 그는 메디치 가문 자신의 힘을 위한 소품으로 바꾼 기관들을 개혁했다. 그러나 정책은 사보나롤라가 해석한 대로 하나님의 뜻으로 지시되었고

사보나롤라의 설교
이탈리아 도미니크회의 수도사이자 종교개혁가인 사보나롤라는 민주정치와 신재정치(神裁政治)를 혼합한 헌법으로 피렌체를 통치하려고 했지만 교회 내부개혁에 과격한 방법을 동원해 큰 반감을 샀다.

그 같은 정책과의 불일치는 죄였다. 개혁적 열정이 지나치자 그는 피렌체인들에게 죄를 짓도록 유혹하는 모든 악덕과 사치를 포기할 것을 명했고 그들 중 많은 사람이 항복했다.

1497년 예술품, 문학, 도박장비, 세련된 의류, 카니발 마스크, 보석, 죄악인 경박함의 거대한 더미가 '허영심의 모닥불'로 알려진 공공 광장에서 불타버렸다. 사보나롤라는 거의 매일 설교하며 피렌체를 새로운 예루살렘, 지상의 하나님의 도시로 만들겠다고 맹세했으며 이것이 이뤄지면 보편적인 새로운 평화 시대가 열릴 거라고 예언했다.

사보나롤라가 비난한 죄인 중 우두머리는 악명 높던 교황 알렉산데르 6세였는데 그의 부와 음란한 사생활은 사보나롤라가 숙청하려던 부패를 여실히 보여줬다. 알렉산데르가 촉구한 피렌체의 사보나롤라의 반대자들은 목소리를 점점 더 높였고 악화일로의 피렌체 경제는 사바나롤라의 영향력 약화를 의미했다. 젊은 귀족집단은 사보나롤라의 추종자들을 괴롭혔고 그가 설교하는 도중에도 그를 괴롭혔다. 사보나롤라의 도미니카인들의 전통적 라이벌인 프란체스코 교단은 그가 자신의 거룩함의 증거를 보일 것을 요구하고 '불에 의한 재판'을 제안했다.

1498년 4월 7일 두 주문의 대표자들이 광장에서 만났지만 참가자들이 불을 지필 수 있는 물건에 대한 다툼으로 대회는 지연되었고 폭풍우로 행사는 취소되었다. 결국 전체 사건은 처음부터 가짜였던 것으로 드러났고 대중에 대한 사보나롤라의 카리스마 넘치는 이미지도 깨졌다. 다음 날 폭도들이 그의 교회를 공격했고 그는 감옥에 갇혔다. 1498년 5월 그와 두 명의 동료 수사관이 교수형 당한 후 시신은 불타버렸고 화장된 재는 아르노강에 던져졌다. 6월 마키아벨리는 새로운 공화주의 정부에서 자신의 직책을 맡을 것이다.

《군주론》 캐릭터 분석

보르자 가문

보르자 가문은 에스파냐에서 유래했으며 그곳에서 가문의 이름은 '보르자'로 표기되었다. 1455년 예상 밖으로 알폰소 데 보르자 추기경이 교황 칼릭스투스 3세로 선출되면서 보르자의 경력이 시작되었다. 1456년 칼릭스투스는 조카 로드리고를 만들었고 그 후 불과 25세에 교회 추기경 겸 부총장에 임명되었다. 로드리고는 수익성 높은 교회 사무실을 확보하고 동맹 구축을 위해 자신의 지위를 이용해 1492년 마침내 교황 알렉산데르 6세로 자신의 선거를 조종할 수 있게 되었다. 자신과 교회 모두를 위해 '부 축적 전문가' 알렉산데르는 호화로운 법원을 유지하고 가족의 지위 향상에 돈을 쓸 것이다.

본질적으로 감각적이고 여성에게 악명 높은 알렉산데르는 공개적으로 여주인들, 특히 자녀 네 명을 낳은 로마의 아름다운 조반나 데이 카타네이(Giovanna dei Cattanei, 1442~1518년)를 공개적인 수석 여주인으로 유지했다. 알렉산데르는 총 아홉 명의 자녀를 낳았는데 그중 둘은 교황이 된 후 태어났다. 그는 뻔뻔하게 자녀들을 정치적 전당포로 이용했고 보르자 왕조를 세우기 위해 전략적 결혼을 계획했다. 특히 불행한 딸 루크레치아를 위해 결혼을 세 번이나 주선했다(스포르차 가문의 일원이던 그녀의 첫 번째 남편이 더 이상 정치적으로 쓸모없음이 입증되자 알렉산데르는 신랑이 무기력하다고 공개적으로 주장하며 결혼을 무효화했다).

알렉산데르는 루크레치아와 나폴리 왕자를 결혼시켰는데 몇 년 후 나폴리에 대한 보르자의 정책 변경 때문이었던 것으로 추정된다. 그녀는 페라라의 알폰소 데스테(Alfonso d'Este)와 결혼했으며 알렉산데르의 위협과 뇌물이 결합된 후에만 동의했다. 루크레치아에게 행복하게도 그녀는 페라라의 여인으로 사랑과 존경을 받았다. 알렉산데르의 가장 유명했던 자녀는 둘째 아들 체사레였다. 원래 교회에서 경력을 쌓은 것으로 표시된 체사레는 1493년 18살 어린 나이에 추기경이 되었다.

1497년 아버지가 가장 애지중지하던 형 후안은 실종된 지 며칠 후 아홉 군데나 찔린 채 티베르강에서 시신으로 발견되었다. 체사레가 범행을 꾸몄다는 소문이 나돌았고 그에게 책임이 있든 없든 이 살인사건은 체사레의 상황을 180° 바꿨다. 이듬해 그는 추기경직을 포기하고 프랑스로 가 알렉산데르에게 요청한 결혼 무효인 루이 12세에게 도움을 줬고 신부를 위해 프랑스 공주와 로마냐를 정복하기 위한 프랑스 군대의 도움을 받았다. 이 지역은 전통적으로 교황 국가의 일부였

에스파냐 나바레타 지역의 산타 마리아 교회의 체사레 보르자의 무덤
교황 알렉산데르 6세가 사망하자 체사레 보르자의 권력 기반은 무너졌고 9월 로
마를 탈출했다. 그는 에스파냐의 통제하에 있던 나폴리로 도망쳤다. 율리우스 2
세와 에스파냐 통치자들의 공모로 보르자는 다시 체포되어 에스파냐에 투옥되
었다. 그는 1506년 탈출했다. 유일한 피난처는 나바라 궁정이었다. 그곳에서 그
는 군대 장군으로 복무하고 비아나성을 포위하는 동안 1년도 안 되어 사망했다.
그는 자신을 지적이고 잔인하고, 배반적이고 무자비하게 기회주의적이라는 것
을 보여주었고 오랫동안 마키아벨리의 《군주론》의 모델로 여겨져왔다.

지만 확고한 통제하에 있지는 않았다. 1499년 그는 정복을 시작했고 1501년까지 아버지에 의해 로마냐 공작에 지명되었다. 1502년 그는 우르비노와 카메리노를 정복했고 그의 성공에 위협을 느낀 동맹국들은 음모를 꾸몄지만 성공하지 못했고 체사레는 용서하는 척 세니갈리아 회의로 그들을 초대해 모두 죽였다.

알렉산데르 6세가 갑자기 사망한 1503년 체사레의 권력은 절정에 달했다. 아버지의 정치적 영향력과 돈이 없어 체사레의 자원은 말라 버렸다. 많은 로마인들이 증오하고 두려워한 무자비한 전술과 권력욕을 가졌던 그는 자신에게 친구가 없음을 깨달았다. 맹세한 보르자의 적 줄리아노 델라 로베레가 교황 율리우스 2세로 선출되면서 체사레의 운명은 막바지에 이르렀다. 1504년 새 교황의 동맹인 에스파냐의 페르디난트가 체사레를 체포해 투옥했지만 1506년 그는 프랑스로 탈출해 처남 나바라 왕의 선장으로 일했다.

1507년 체사레는 사소한 전투에서 사망했다. 그의 교활함, 퇴폐성, 관능, 잔인함의 명성은 현실에 확고한 기반을 두었지만 악의적인 가십과 대중의 상상력은 그것을 환상적일 정도로 과장했다. 수 세기 동안 역사가들은 보르자를 이탈리아 르네상스의 거대한 악당으로 묘사했다. 체사레는 자신의 형제와 반항적인 선장들뿐만 아니라 여동생의 두 번째 남편과 그를 불쾌하게 하거나 그의 앞길을 가로막는 수많은 사람을 살해한 것으로 여겨졌고 보르자 가문은 전문 독극물로 여겨졌으며 원인 불명의 대부분의 죽음은 독약 때문이었다. 체사레의 살해 방법에 대한 마키아벨리의 무조건적인 감탄은 그들의 악명을 더 높였다.

《군주론》 캐릭터 분석

스포르차 가문

스포르차 가문의 창시자는 무지오 아텐돌로 스포르차(Muzio Attendolo Sforza, 1369~1424년)였다. 농부 집안의 아들인 그는 성공적인 콘도티에(용병대장)와 전문 용병이 되었고 자신의 경력에서 밀라노를 통치한 비스콘티(Visconti) 가문을 포함해 많은 고용주를 위해 싸웠다. 무지오가 전투에서 전사하자 아들 프란체스코(1401~1466년)가 총사령관직을 승계했다.

나폴리의 조반나 여왕에게 고용된 동안 그는 베네치아인들을 상대로 비스콘티를 위해 싸우기 위해 떠났다. 그는 자신의 충성심을 비스콘티로부터 의심받고 해고당했다. 그러나 곧 그들은 그가 다시 필요했고 유인책자로 비스콘티의 후계자 비앙카 마리아를 아내로 약속받았는데 결혼이 성사되기 몇 년 전까지도 프란체스코와 그의 장인 필리포 마리아 사이에는 불신이 여전했다.

필리포가 죽자 프란체스코는 필리포의 공작을 원했다. 1450년 결국 그는 밀라노에서 포위당하고 항복했다. 그는 매우 존경받는 공작이 되었다. 그는 불륜으로 수많은 자녀와 비앙카 마리아의 네 자녀를 낳았다. 프란체스코는 1476년 암살당한 잔인하고 무자비한 통치자인 그의 아들 갈레아초 마리아에 의해 승계되었다. 갈레아초 마리아의 후계자 지안 갈레아초는 당시 불과 8살이어서 권력투쟁 끝에 결국 밀라노를 지배한 인물은 갈레아초 마리아의 동생 루도비코였다. 그가 지안 갈레아초의 수호자로 추정되지만 루도비코는 1489년 지안 갈레아초가 나폴리의 이사벨라와 결혼했을 때 권력을 포기할 것을 거부했고 나폴리와 사이에 불화가 뒤따랐다.

루도비코는 나폴리와 경쟁관계이던 베네치아 문제를 종결하기 위해 나폴리를 요구했던 프랑스 샤를 8세에게 구애하기 시작했다. 1494년 지안 갈레아초가 샤를 8세의 침공 직후 사망하자 루도비코는 밀라노의 논쟁의 여지가 없는 통치자가 되었다. 그러나 루도비코는 곧 프랑스 침공을 두둔하는 치명적 실수를 저질렀음을 깨달았는데 이것은 훗날 루이 12세가 될 올리언스 공작이 샤를 8세와 함께 이탈리아로 갔고 비스콘티 가문과의 관계 때문에 밀라노를 자신의 소유라고 주장했기 때문이다. 루도비코는 교황 알렉산데르 6세와 다른 이탈리아 강대국들과 합세해 샤를 8세를 이탈리아에서 축출했다.

루이 12세는 밀라노로 돌아와 1499년 루도비코를 강제퇴출시켰고 1500년 잠시 권력을 되찾았지만 몇 달 후 프랑스 군대에게 배신당해 포

최후의 만찬

밀라노 산타 마리아 델레 그라지 수도원 식당에 그려져 있는 레오나르도 다 빈치의 〈최후의 만찬〉 벽화 그림이다. 당시 밀라노는 정치적, 군사적 긴장 속에 갇힌 웅장한 도시였다. 밀라노의 공작 루도비코 스포르차는 다 빈치에게 〈최후의 만찬〉을 그려줄 것을 의뢰했고 다 빈치는 이를 수락해 자신의 예술의 황금 시대를 열었다. 하지만 밀라노가 프랑스에 점령되어 다 빈치도 위험에 처했다. 그러나 그는 1482년부터 1499년까지 밀라노를 떠나지 않고 〈최후의 만찬〉을 완성했다.

로로 붙잡혀 1508년 프랑스의 한 성(퐁텐블로)에서 사망했다. 프랑스 군대가 철수한 후 스포르차 가문은 1535년까지 약간씩 중단해가며 밀라노를 통치했다. 마키아벨리는 루도비코를 이탈리아의 불행의 원인으로 여기고 공개적으로 신랄하게 경멸했다. 루도비코는 음모꾼으로 그가 상상한 동맹과 반대 동맹을 끊임없이 만들어 그를 위대하게 이끌었지만 결국 그가 조작하기에 너무 강한 힘에 의해 무산되었다. 그는 예술의 위대한 후원자였다. 레오나르도 다 빈치는 밀라노에서 수 년 동안 일했는데 자신이 가장 좋아하는 교회를 위해 다 빈치의 작품 〈최후의 만찬〉을 의뢰한 것도 루도비코였다.

《군주론》 캐릭터 분석

율리우스 2세

가난한 집안에서 태어난 줄리아노 델라 로베레(Giuliano della Rovere, 1445~1513년)는 1471년 삼촌 식스투스 4세에 의해 산 피에트로 교회 추기경에 임명되었다. 그는 삼촌을 위한 교황 사절단이 되었는데 프랑스와 교황 국가들의 외교 공관으로 그를 데려가는 직책이었다. 그는 알렉산데르 6세의 치열한 경쟁자였고 보르자 교황 통치 2년 후인 1494년까지 자신의 미래가 두려워 로마를 떠났다. 그는 프랑스로 가 샤를 8세에게 이탈리아 침공 결행을 독려하며 알렉산데르를 퇴거시키길 원했다. 그는 샤를 8세의 침공과 이후의 퇴각에도 함께 했다.

그는 프랑스에 머물면서 체사레 보르자의 방문을 현명하게 환영했고 심지어 로마냐 정복을 장려하기까지 했다. 1503년 알렉산데르가 죽을 때까지 그는 로마로 돌아오지 않았다. 그는 자신을 선출해줄 표 수가 부족했지만 알렉산데르의 경건하고 금욕적인 후계자 비오 3세는 건강이 나빠 취임 한 달도 안 되어 사망했다. 줄리아노는 당시 동맹국에게 필사적이던 체사레 보르자와 협상해 에스파냐 추기경들의 표를 얻었고 1503년 10월 1일 교황 율리우스 2세가 되었다. 율리우스 2세는 교황권의 대부분을 전쟁으로 점령하는 데 썼고 종종 교황의 예복 아래 갑옷을 입고 전장에 직접 등장했다. 율리우스 2세는 그들의 배치와 상관없이 체사레를 신속히 처분하고 로마냐를 교황 국가의 통제 밑으로 되돌려놓기 시작했다. 베네치아인들이 체사레의 몰락 이후 점령한 여러 도시를 포기하길 거부하자 율리우스 2세는 루이 12세, 에스파냐의 페르디난트, 막시밀리안 1세 황제와의 동맹인 캄브라이 동맹을 결성해 그들을 물리쳤다. 베네치아는 항복했고 루이의 지배하에 쫓겨난 율리우스 2세는 베네치아, 스위스와 동맹을 맺어 프랑스를 몰아냈다. 이 동맹은 결국 페르디난트, 막시밀리안, 심지어 영국 헨리 8세까지 '거룩한 리그'에 포함시켰다.

1512년 4월 라벤나에서 동맹군은 프랑스 군대에게 패했지만 사기가 떨어진 프랑스군은 이후 철수했고 동맹군은 승리를 입증했다. 스포르차는 밀라노, 메디치는 피렌체에서 권력을 되찾았다. 율리우스 2세는 1513년 갑자기 사망했을 때 에스파냐의 지배에 반대하는 노력을 돌리고 있었다. 마키아벨리는 성급하고 정력적인 교황의 예상치 못한 성공이 그가 더 오래 살았다면 계속될 수 없었을 거라고 본다. 율리우스 2세의 군사적 착취와 알렉산데르 6세의 방탕한 생활에 지친 대부분의 이탈리아인들은 온화한 조반니 데 메디치가 교황 레오 10세로 선출되는 것을 보고 기뻐했다. 지칠 줄 모르는 전사이자 교회의 권위를 수호한 율

시스티나 예배당 천장화 〈천지창조〉

율리우스 2세는 미켈란젤로에게 시스티나 성당 천장화를 의뢰했다. 어느 날 교황이 미켈란젤로의 작업장에 와 작품이 언제 완성되는지 물었다. 지친 미켈란젤로가 '완성되는 날 끝난다'라고 대답하자 교황은 화를 내며 미켈란젤로에게 핀잔을 주었다. 그러자 미켈란젤로는 모든 것을 포기하고 로마를 떠나려고 했다. 교황은 급히 사자를 보내 사과했고 미켈란젤로는 못 이긴 척 받아들이고 다시 천장화를 그리기 시작했다. 이같이 미켈란젤로와 교황 율리우스 2세의 관계는 애증의 관계였다.

회를 웅장한 예술작품으로 장식했는데 미켈란젤로에게 시스틴 예배당의 천장화 〈천지창조〉의 채색작업을 맡겼다. 율리우스 2세의 기념비적 무덤에 대한 절대적으로 미완성인 커미션은 미켈란젤로 최고의 조각품을 제작했다. 그는 당시 20대이던 라파엘로를 고용해 새로운 교황실을 색칠하고 멸시받는 보르자의 그림을 대신했다. 또한 율리우스 2세는 로마에 있는 성 베드로의 현재 교회가 될 교회를 건설하기 시작했다.

《군주론》캐릭터 분석

마키아벨리의 전기

    니콜로 마키아벨리(Niccolò Machiavelli)는 1469년 5월 3일 피렌체에서 태어났다. 그의 아버지 베르나르도 마키아벨리(Bernardo Machiavelli)는 매우 부유한 변호사는 아니었지만 소득의 상당 부분은 자신의 법률 관행보다 가족의 재산에서 생겼다. 그러나 그는 피렌체의 정치에 영향을 미친 변호사 길드에 가입했다. 변호사 신분으로 문학과 글쓰기에 애정을 가졌던 베르나르도는 피렌체 정치권의 권력자들을 접촉했을 것이고 나중에 니콜로에게 공직에 들어갈 기회를 주었을 것이다. 니콜로는 아버지의 문학적 야망을 공유하기 위해 자랄 것이다.

    마키아벨리의 초기 삶에 대해서는 거의 모르지만 중산층 소년들을 위해 라틴어를 배우고 고전 로마와 그리스 작가, 특히 역사를 읽는 전형적인 교육을 받은 것으로 보인다. 피렌체는 영주나 군주가 아닌 주요 시민이 통치하는 공화국으로 여겨졌지만 마키아벨리의 젊은 시절, 피렌체는 강력한 메디치 가문의 효과적인 통제를 받았고 로렌조 데 메디치(Lorenzo de Medici)는 '위대한 자'로 불렸다. 마키아벨리 시대의 피렌체는 풍부하고 활기찬 예술의 중심지였고 로렌조는 위대한 후원자이자 지적 활동의 중심지였다. 피렌체에는 마키아벨리가 강의를 들었을지도 모르는 훌륭한 대학이 있었고 로렌조의 아들 줄리아노와 어느 정도 접촉했을 가능성도 있다. 로렌조의 진정으로 웅장한 공공 전시물과 예술적 모험은 메디치의 재산을 낭비했고 그의 후계자 피에로는 인기가 없다는 것을 보여주었다. 1494년 메디치는 권력에서 물러났고 카리스마 넘치는 종교정부를 이끌었던 도미니카 교도관 지롤라모 사보나롤라로 대체되었다.

마키아벨리 생애의 공식적인 기록은 사보나롤라 정부가 무너진 직후인 1498년 그가 29살일 때까지 나타나지 않았다. 피렌체 공화국은 복원되었고 마키아벨리는 피렌체의 영토 소유 관계를 조정하는 두 번째 기회의 비서로 임명되었다. 그가 이 지위를 어떻게 얻었는지는 분명하지 않다. 피렌체의 모든 시민에게 정부에 참여할 것이 기대되었지만 마키아벨리의 지성과 에너지가 피렌체 정치인들의 특별한 관심을 끈 것만은 분명하다. 1개월 동안 그는 열 번이나 피렌체의 외교정책 기관인 전쟁협의회 비서관이 되어 특사로 이탈리아를 비롯한 유럽을 광범위하게 다니며 잠재적 동맹국과 협상하고 정보를 수집하고 열 명이 필요로 하는 모든 일을 했다. 공식적으로 대사는 아니었고 귀족 가문을 위해 마련된 직책이었음에도 그는 전문 외교관이었다.

1501년 그는 마리에타 코르시니와 결혼해 일곱 명의 자녀를 두었다. 마키아벨리의 많은 편지에 등장하는 몇 안 되는 국내 세부 사항을 넘어서는 그들의 관계는 알려진 것이 거의 없다. 마키아벨리는 광범위한 여행을 다니며 한 명 이상의 여성과 관계를 가진 것으로 보이는데 이것은 당시 흔한 관행이었다. 14년 동안 그는 '피렌체 비서'로 지냈다. 이 기간 그는 당대 수많은 주요 정치인을 만나 살펴볼 수 있었다. 그는 피렌체 공화국을 관찰하고 협상하며 카테리나 스포르차(1499년), 프랑스 루이 12세(1500년, 1504년, 1510년, 1511년), 체사레 보르자(1502년, 1503년), 판돌포 페트루치(1503년, 1504년), 교황 율리우스 2세(1503년, 1506년), 막시밀리안 2세 황제(1507~1508년)의 법원을 방문했다.

이 같은 방문과 외교 정책에 대한 그의 경험은 훗날 《군주론》에서 표현한 많은 원칙의 기초가 되었고 그가 만난 위대한 인물은 그가 교훈을 끌어내는 모범이 되었다. 또한 그는 피렌체의 장관이던 피에로 소데리니(Piero Soderini)의 친구가 되었고 1502년 곤팔로니에르(피렌체 정부 수장)로 평생 지명되었다. 피렌체 정부가 고용한 용병들의 성과에 당황한 그는 소데리니에게 피렌체 귀족의 희망에 반하는 피렌체 원주민 민병대 창설 계획에 대한 지지를 부탁했다. 마키아벨리는 개인적으로 유니폼 선택부터 훈련 · 기동까지 프로젝트의 모든 것을 감독했다.

1509년 피렌체 민병대가 15년 동안 계속된 분쟁 끝에 마침내 이웃 도시 피사를 점령할 수 있게 되자 그는 비난받았다. 이것은 마키아벨리의 경력에서 중요한 포인트였다. 그러나 피렌체는 프랑스의 굳건한 동맹이었고 교황 율리우스 2세는 프랑스를 이탈리아에서 몰아내기 위해 노력 중이었다. 이로 인해 피렌체는 교황과 그의 에스파냐 동맹국들과 갈등을 겪었고 소데리니 정부를 제거하기 위해 피렌체에 군대를 보냈다. 소데리니는 책임감이 강하고 성실했지만 마키아벨리는 훗날 소데리니가 피렌체에서 상대방을 통제하거나 프랑스와의 손실을 줄일 수 없는 것에 대해 가혹한 말을 할 것이다.

1512년 마키아벨리의 피렌체 민병대는 인근 프라토 마을에서 경험이 풍부한 에스파냐 군대에 의해 줄었고 그 여파로 소데리니는 사임해야 했다. 메디치 가문은 피렌체로 돌아왔고 대중은 곧 권력을 되찾을 것을 요구했다. 소데리니는 추방당했다. 소데리니 정부의 지지자로서 마키아벨리는 새 정권에 의해 그의 사무실에서 쫓겨나 벌금형을 받았고 피렌체 영토 밖에서 여행다니는 것이 금지되었다.

몇 달 후 두 명의 젊은이가 불법행위로 체포되어 메디치에 대한 공모자 명단에서 발견되었다. 마키아벨리의 이름도 있었다. 그가 실제로 연루되었다는 징후는 없지만 마키아벨리는 정보를 캐내기 위해 감금되어 고문까지 당했다. 감옥에서 그는 줄리아노 데 메디치에게 소네트 두 개를 써 중재를 요청했다. 그는 벌금을 내기 위해 감옥에 남으라는 선고를 받았다. 그러나 줄리아노의 삼촌 조반니가 1513년 3월 교황 레오 10세로 선출되었을 때 축하 행사에서 일반 사면이 선언되고 마키아벨리도 석방되었다. 그는 은퇴 후 피렌체 외곽의 자택에서 휴식을 취하며 미래를 생각했다. 이 기간 그는 로마 대사로 임명된 친구이자 동료인 피렌체 외교관 프란체스코 베토리(Francesco Vettori)에게 많은 편지를 보내 외부 세계 소식을 찾고 베토리가 메디치 가문에게 그를 추천해주길 바랐다. 그 자신이 부과된 망명에서 인간 행동, 리더십, 외교 정책을 고찰해《군주론》을 썼다. 그는 자신의 지원을 보여주기 위해 메디치 가문에게 그 일을 바쳤지만 성공하지 못했다. 1515년까지 메디치 가문은 그와 아무 상관도 없고 그의 외교 경력도 끝났다는 것이 확실해졌다.

그 후 10년 동안 한평생의 일이던 정치활동을 금지당한 마키아벨리는 저술에 관심을 돌렸다. 이 기간 민병대 조직자로서의 경험을 바탕으로 전쟁예술 관련 논문과 고전 로마 역사가 리비우스(Livy)의 저술에 대한 논평을 제작했다. 로마 공화국에 대한 리비우스의 설명을 검토하면서 마키아벨리는 공화주의 정부의 개념을 오랫동안 논의했다. 군주제나 폭정을 지지하는 군주와 달리 리비우스 관련 강연은 종종 마키아벨리의 공화주의적 동정의 증거로 인용된다. 또한 그는 수많은 시와 세 편의 코미디 연극도 썼다.

수 년 동안 그의 글은 피렌체를 지배했고 피렌체의 역사를 쓰도록 위임한 줄리오 데 메디치(Giulio de Medici) 추기경의 관심을 끌었다. 1520~1524년 그는 피렌체 역사에서 활동했다. 1523년 줄리오는 교황 클레멘트 7세로 선출되었고 1525년 마키아벨리는 완성된 역사를 그에게 제시했다. 메디치와의 화해는 마키아벨리가 공직에 잠시 복귀하는 결과를 가져왔다. 그는 피렌체에서 클레멘트에 대한 군사 준비를 담당했지만 클레멘트는 어리석게도 로마의 적들이 꾸민 계략에 속아 굴욕과 교황 궁전과 성 베드로 교회의 약탈을 불렀다.

얼마 안 가 로마는 무너졌고 위대한 가톨릭 도시의 대부분은 공포에 떨며 독일 개신교 군대에게 약탈당했다. 이 사태와 클레멘트의 적들의 전진 세력이 피렌체에 가한 위협은 1527년 피렌체가 메디치 가문을 퇴거시키는 것을 촉진했다. 피렌체 공화국의 굳건한 지지자이자 평생 수비수였던 마키아벨리는 다시 한 번 패자의 편에 섰고 이제 공화국은 메디치와 동맹을 맺었다고 의심했지만 그는 자신의 입장의 아이러니에 오래 머물 필요가 없었다. 1527년 6월 그는 병으로 사망했다. 마키아벨리의 가장 유명한 작품은 그의 일생에서 공식 출간되지 않았는데 아마도 원고 사본으로 유통되었을 것이다. 《군주론》은 클레멘트 7세의 허락을 받아 1532년 처음 출간되었다. 《군주론》은 20년 동안 이탈리아어 판을 거쳤고 1559년 마키아벨리의 모든 작품은 가톨릭 교회가 이단이나 부도덕으로 금지한 책들의 목록인 '금서 색인(Index of Prohibited Books)'에 올랐다. 이것은 그의 인기를 약화시키는 데 아무 영향도 미치지 않았고《군주론》은 곧 유럽 각국의 주요 언어로 번역되었다. 오늘날 마키아벨리는 최초의 현대 정치사상가이자 리더십과 심리학의 예리한 논평가로 인정받고 있다.

마키아벨리의 저서

1517년《로마사론》및《전술론》완성

1518년(?) 문학작품《만드라골라》집필

1520년《카스루치오 카스트라카의 생애》집필

1521년《전술론》출간(생존한 동안 출간된 유일한 정치사상 서적)

1526년《피렌체사》를 클레멘스 7세에게 헌정

1527년 사망. 피렌체 산타 크로체 성당에 매장됨

1531년《로마사 논고》출간

1532년《군주론》,《피렌체사》출간

악마 선생 마키아벨리

수 세기 동안 마키아벨리가 가졌던 개인적 증오에 영감을 준 작가는 거의 없으며《군주론》만큼 비난받는 대중적 작품도 거의 없었다. 마키아벨리는 폭정의 수호자, 부도덕하고 신의가 없는 발기인, 자급자족하는 조작자로 정죄받았다.《군주론》이 나온 지 약 500년이 흐른 오늘날 사전은 '마키아벨리안'을 마키아벨리의 저서《군주론》에 명시된 편의, 교활함, 이중성의 정치적 원칙과 방법을 좋아하거나 특징짓는 것으으로 여전히 정의하고 있다. '교활하고 기만적인' 등 사실이 아니지만 악마의 속어인 올드 닉(Old Nick)이 마키아벨리의 첫 번째 이름인 니콜로(Niccolò)에서 파생되었다고 주장한다.

악마와 같은 인물로서의 마키아벨리의 명성은《군주론》출간 직후 시작되었다. 1559년《군주론》뿐만 아니라 마키아벨리의 모든 저서가 가톨릭 교회의 '금서 색인'에 올랐는데 마키아벨리가 기독교 윤리에 반하는 범죄를 인식했기 때문일 것이다. 마키아벨리는 종종 무신론자, 심지어 적극적으로 반기독교적이라는 비난을 받았다. 교황권과 가톨릭 교회의 정치적 야망에 대한, 얇게 가려진 그의 경멸은《군주론》에서 분명하며 강연에서 그는 기독교 경건이 좋은 사회를 이루는 데 필요한 에너지를 그 지지자들로부터 빼앗아간다고 주장했다.

《군주론》의 대부분은 기독교 사상가들이 주장한 정부의 도덕적 기초를 부정한다. 선한 정부가 미덕의 증진과 악에 대한 신자의 보호를 위해 하나님이 제정했다는 중세 기독교 개념은《군주론》의 세계에 분명히 빠져 있다. 더 중요한 것은 마키아벨리가 가장 높이 평가하는 품질인 비르투(virtù)는 전혀 도덕적인 품질이 아니라는 것이다. 아가토클레스와 같은 악명 높은 범죄자나 세베루스와 같은 터무니없이 잔인한 통치자는 여전히 비르투를 소유할 수 있다. 마키아벨리가 기독교 사상가로 불릴 수 있는지, 이교도 고전 작가들의 저작과 같은 다른 도덕 기준

준을 고수하는지에 대한 논쟁이 계속되고 있다. 일부 비평가들은 마키아벨리가 단순히 하나님이나 이교도 윤리보다 국가에 초점을 맞춘 전혀 새로운 도덕적 기준을 대체한다고 주장했다. 마키아벨리는 가톨릭 세계에서 공식적으로 금지되었고 개신교도의 미움도 받았다.

1572년 프랑스 가톨릭 지도부는 프랑스 개신교인 위그노족을 쓸어버리려고 했다. '성 바르톨로메오의 날'에 시작된 몇 주간의 학살에서 약 5만 명의 위그노가 학살당했다. 프랑스 왕좌 뒤의 권력은 이탈리아와 가톨릭인 캐서린 드 메디치와 마키아벨리가 《군주론》을 쓴 가족의 일원이었다. 오래전에 죽은 마키아벨리는 캐서린이 학살을 계획하며 그의 철학을 살펴본 것으로 추정되어 이 사건에 대한 책임을 져야 했다. 개신교 영국에서는 마키아벨리가 연극 무대에서 악의 주역이 되었다.

크리스토퍼 말로우의 연극 〈몰타의 유대인(The Jew of Malta)〉에서 마키아벨의 캐릭터는 마키아벨리우스의 교훈을 기쁘게 따르는 연극의 악당 타이틀 캐릭터를 소개하는 프롤로그를 제시한다. 그러나 그렇게 보편적인 미움을 받으려면 마키아벨리도 널리 읽어야 했는데 말로우의 마키아벨이 지적했듯이 "나는 나를 가장 미워하는 자 중 한 명이었다. 내 책을 공개적으로 반대하는 사람들은 내 책을 읽을 것이다…."

《군주론》을 특별히 반박하는 많은 책 중 두 권은 특별한 언급을 받을 자격이 있다. 1576년에 쓴 첫 번째는 무고한 젠틸렛(Innocent Gentillet)의 《잘 다스리는 방법의 담론》이다. '성 바르톨로메오의 날' 학살에 항의하는 위그노 작가 젠틸렛은 《군주론》보다 마키아벨리의 악마적인 명성을 확립하기 위해 더 많이 노력했다. 《군주론》에 대한 가장 유명한 반응은 프로이센 왕 프레데릭 대왕이 보여주었다. 1740년 그는 프랑스 철학자 볼테르(Voltaire)의 도움으로 마키아벨리의 원칙을 신랄히 비난했다. 프레데릭은 다른 왕당파와 마찬가지로 권력을 장악할 만큼 강한 자는 누구나 권력을 유지할 권리가 있다는 《군주론》의 함의를 두려워했고 그것을 살생으로의 초대로 생각했다. 아이러니하게도 프레데릭은 진정한 마키아벨리안, 즉 배반적이고 무자비하고 권력 추구에 열광적인 자임이 입증될 것이다.

현대 학자들은 마키아벨리의 연구를 다양하게 해석했다. 《군주론》을 고전 이교도 철학을 기념하는 반기독교 작품으로 보는가 하면 마키아벨리를 기독교 도덕주의자로 묘사해 주변 세계의 정치적 악을 지적하려고 했다. 어떤 사람들은 《군주론》을 절망의 책, 타락한 인간 본성의 고뇌스러운 연대기로 보는 반면, 다른 사람들은 마키아벨리에서 명확한 눈을 가진 현실주의자이자 삶의 정치 영역에 대한 정확한 관찰자로 본다. 어떤 사람들은 《군주론》의 명백한 부도덕성을 비도덕성, 즉 정치 작용에 대해 도덕적으로 중립적인 과학적 분석으로 승인이나 반대 없이 설명했다.

복수의 작가가 《군주론》은 실제로 풍자이며 통치자가 통제되지 않은 권력을 추구할 수 있을 때 발생 가능한 사태에 대한 경고라고 주장했다. 이 같은 관점에서 마키아벨리는 열정적인 공화주의 수호자이자 자유 옹호자이며 그들은 저항할 수 있도록 폭정의 작용을 묘사한다. 다른 사람들은 《군주론》에서 전체주의의 청사진을 발견하고 나치 독일이나 스탈린주의의 러시아와 같은 정권에서 논리적이고 끔찍한 결론에 이르렀다. 베르트랑 러셀은 《군주론》을 '깡패 지침서'라고 불렀고 레오 스트라우스는 마키아벨리를 '악의 선생'이라고 불렀다.

최근 마키아벨리의 철학에 대한 대중의 관심은 정치나 도덕보다 돈에 더 집중되어 있다. 민주주의 정부가 우세한 시대에 군주의 권력이 포기로 추구될 수 있는 마지막 무대는 사업 무대다. 효과적인 리더십에 대한 조언을 구하는 현대 비즈니스 임원들은 마키아벨리를 부활시켰고 수많은 군사적, 정치적 전략가들과 함께 부활했다. 《마키아벨리가 무엇을 할 것인가?》(대중적인 캐치프레이즈 '예수가 무엇을 할 것인가?'의 악마와 같은 전복)를 포함해 마키아벨리의 통찰력을 제공한다고 주장하는 현대의 조언책을 찾아볼 수 있다.

비르투, 포르투나, 자유의지

비르투, 포르투나, 자유의지의 관계는 《군주론》이 제기한 가장 흥미로운 철학적 문제 중 하나다. 그러나 마키아벨리는 인간 행동과 인간의 실패를 설명하는 포괄적인 철학을 제시할 의도가 없었을 것이다. 오히려 그는 단순히 자신의 경험에 근거해 관찰했기 때문에 그의 설명은 모순으로 가득하다.

행운의 포르투나 여신의 모습은 고전 로마 신화에서 파생되었고 종종 그녀는 긍정적인 시각에서 묘사되었다. 그녀는 변덕스럽고 불명확했지만 행운과 풍요를 가져왔는데 그녀의 상징 중 하나는 넘치는 각막이었다. 그러나 기독교 철학자 보에티우스는 《철학의 위로》에서 포르투나의 어두운 면에 초점을 맞추었고 그녀의 고전적 요소가 살아 있음에도 중세 유럽에서 그녀의 후속 이미지는 인간의 희망과 야망을 깨뜨리는 능력에 초점을 맞추었다. 그녀의 상징은 사람들이 꼭대기로 탔던 회전 바퀴였고 다음 회전에서 바닥에 내던져졌다. 포르투나는 사려 깊은 그리스도인이 하늘에서 영원한 영광을 누린 미덕과 신앙의 불변의 재화에 초점을 맞춰 초월하기 위해 노력해야 하는 세상의 황량하고 일시적인 영광을 구체화했다. 그녀의 모습은 《군주론》 25장에 등장하지만 행운의 개념은 전체적으로 존재한다.

일반적으로 마키아벨리는 포르투나를 이용해 인간이 통제할 수 없는 모든 상황, 특히 《군주론》의 성패와 직접적인 관련이 있는 시대의 성격을 가리켰다. 행운이 하나님의 뜻에 순응했는지, 단순히 비인격적인 자연적 힘인지는 중세와 르네상스 시대를 통틀어 논쟁의 대상이었다. 그러나 《군주론》 어디에도 행운을 초월하기 위해 노력해야 한다는 구절은 없다. 오히려 그것을 자신의 의지로 보아야 한다.

비르투는 행운에 반대하는 인간의 에너지 또는 행동이다. 마키아벨리가 이 용어를 사용했다고 해서 선함이나 유덕한 행동의 관념이 배제되는 것은 아니지만 반드시 그것을 포함하는 것은 아니다. 비르투는 특정 목표 달성을 위한 추진력, 재능, 능력으로 군주에게 가장 중요한 자질이다. 아가토클레스와 같은 범죄자나 세베루스와 같은 극도로 잔인한 통치자조차 비르투를 소유할 수 있다. 마키아벨리는 때때로 비르투가 제대로 적용되면 포르투나를 물리칠 수 있다고 주장한 것 같다. 군주가 항상 자신의 비르투를 현재 상황에 적용할 수만 있다면 항상 성공할 것이다. 그리고 마키아벨리는 둘 사이의 연관성을 암시했다. 마키아벨리는 기회가 없으면 비르투가 낭비되고 비르투가 없으면 기회가 허비된다는 진술에서 두 세력 사이에 모종의 협력이 있음을 암시했다. 재산 변화의 영향을 완전히 취소하는 것은 불가능할 수 있지만 결정적인 행동으로 변화에 대비하고 부정적인 영향을 줄일 수 있다.

여기에 철학의 핵심적 모순이 있다. 마키아벨리는 인간이 자유의지가 있다고 결정하는 데 매우 구체적이다. 그렇지 않다면 에너지와 능력은 쓸모없는 자질일 것이다. 그는 하나님은 사람들이 행동하길 원하시며 일이 일어나길 기다리며 앉아 있지 않길 원하신다고 말함으로써 메디치에게 훈계했다. 그러나 마키아벨리는 자유의지의 힘을 인간 문제의 절반으로 국한했다. 나머지 절반인 포르투나의 영역은 통제될 수 없다. 이후의 추론은 모호하다. 마키아벨리는 사람들이 자신의 본성대로만 행동할 수 있으며 변화할 만큼 유연하지 않다고 주장했다.

본질적으로 군주가 성급한 행동을 할 때가 무르익으면 군주는 성공할 것이다. 그러나 시대가 바뀔 때 군주는 그들과 함께 자신의 본성을 바꿀 수 없으며 이것은 그의 실패를 초래한다. 군주는 자신의 본성을 선택하거나 바꿀 수 없어 자유의지는 실제로 환상적으로 보이며 비르투는 모든 존경심 때문에 하나님이나 포르투나 통제할 수 없는 다른 힘이 인류에게 행한 진인한 속임수처럼 보이기 시작한다. 마키아벨리는 숙명론을 부정하려고 했지만 그것을 논쟁하는 것처럼 보인다.

많은 비평가가《군주론》25장에서 마키아벨리의 냉소주의의 가장 얕은 깊이를 발견했는데 그의 주장의 논리적 결론은 군주는 정치적 시간 서버일 뿐이므로 특별히 중요하지 않다는 것이다. 그러나 이것이 정말 그의 최종 결론이라면 마키아벨리는 그것을 거의 모르는 것으로 보이며 이탈리아를 해방시키라는 메디치에 대한 그의 간청의 열정을 약화시키는 것은 아무것도 하지 않는다. 마키아벨리가 그것을 따르는 데 진정한 요점이 없다면 군주에게 날카로운 충고를 연마하는 데 많이 노력할 것임을 받아들이기 어렵다. 이 명백한 모순은 수 세기 동안 독자들이 마키아벨리 철학의 진정한 의미를 논의하도록 만들었다.

니콜로
마키아벨리
● ●

군주론

초판 1쇄 인쇄 2022년 11월 01일
초판 1쇄 발행 2022년 11월 15일

—

지은이 니콜로 마키아벨리
편　역 김성진
펴낸이 김호서
편집부 곽유찬 · 주옥경
마케팅 오중환
경영관리 박미경
영업관리 김경혜

—

펴낸곳 도서출판 린
주소 경기도 고양시 일산동구 무궁화로 32-21, 로데오메탈릭타워 405호
전화 (02) 305 - 0210
팩스 (031) 905 - 0221
전자우편 dga1023@hanmail.net
홈페이지 www.bookdaega.com

—

ISBN 979-11-92575-06-3(03300)